자유주의 노동론

자유주의 노동론

남성일·신중섭 엮음

백년동안

•• 서문 ••

자유노동의 과거와 현재,
그리고 미래를 생각하며…

시장경제에서는 소비자의 자유로운 선택에 의해 무엇을 생산할 것인가가 결정된다. 그리고 무엇을 생산할 것인가가 결정되면 자본과 노동 등 생산요소의 최적 결합에 의해 어떻게 생산될 것인가가 결정된다. 이 과정에서 자본이나 노동은 동등한 생산요소로 취급되며 그 공급자는 기회비용에 맞는 보상을 받는다. 그럼으로써 시장경제에서는 궁극적으로 소비자가 판단하는 경제적 가치와 공급자가 판단하는 경제적 비용이 일치되는 효율성을 만들어낸다.

대한민국은 시장경제 시스템으로 경제가 돌아가고 있다. 그럼에도 불구하고 시장경제의 기본원리가 무시되는 인식이 널리 퍼져 있다. 특히 생산요소의 경우 자본의 역할은 지나치게 과소평가되는 반면 노동은 필요 이상으로 과대평가되고 있다. 이제까지 한국경제가 이루어온 양적, 질적 성장에 기여한 자본의 중요성은 애써 무시되는 반면 경제적 성취의 모든 원천은 노동에 있는 것처럼, 그것도 자본의 착취에 의한 노동의 희생에 의해 만들어진 것처럼 포장되고 있다. 한국의 노동은 여전히 종속노동, 착취노동이라는 도그마에서 한 발자국도 더 나가지 못하는 인식구도에 갇혀 있다.

이 같은 인식의 불균형을 바로잡아야 한다는 생각을 가진 사람들이 모였다. 한국의 노동을 종속노동의 도그마에서 탈출시켜 자유노동의 공간으로 날도록 하자는 데 의견이 일치했다. 그래서 철학, 정치학, 경제학, 사회학, 법학 등 다양한 전공의 전문가들이 '자유노동연구회'를 만들었다. 2016년 3월 첫 모임을 시작한 이래 '자유노동연구회'는 매월 1회 이상 각자 분야의 전문성을 바탕으로 자신의 생각을 발표하고 나누는 모임을 가졌다. 그 후에 우리의 생각들을 종합적으로 검토하는 워크숍을 두 차례 가졌다. 연구회 바깥의 외부 전문가도 모셔서 의견을 들었다. 그리고 전부 9개의 원고 중 하나는 다른 출판물에 더 적합하여 그쪽으로 돌리고 나머지 8개 결과물을 이렇게 책으로 엮게 되었다.

연구회에서 그동안 토론했던 주제들을 정리하면 크게 세 부분으로 묶을 수 있을 것 같다. 첫 부분은 자유노동의 개념과 역사이다. 제1장은 그리스 시대부터 로크에 이르기까지 서양의 역사에서 '노동'이 가지고 있던 인식의 변화를 살펴본다. 즉 노동이란 '타락이란 빚 때문에 주어지는 처벌'이라는 부정적 인식으로부터 '신체와 정신의 자기 소유권의 구현'이라는 긍정적 인식으로 변화하는 과정을 살펴본다. 제2장은 초점을 좀 더 근세 이후에 맞추어 마르크스주의 노동과 신고전학파의 노동을 대비시킨다. 단순히 학자들의 사상을 소개하는 것이 아니라 중세 이후 현실 경제의 역사를 훑으면서 노동관의 변화를 소개하는 경제사적 관점이 흥미롭다. 제3장은 서양 사상에서의 노동의 의미와 동양 사상에서의 노동의 의미를 대비시킨다. 또 북한 체제에서의 노동과 남한 체제에서의 의미를 대비시킨다. 이런 대비를 통해서 시장경제의 노동은 '자유화' 노동이라는 결론을 도출한다.

두 번째 부분은 한국노동의 현실에 대해 토론하고 있다. 제4장에서 저자는 현재 한국에서는 종북 사회주의 노동관에 기초한 노동조합 운동이 여전히 맹위를 떨치며 현실을 호도하고 있다고 비판한다. 그러나 가치란 시장에서 소비자가 결정하는 것이며 소비자의 선택 이동을 통해 자유노동의 가치도 만들어짐을 보여준다. 제5장에서는 자유노동의 역할은 무엇이며 가치는 어떻게 나타나는가를 여러 가지 현실 예를 통해서 쉽게 설명한다. 특히 우리 모두 자신의 자유노동을 가치 있게 만들려면 어떻게 해야 하는지도 알려준다. 제6장에서는 한국의 노동법을 다루고 있는데 저자는 한국의 노동법제가 여전히 종속노동을 전제하고 있어 독립노동, 자유노동으로 진화하는 현실추세와 괴리가 크다고 지적하고 대체근로 허용, 기간제근로 자유화 등 글로벌 스탠더드에 맞는 법제의 개혁이 절실하다고 역설한다.

세 번째 부분은 자유노동의 미래에 관해 전망하고 있다. 제7장에서 저자는 우리는 이른바 제4차 산업혁명이라고 불리는 디지털경제 시대에 접어들고 있으며 디지털경제는 노동의 시간과 공간적 제약을 없애는 등 전통적인 노동의 성격을 획기적으로 바꾸고 있다고 전한다. 특히 고용관계에 있어 전통적인 고용-피고용관계에서 벗어나 '자기사업 형' 자유노동 또는 '프리랜서 형' 자유노동의 시대로 진화한다고 전망한다. 따라서 미래에는 더 많은 사람들이 노동의 자유와 기회를 얻게 될 것으로 전망한다. 마지막으로 제8장에서는 이와 같은 노동의 자유화가 가져올 수 있는 소득 격차의 확대에 대비하여 디지털경제의 혜택을 골고루 나눌 수 있는 방식을 모색한다. 그 방식으로 저자는 부의 소득세에 기반한 '안심소득제도'를 제안하고 이것이 기존의 사회보장제도와 비교하여 가지는 장점을 토론한다.

이 책이 나오기까지 많은 분들의 노력과 관심이 있었다. 무엇보다도 '자유노동연구회'를 입안하고 출범시킴은 물론 처음부터 끝까지 참석하여 모임의 방향을 이끄는 선장 역할을 한 현진권 박사께 감사드린다. 아울러 연구모임 때마다 참석하여 반짝거리는 눈망울로 토론에 집중하고 때로 좋은 질문으로 모임의 질을 높이는 데 기여한 연구회 여러분의 열정에 감사드린다. 그리고 워크숍에 참석하여 좋은 코멘트를 주셔서 원고의 질이 업그레이드되도록 해주신 수많은 토론자 여러분께 진심으로 감사드린다. 이제 이 책의 평가는 독자 여러분께서 해 주실 것이고 집필에 참여한 저자들은 독자의 평가를 감사한 마음으로 받을 것이다.

2017년 10월 20일

저자를 대표하여

남성일

•• 차 례 ••

제2부 한국 자유노동의 현실

제3부 자유노동의 미래

제1부

자유노동의 개념과 역사

•• 제1장 ••

역사 속에서 노동의 의미와 로크의 노동-소유권

김인영
한림대학교 정치행정학과 교수

역사 속에서 노동의 의미

역사 속에서 노동(labor)은 생활의 일부분이며 생존을 위해 필요한 조건이었지만 기본적으로 '내키지 않는 행위(disinclination)'였다. 이러한 노동에 대한 부정적 인식은 노예제 시대에서 노동이란 천한 노예가 하는 일상적 행위일 뿐이라는 사고에 기초하고 있다. 이러한 노동에 대한 부정적 인식은 인류 역사에서 상당히 오랜 기간 지속되었고, 지금도 노동에 대한 인식을 결정하는 큰 요인이 되고 있다.

루츠(Tom Lutz)에 따르면 산업혁명(the Industrial Revolution) 이전에는 한 인간의 개인적 정체성(identity)을 나타내는 명칭으로 '태만한 사람(늘어진 사람, 게으름뱅이, slacker)'이라는 용어가 존재하지 않았다고 한다. 노예와 농노에게 '태만'이나 '게으름'이란 허용되지 않았기 때문이었을 것이다.

고대 그리스와 로마(ancient Greek and Roman) 시대 특히 호머적 사회(Homeric society)에서 '노동'은 별개의 용어로 존재하지 않았지만 대체적으로 부정적인 의미를 가진다. 즉, 노동은 '강제적인 일' 또는 '저주(curse)'로 간주되었다. 그러나 실제 생활에서 노동은 인생의 한 부분으로 일반인과 귀족 등 모든 계층이 해야만 하는 것이었다.[1]

그리스 고전기(Classical Greece) 시절 노동에 대한 태도는 호머적 사회보다 더욱 부정적으로 묘사되었다. 주목할 것은 농경노동(farming work)은 존경받았지만, 어떠한 형태의 '임금노동(wage work)'도 노예의 한 형태로 간주되면서 노예제 경제의 특징을 보이고 있다는 점이다. 따라서 타인을 위한 노동이나 봉사는 자유인(free man)에게 어울리지 않는 것이었다. 노동하는 노예와 달리 자유인은 여가(leasure)에 적극적이고, 정치와 사색에 자유롭게 참여하는 사람이었다. 다시 말해 자유인은 생산물의 사용자이지, 제작자가 아니었다. 육체노동을 해야만 하는 사람은 열등한 본성(inferior nature)을 가진 인간으로 취급되었다.

1 Applebaum, Herbert, "The Concept of Work in Western Thought," in Frederick C. Gamst, ed., *Meaning of Work: Considerations for Twenty-First Century*, State University of New York Press, (1995), p.48.

따라서 플라톤(Plato)은 노동을 해야만 하는 사람은 낮은 지위를 받아들여야 한다고 생각했다. 플라톤이 『공화국(*The Republic*)』에서 이야기하듯 '시민(citizens)'은 공동체를 위한 더 높은 목적에 맞는 일을 해야 하는 것처럼[2] 노동자란 그들에게 맞는 노동을 할 뿐이었다.[3] 아리스토텔레스(Aristotle)도 플라톤과 소크라테스(Socrates)와 같이 육체적 기술은 몸과 마음을 낮추는 영향을 미친다고 생각했다. 아리스토텔레스에게 노동자란 단지 '인간 도구(human tools)'에 불과하여 다른 것보다 더 날카롭거나 효율적임을 따지는 물건에 불과했다. 때문에 플라톤처럼 아리스토텔레스도 노동하는 사람 심지어 농사에 종사하는 농부까지 국가를 통치하는 훈련을 받을 수 없다고 생각했다.

이처럼 그리스 철학자들에게 노동자는 노동을 해야 하므로 '여유'가 있을 수 없기에 정치에 참여를 할 수 없었고, 결국 공동체의 시민(citizen)이 될 수 없었다. 노동으로부터 자유로운 자만이 좋은 통치자가 될 수 있다고 생각했던 것이다. 예를 들어 민주주의 정치철학자 데이비드 헬드(David Held)가 아테네 직접 민주정(direct democracy)이 가능했던 일반적 조건으로 (1) 농업 후배지를 가진 소

---

2 아테네의 직접민주주의(direct democracy)는 시민(citizen)의 여유와 공동체에 대한 봉사와 헌신이라는 덕성에 의해 움직여지는 정치제도였다. 아테네 민주정에 참여할 수 있는 자격은 양가 부모가 아테네인일 때 주어지는 성인 남성 시민(male citizen)에게만 허용되었다. 이러한 측면에서 아테네 민주주의는 중요한 2가지 정치문화를 탄생시켰다고 할 수 있다. 시민이 참여해서 토의하고 분담하고, 시민의 개인 생활(private life)과 공적 생활(public life)의 조화로 개인과 정치공동체가 일치된다는 것이다. 즉 시민이 하는 일은 정치이고, 생산 및 노동은 노예와 여성의 몫으로 하층민들이 하는 것이었다.

3 Lutz, Tom, *Doing Nothing*, Farrar, Struas, and Giroux, (2006), p.15.

규모의 도시국가(small city-state with agricultural hinterland), (2) 시민들에게 '자유'시간을 만들어주는 노예경제(slave economy creating 'free' time for citizens), (3) 남성들이 자유롭게 공적 직무를 맡을 수 있도록 해주는 가사노동, 즉 여성노동(domestic service, that is, the labor of women, freeing men for public duties), (4) 비교적 소수에게 제한된 시민권(restriction of citizenship to relatively small numbers)을 열거했을 때 그 핵심에는 남성들의 '노동으로부터의 자유(freedom from labor)'와 '자유시간(free time)'의 확보가 있다.[4] 시민은 자신들에게 주어진 정치적 의무를 성실히 수행하기 위해서 자유로워야 했고, 노동이란 해서는 안 되는 것이었다.[5]

따라서 노동은 '미덕(virtue)'의 일종이 아니었고, 노동에 대한 찬양(glorification of labor)도 없었다. 단, 정신적으로 보다 높은 삶을 의미하는 '관조의 삶(vita contemplativa)'을 가능케 하는 정도로서만 노동에 존엄성(dignity)이 부여되었다. 노동은 그 자체로 어떤 '영예(honor)'의 대상도 아니었고, '미덕(virtues)' 가운데 어떤 존경도 받지 못하는 일종의 '저주(curse)'에 해당하는 것이었다.[6]

헬레니즘 그리스(Hellenistic Greece) 시기의 노동에 대한 인식은

---

4 Held, David (데이비드 헬드), 박찬표 옮김, 『민주주의의 모델들』, 후마니타스, (2010), p.61.

5 Geoghegan, Arthur T., *The Attitude towards Labor in Early Christianity and Ancient Culture*, Catholic University of America Press, (1945), p.14; 김경일, 『노동』(한국개념사총서 9), 소화, (2014), p.64.

6 Lutz, Tom, *Doing Nothing*, (2006), p.14.

그리스 고전기의 아리스토텔레스적 견해와 달리 당시 유행했던 스토아 철학(Stoicism)에 따라 노동자의 도덕적 생활을 중시하였고, 또 노동하는 인간과 생산물의 관계를 중시하였다. 나아가 스토아 학파는 육체노동에 대한 태도를 재형성하여, 훗날 기독교 사상가들이 현재의 생애에서 수행해야만 하는 '사명(mission)'이라는 개념으로 개발한 '소명(calling)'을 연상시키는 방식으로 노동을 도덕화(moralize) 하였다.[7]

전반적으로 고대 그리스 문화에서 인간(human)과 신(God)을 구분하는 것은 신은 '노역과 비참함으로부터 멀리 떨어져' 초월해 있는 반면, 인간은 헤시오도스(Hesiodos)의 탄식처럼 '밤낮으로 노역이 끊이지 않아 지속적인 비참함 속에' 사는 저주를 받은 삶을 살아야 했다. 그리스 고전 문화에서 노동이란 추락한 세상 속의 유한한 생명에게 주어진 저주, 노예의 영역 또는 타락이나 빚(debt) 때문에 주어지는 처벌(punishment)을 의미했다. 당시에는 우리가 지금 이해하고 있는 '노동 윤리(work ethic)'와 같은 개념은 없었고, 노동이란 오직 강제적인 그 무엇이었다. 이러한 노동에 대한 부정적 인식과 반감은 고대 서구 문명에서 일종의 '규범(norm)'이자 '문화(culture)'였다.

이후 로마 공화정과 로마 제국(Roman Republic and Roman Empire) 시기의 노동관은 키케로(Cicero)의 노동에 대한 인식에서 잘 드러난

7 Applebaum, Herbert, (1995), pp.49~50.

다. 키케로는 모든 고용노동자와 육체노동자를 '천박하고 바람직하지 않게' 인식했다. 자신을 위한 노동이냐 타인을 위한 노동이냐를 구분하여 자신을 위한 노동만이 사회적 위신(social prestige)을 가지는 것으로 인정했다. 로마 공화정 후기에 노예제(slavery system)가 자리를 잡았기 때문이었다.

로마 통치 기간 내내 농업노동, 특히 소규모 토지에서 일하는 농부는 극찬을 받았다. 반면 로마 엘리트층은 수공예와 장인노동을 육체노동으로 간주하여 높게 평가하지 않았다. 그러나 로마 제국(Roman Empire) 기간 동안 노예노동이 쇠퇴해 감에 따라 장인들(artisans)이 점차 중요한 위치를 차지하게 됐다.[8]

노동에 대한 초기 유대교와 초기 기독교의 태도는 이중적이다. 노동을 저주하는 태도와 노동에 대한 신성함이 공존했기 때문이다. 고대 히브리인(ancient Hebrew)의 노동에 대한 태도는 신성했다. 신(가장 높은 자, the Most High)이 신성한 노동자(Divine Laborer)로 묘사되기 때문에 인간이 일하는 것은 불명예스러울 수 없었다. 구약(Old Testament)은 히브리 지도자들을 모두 직업을 가진 직업인들로 묘사하고 있다. 신약(New Testament)에서 또한 그리스도는 장인(artisan)의 집에서 목수로 활동했고, 동료들도 모두 노동자였고, 노동의 세계에서 설교 예화를 찾았다.

성바오로(St. Paul)와 성어거스틴(St. Augustine)과 같은 초기 기독

8 Applebaum, Herbert, (1995), pp.50~51.

교 사상가들은 노동에 대한 상당히 긍정적인 사고를 가지고 있었다. 텐트 제작자였던 성바오로는 무역에도 관여했고, “일하지 않는 자, 먹지도 말라.”고 가르쳤다. 성바오로와 성어거스틴의 가르침은 노동에 대한 존경(respect)을 강화시켰다. 두 사람은 노동을 이웃에 자선을 베푸는 수단으로써 그리고 겸손으로 이끄는 길로써 인식했다. 노동과 자선은 신의 말을 따르고 그리스도의 가르침을 따르는 초기 기독교 교회의 두 개의 중요한 메시지였다.[9]

그러나 문헌들에서는 노동에 대한 부정적인 인식이 가감 없이 드러나기도 한다. 예를 들어 구약의 『창세기(*Genesis*)』에서는 신이 아담(Adam)과 이브(Eve)를 낙원에서 추방하면서 이브에게 “아이를 낳을 때 고통(labor)[10]을 경험할 것이며 남편에 예속되는 고통도 경험할 것.”이라고 일종의 저주를 했다. 그리고 아담에게는 “빵을 먹기 위해서 너희들은 땀을 흘려야만 할 것이다.”라고 저주했다. 신은 인류의 선조로 비유되는 아담과 이브 모두에게 노동하는 비참한 삶을 가지게 될 것이라고 저주한 것이다.[11] 『창세기』 3장 16-19절

9 Applebaum, Herbert, (1995), p.52.

10 노동(work, labor)과 동일한 의미를 가지는 ‘labor’를 산모(産母)의 산고(産苦)에 해당하는 용어로 사용한다.

11 영이 원문은 다음과 같다.
Genesis 3:16-19. To to woman he said, “I will greatly increase your pains in childbearing; with pain you will give birth to children. Your desire will be for your husband, and he will rule over you.” To Adam he said, “Because you listened to your wife and ate from the tree about which I commanded you, ‘You must not eat of it,’ ”Cursed is the ground because of you; through painful toil you will eat of it all the days of your life. It will produce thorns and thistles for you, and you will eat the plants of the field. By the sweat of your brow you will eat your food until you return to the ground, since from it you were taken; for dust you are and to dust you will return.“ [*Holy Bible, New International Version*, (1978)]

은 다음과 같이 기술하고 있다.

> 그리고 여자에게는 이렇게 말씀하셨다. "너는 아기를 낳을 때 몹시 고생하리라. 고생하지 않고는 아기를 낳지 못하리라. 남편을 마음대로 주무르고 싶겠지만, 도리어 남편의 손아귀에 들리라." 그리고 아담에게는 이렇게 말씀하셨다. "너는 아내의 말에 넘어가 따 먹지 말라고 내가 일찍이 일러 둔 나무 열매를 따 먹었으니, 땅 또한 너 때문에 저주를 받으리라. 너는 죽도록 고생해야 먹고 살리라. 들에서 나는 곡식을 먹어야 할 터인데, 땅은 가시덤불과 엉겅퀴를 내리라. 너는 흙에서 난 몸이니 흙으로 돌아가기까지 이마에 땀을 흘려야 낟알을 얻어먹으리라. 너는 먼지이니 먼지로 돌아가리라." 『해설판 공동번역 성서』, 일과놀이, (1977)[12]

이렇게 유대교-기독교 전통에서 생존을 위한 노동의 필요성은 원초적 저주, 즉 원죄(the original sin)에 대한 처벌(punishment)을 의미했다. 남성은 먹고 살기 위한 고통이 노동(labor)이고, 여성에게는 출산의 고통이 노동(labor)이었다. 이렇게 구약(Old Testament)에서 노동은 '어둡고, 귀찮고, 불가피하고, 기껏해야 의무(a blight and a bother, a necessity, and at best a duty)'에 불과했다. 당시의 노동 개념은 현대적 의미의 자기 충족적 가치를 가지거나, 자기 애(愛, self

---

12 Lutz, Tom, *Doing Nothing*, (2006), p.14.

love)를 위한 것도 아니었고, 순수한 만족감의 기원도 아닌 부정적인 의미의 것이었다.

신약에는 노동에 대한 저주의 관념이 다른 방식으로 표현된다. "공중의 새를 보아라. 그것들은 씨를 뿌리거나 거두거나 곳간에 모아들이지 않아도 하늘에 계신 너희의 아버지께서 먹여 주신다…들꽃이 어떻게 자라는가 살펴보아라. 그것들은 수고도 하지 않고 길쌈도 하지 않는다.(They do not labor or spin.)"(『마태오』 6장 26-28절)라는 구절에서 보듯이 신에 불복종하여 노동의 수고를 해야만 하는 저주의 관념은 수고(노동)하지 않아도 되는 신의 은혜와 대조적으로 공존한다. 신의 저주는 노동이지만, 신의 은혜는 무노동(수고 없음)이라는 동일한 관념이 이중적으로 공존한다는 의미이다.

하지만 앞서 언급했듯이 성바오로(St. Paul)는 신약(New Testment) 「데살로니카서」에서 "일하지 않는 자, 먹지도 말라."고 설파했다.[13] 이 구절은 일요일에 거행되는 수많은 설교에서 사용된 구절로 과거 『창세기』에서의 신의 저주와는 다른 변화된 노동 개념을 포함하고 있다. 이러한 측면에서 성바오로는 노동을 강제 이상의 것으로 노동의 가치(the value of work)를 주장한 첫 번째 대변자(사상가)라고

13 "일하기 싫어하는 사람은 먹지도 말라."(If a man will not work, he shall not eat.) 「데살로니카 II」 3장 10절. 그 앞에는 "우리는 여러분과 함께 있을 때에 게으른 생활을 하지 않았고 아무에게서도 빵을 거저 얻어먹지 않았습니다. 오히려 여러분 중 어느 누구에게도 폐를 끼치지 않으려고 밤낮으로 수고하여 애써 노동을 했습니다."(We were not idle when we were with you, nor did we eat anyone's food without paying for it. On the contrary, we worked night and day, laboring and toiling so that we would not be a burden of you. 「데살로니카 II」 3:7-8.) 라고 하며 노동의 중요성을 언급하고 있다.

할 수 있다.

종합하면 중세의 기독교 역사 속에서 노동은 신의 저주, 고통이었지만 동시에 게으름을 방지해주는 수단, 자선을 위한 수단, 삶의 의무를 의미했다. 중세 수도원 생활에서 노동은 일상생활의 일부였다. 하루 일과는 기도, 수면·식사·레크리에이션, 그리고 노동의 3부분으로 구분되어 노동은 하루 일과의 한 부분으로 개인의 '도덕적 책무(moral commitment)'에 해당되었다.

중세 교회의 노동에 대한 입장은 일반적으로는 중세 봉건제의 농노들이 담당하는 일을 의미했다. 영주나 귀족의 안정된 생활과 부를 유지해주는 수단으로써 농업노동을 봉건 농노가 담당했던 것이다. 하지만 신앙의 측면에서 본다면 노동에 의해 영적 생활이 강화된다는 실용성에 이르고 있다. 이유는 첫째, 노동은 게으름의 위험을 방지해주고, 둘째, 노동은 자선과 공동체의 자족에 도움이 되며, 셋째, 노동은 자연을 관리하는 수단이었기 때문이다. 하지만 보다 높은 차원에서 바라본다면 인간의 노동은 창조하는 신의 노동의 이미지를 의미했다. 창조하지 않는 직업이나 직종(profession or trade)은 열등한 것이었다. 예를 들어 수확하는 농부, 물질을 물건으로 바꾸는 장인의 노동은 창조적인 것이었고, 아무것도 창조하지 않는 상인(merchant)은 비난받아 마땅했다.[14]

'노동은 신성한 것'이라는 노동 윤리의 개념은 프로테스탄트 종

14 Applebaum, Herbert, (1995), p.55.

교개혁(the Protestant Reformation) 이전 시기에는 나타나지 않는다. 여전히 노동은 강제적인 것이고, 악마의 덫을 피하기 위한 방법이며, 기껏해야 의무(duty)에 불과했다.[15] 프로테스탄트 종교개혁과 함께 청교도(the Puritans)들의 윤리로서 신(God)의 소명(calling, vocation)을 의미하는 노동 개념은 루터(Martin Luther)[16]와 존 로크(John Locke)[17]에 이르러서야 명확히 드러난다.

이러한 노동에 대한 프로테스탄티즘(Protestantism)과 루터와 칼뱅(Jean Calvin)의 사유는 '노동은 신성한 것'이라는 노동에 대한 근대적 개념의 시작을 알리고 있다. 루터에게 노동은 '속죄의 한 형식'이자 '게으름에 대한 방어'라는 중세의 연장선상의 의미와 동시에 소명(calling)의 의미도 갖게 되면서 근대적 성격을 띠게 된다. 근대적 성격이라 함은 게으름 방지라는 수도원적 사고(monastic thinking)를 깨고, 노동이 개인의 차원을 넘어 사회의 기본(the basis of society)이 되고 또한 사회 계급을 나누는 기본으로 자리 잡게 되는 것을 말한다.[18]

루터는 인간이 태어날 때 받은 직종 또는 특정 직업의 제한 내에서 노동해야 한다고 믿었다. 루터에게 '직업(vocation)'이란 모든 사람에게 (하느님의) 소명으로 주어진 것으로 피할 수 없고 피해서도

15 Lutz, Tom, *Doing Nothing*, (2006), p.15.
16 루터는 1483년 태어나서 1546년 사망했다.
17 로크는 1632년 태어나서 1704년 사망했다.
18 Applebaum, Herbert, (1995), p.54.

안 되는 기독교인의 사명이었다. "우리 모두는 신이 우리에게 하도록 소환한 일을 해야 하며 그에 따라 일을 해야만 하는" 존재였다.[19] 루터의 소명의 원칙은 노동 윤리에 대한 중요한 관념이었다. 노동을 처벌이라고 보는 로마 가톨릭 관념에서 적극적이고 창조적인 측면의 노동 관념으로 진화한 것이다.

루터는 '소명'이라는 개념을 통해 '노동'에서 '직업'으로 인간의 의무를 바꾸었고, 땀 흘리는 인간의 노동의 의무와 신의 부름에 응답하는 기독교 신앙인으로서 직업의 의무를 모두 강조했다. 이에 따라 모든 인간은, 즉 부자이든 가난한 이든 또는 고위직이든 하위직이든 일을 하고 직업도 가지고 근면하게 일을 해야만 했다. 왜냐하면 일과 직업 모두 '신의 뜻(God's will)'이자 '신의 부르심(God's calling)'에 해당하는 것이었고 지켜야만 하는 신에 대한 인간의 의무에 해당했기 때문이다. 따라서 신의 뜻에 따라 순응하고 근면한 결과로 만들어진 부(wealth)와 소유물(property)은 모두 부정한 것이 아니고 정당한 것이었다. 신이 인간에게 준 탤런트(달란트, talent)에 따른 직업의 선택과 근면함의 결과로 만들어진 부는 신의 뜻과 인간적인 근면의 결과물로 간주되었던 것이다.[20]

칼뱅(Jean Calvin)[21]은 루터와 달리 개인이 자신의 삶의 위치를 만

19 김경일, 『노동』(한국개념사총서 9), 소화, (2014), p.85.

20 김경일, 『노동』(한국개념사총서 9), 소화, (2014), pp.85~88.

21 칼뱅은 1509년 태어나서 1564년 사망했다.

족하고 그대로 있는 것은 가치 없는 것으로 봤다. 칼뱅은 노동을 계급의 제약으로부터 자유롭게 하는 것으로 보았다. 그에게 노동이란 '신에 의해 주어진 것'이 아닌 '인간이 만드는 것'이기 때문이었다. 나아가 칼뱅은 무역, 이윤, 재정 활동 등으로 얻은 소득을 근면하고 성실하고 고된 노동에 의해 얻은 소득과 같은 수준으로 인식했다. 칼뱅은 이윤(profit)을 '신의 축복의 표식(a sign of God's blessing)'이라고 믿었던 것이다.[22] 이렇게 칼뱅주의는 루터의 노동과 직업, 그리고 그의 결과물인 부의 관념에서 더 나아가 노동을 위한 노동과 근면, 그리고 그로 인해 창출된 부에 대한 긍정적 인식으로 근대 기업가 정신과 이윤추구의 합리성 개념을 창출해냈다.[23] 칼뱅주의로 역사상 처음으로 부가 양심과 조화를 이루었다고 하겠다.[24]

최근 교황 요한 바오로 2세(Pope John Paul II)는 『노동하는 인간(*Laborem Exercens*)』이라는 회칙(Encyclical Letter)을 통해 『창세기』 1장 28절의 "자식을 많이 낳고 번성하여 땅을 지배하여라."라는 구절을 제시하며 동시에 신약에서 예수 자신이 목수(carpenter)로서 일하는 존재였음을 지적하고 있다. 나아가 예수의 언술 대부분에 '어부' 등 일하는 사람이 등장하는 것으로 인간이 노동을 통해 창조주인 신을 모방해야 한다고 가르쳤다고 강조하고 있다. 근대 이

22 Applebaum, Herbert, (1995), p.55.

23 근대 이후의 노동 개념의 변화에 관해서는 본 책의 제2장 김승욱, 「근대의 출현과 노동 개념의 변화」를 참조.

24 Applebaum, Herbert, *The Concept of Work: Ancient, Medieval, and Modern*, State University of New York Press, (1992), p.325; 김경일, 『노동』(한국개념사총서 9), 소화, (2014), p.88에서 재인용.

후 기독교와 가톨릭은 노동과 노동자를 성스러운 것(sacred)으로 취급하고 있다.

로크의 자연상태, 노동, 소유권

존 로크(John Locke)는 1632년 영국(England) 서머셋(Somerset) 주의 링턴(Wrington)에서 태어나 1704년 사망한 사상가다. 로크는 자유주의 사상의 시조로서 인간의 자유(liberty), 소유권(property right) 그리고 그 소유권을 지키고 보장하기 위한 합법적인 정부(legitimate government)를 주장했다. 특히 자의적(恣意的)이고 절대적인 왕권(권력)에 대항하여 인간의 자유(liberty)를 지키기 위한 합법적인 정부는 인민으로부터 권력을 위임 받았기에 제한 정부(limited government)의 성격을 띠게 된다는 사회계약론(social contract theory)을 설파한 근대 정치철학자로 평가받는다.[25]

로크 사상의 출발점은 '자연상태(state of nature)'에 있는 인간은 자유(free)롭고 평등(equal)하다고 본 데서 시작한다.

"자연상태란 사람들이 타인의 허락을 구하거나 그의 의지에 구

25 김용민, 「로크: 자유와 소유 지향의 자유주의」, 민경국·정진영·김한원 외, 『자유주의: 시장과 정치』, 부키, (2006), p.42.

애받지 않고, 자연법의 테두리 안에서 스스로 적당하다고 생각하는 바에 따라서 자신의 행동을 규율하고 자신의 소유물과 인신을 처분할 수 있는 완전한 자유의 상태이다. 그것은 또한 평등의 상태이기도 한데, 거기서 모든 권력과 권한은 호혜적이며 무릇 어느 누구도 다른 사람보다 더 많이 가지지는 않는다."(강조는 필자가 한 것임)(4절)

자연상태 속의 인간은 자연법에 따라 자유롭고 평등하지만 신(God)이 만든 상태라는 점에서 신의 부재(不在)를 상정하거나 신을 배제(排除)하고자 하는 홉스(Thomas Hobbes)와 루소(Jean J. Rousseau)의 자연상태와는 사유의 출발점이 다르다.

구체적으로 보면 홉스는 인간은 자신의 욕망(desire)을 최대한 성취하려 하고 권력(power)은 그러한 욕망 성취의 수단이자 욕망의 일부였다. 인간은 죽음에 이르러서야 '끊임없는 권력 욕구'를 중단하게 된다. 홉스에게 자연상태란 인간이 사회상태에 이르기 전의 상태로서 무제한의 자유가 있는 상태로, 무제한의 자유가 있을 경우 사람들은 자기가 하고 싶은 모든 일을 할 수 있기 때문에(Every person has a natural right or liberty to do anything necessary for preserving one's own life.) 수많은 분쟁과 전쟁에 휩쓸리게 되고, 그 결과로 인간의 삶은 비참한 상황에 놓이게 된다. 홉스에게 자연상태란 곧 인간의 '만인의 만인에 대한 투쟁의 상태(war of all against all)'를 의미한다. 따라서 홉스에게 자연상태에서의 인간은 '고독하고 빈곤하며 더럽고 잔인하고 짧다(solitary, poor, nasty, brutish, and short)'.

이러한 권력 투쟁은 인간의 '자기 보존(self-preservation)'의 본능 때문에 일어나는 것으로 끊임없는 투쟁과 갈등을 극복하기 위해 인간이 만든 정치권력인 '리바이어던(Leviathan)', 즉 주권자를 만들어 개인의 자유를 넘기고 '죽음으로부터 안전(security)과 평화(peace)를 보장' 받는 사회계약에 이르게 된다.

홉스는 모든 인간이 공동체에 대한 의무로 노동을 해야 하며 그 결과로 시민으로서의 권리가 주어지는 것으로 인식했다. 홉스에게 노동은 사물의 가치를 결정하는 중요한 요소였다. 홉스는 인간이 물건을 만든 것처럼(the artificer), 정부(Leviathan)도 인간이 만들었다고 믿었다. 정부란 인간에 의해 인공으로 만들어진 '인공적 인간'이었다. 그리고 세상의 지식은 마법(magic)이 아니라, 물건을 만드는 기술과 과학(knowledge of craft and science)에 의해서만 얻어짐을 강조함으로써 과학주의에 기초했다.[26]

홉스에게 자연상태란 죽음에 대한 위협과 공포가 항구적으로 존재하는 상태다. 그에 비하여 로크는, 인간이 자연상태에서 자연법-즉 합리적 이성(reason)을 가진 인간이 마땅히 따라야 할 법-을 지키며 자유를 즐긴다고 보았다. 이러한 자유를 즐기면서도 자연법에 따라 자연법이 허용하는 한도 내에서 자기 보존을 추구하는 권력과 자연법을 위반하여 생겨난 범죄를 처벌하는 권력을 부여받는

26 Applebaum, Herbert, (1995), p.56.

다.[27] 로크는 다음과 같이 설명한다.

"자연상태에서 인간은 순박한 즐거움을 누릴 수 있는 자유를 제외하더라도 두 개의 권력을 가지고 있다."

"그 첫째는 자연법이 허용하는 한도에서 인간은 자신과 타인의 보존에 적합하다고 생각하는 바가 무엇이든 그것을 행하는 것이다. 그들 모두에 공통된 자연법에 의해서 그와 나머지 모든 인류는 하나의 공동체를 형성하며, 다른 피조물과 구분되는 하나의 사회를 구성한다. 그리고 타락한 인간들의 부패와 사악함이 없었더라면 그 밖의 어떤 다른 사회를 필요로 하지 않았을 것이며, 사람들이 이처럼 위대하고 자연적인 공동체로부터 떨어져 나와서, 명시적인 합의에 의해 좀 더 작고 분열된 사회들(associations)로 결합할 필요성도 없었을 것이다."

"자연상태에서 인간이 가진 또 다른 권력은 자연법을 위반하여 저질러진 범죄를 처벌하는 권력이다. 이러한 두 개의 권력을 인간은 그가 사적인 사회 – 만약 내가 그렇게 불러도 무방하다면 – 또는 특정한 정치적 사회에 가입하거나 여타 인류로부터 분리된

27 김용민, 「로크: 자유와 소유지향의 자유주의」, 『자유주의: 시장과 정치』, 부키, (2006), p.47.

별도의 국가를 형성할 때 포기하는 것이다."(128절)[28]

이후 프랑스 사상가 루소(Jean-Jacques Rousseau)[29]는 『사회계약론』(1762)에서 "인간은 자유롭게 태어났지만, (사회상태에 있는-필자 추가) 지금은 어디에서나 사슬에 얽매여 있다."고 했다. 인간이 자유롭고, 행복하고, 선량했던 자연상태에서 스스로의 손으로 만든 사회제도에 의하여 부자연스럽고 불행한 상태에 빠지게 된 것이다. 사회상태에서 인간은 사악한 존재가 되었기에 다시 참된 인간의 자연의 모습을 발견하여 인간(성)을 회복하지 않으면 안 된다는 주장이다. 루소에게 자연상태의 인간은 건전하고 선량하나 사회가 인간을 사악하게 만들었으니 그가 직접 언급하지 않았더라도 "자연으로 돌아가라"고 했다고 이해할 수 있다.

시계공의 아들로 태어난 루소는 노동현장의 분위기를 일찍부터 체득하였고, 『고백록』(1782, 1788)에 따르면 12세까지 조각공(engraver)의 조수로 일한 경험이 있었다. 루소가 칼뱅주의 노동 윤리에 영향을 받았음은 노동하는 삶에 대한 존경에서도 나타난다. 『에밀』에서 루소는 "사회 속에서 인간은 노동에 묶여 있다.(Man in society is bound to work.) 에밀은 교역(trade)을 배워야 한다. 나는 그

28 Locke, John(존 로크), 강정인·문지영 옮김, 『통치론: 시민정부의 참된 기원, 범위 및 그 목적에 관한 시론』, 까치, (1996), p.122.

29 루소는 1712년 태어나서 1778년 사망했다. 주요 저작과 출판 연도는 다음과 같다. 『인간불평등 기원론』(1755), 『사회계약론』(1762), 『에밀』(1762), 『고백록』(1782, 1788).

가 시인이 되기보다 구두 수선공이 되게 해야 한다. 도자기에 꽃을 그리는 사람이 되기보다 도로(道路) 포장을 하는 사람이 되게 해야 한다…우리는 그를 노동자이자 사상가로 만들었다."고 했다.[30]

로크에게 자연상태란 자연법에 따라 인간의 본원 권리인 생명(life) · 자유(liberty) · 재산(estate)에 대한 권리를 향유하지만 단지 불충분하게 보호되는 데 불과하다. 이런 미진한 권리 보호를 완전하게 하기 위하여 인간은 자유로운 계약에 의해 정부(국가)를 만들게 된다. 때문에 정부의 목표는 자연상태에서 인간이 누리던 자연권을 충실하고 확고하게 보장하는 것으로 그 역할이 한정되는 제한 정부(limited government)이다. 정부의 권력 확대와 남용에 대한 로크의 깊은 불신(distrust)은 결국 정부(통치자)의 자의적 권력 행사에 대한 국민의 저항권을 인정함으로써 견제 장치를 충분히 마련하고 있다. 이러한 자의적 통치자에 대한 견제 사상은 미국의 독립선언문(1776)과 미국의 정치권력구조에 그대로 나타나 있어 로크의 사상이 영국보다 미국에서 더 꽃핀 이유를 알려준다.

로크의 노동(labor) 관념은 자연상태에서 출발한다. 자연상태의 초기 평화상태에서는 "자연이 제공하는 것이 풍성하게 존재했고, 그 사용자가 적었기 때문에"(31절)[31] 신이 베풀어준 것으로 인간은 풍

30 Applebaum, Herbert, (1995), p.57.

31 Locke, John(존 로크), 강정인·문지영 옮김, 『통치론: 시민정부의 참된 기원, 범위 및 그 목적에 관한 시론』, 까치, (1996), p.37.

족하게 살 수 있었다. 자연상태와 노동과 관련한 로크의 설명은 다음과 같다.

> "사람들에게 세계를 공유물로 주신 하느님은 또한 그들에게, 삶에 최대한 이득이 되고 편의에 봉사하도록 세계를 이용할 수 있는 이성을 주셨다. 대지와 그것에 속하는 모든 것은 인간의 부양과 안락을 위해서 모든 인간에게 주어진 것이다."(26절)

> "비록 대지와 모든 열등한 피조물은 만인의 공유물이지만, 그러나 모든 사람은 자신의 인신(person)에 대해서는 소유권을 가지고 있다. 이것에 관해서는 그 사람 자신을 제외한 어느 누구도 권리를 가지고 있지 않다. 그의 신체의 노동과 손의 작업은 당연히 그의 것이라고 말할 수 있다. 그렇다면 그가 자연이 제공하고 그 안에 놓아 둔 것을 그 상태에서 꺼내어 거기에 자신의 노동을 섞고 무언가 그 자신의 것을 보태면, 그럼으로써 그것은 그의 소유가 된다. 그것은 그에 의해서 자연이 놓아둔 공유의 상태에서 벗어나, 그의 노동이 부가한 무언가를 가지게 되며, 그 부가된 것으로 인해 그것에 대한 타인의 공통된 권리가 배제된다. 왜냐하면 그 노동은 노동을 한 자의 소유물임이 분명하므로 타인이 아닌 오직 그만이 적어도 그곳 이외에도 다른 사람들의 공유물들이 충분히 남아 있는 한 노동이 첨가된 것에 대한 권리를 가질 수 있기 때문이다."(27절)

"떡갈나무 밑에서 자신이 주운 도토리나 숲속의 나무에서 단 사과를 섭취한 사람은 확실히 그것들을 그 자신의 것으로 수취한 사람이다. 어떤 사람도 섭취한 것이 그의 것임을 부인할 수 없다. 그렇다면 나는 묻겠다. 언제부터 그것들은 그의 것이 되었는가? 그가 소화했을 때? 아니면 그가 먹었을 때? 아니면 그가 삶았을 때? 아니면 그가 그것들을 집에 가져왔을 때? 아니면 그가 그것들을 주웠을 때? 그런데 그가 그것들을 처음으로 주워 모았을 때 그의 것이 되지 않았다면, 그 밖의 다른 어떤 행위도 그것들을 그의 것으로 만들 수 없었을 것이라는 점은 분명하다. 그러한 노동이야말로 그것들과 공유물 간의 구별을 가져온다."(28절)

"노동이 만물의 공통된 어머니인 자연보다 더 많은 무엇을 그것들에 첨가한 것이다. 그리하여 그것들은 그의 사적 권리가 된다. 그런데 어느 누가 그렇게 수취한 도토리나 사과에 대해서, 그는 그것들을 자신의 것으로 만들기 위해서 필요한 모든 인류의 동의를 받지 않았기 때문에 아무런 권리가 없다고 말할 것인가?… 협정에 의해 공유지로 남아 있는 것에서 소유권이 시작되는 것은 바로 공유물의 어떤 부분이든 그것을 취해서 자연이 남겨둔 상태로부터 꺼내는 것이라는 점을 우리는 알고 있다…내가 다른 사람과 공유권을 가지고 있는 지역에서 내가 채취한 광물은 다른 사람의 양도나 동의 없이도 나의 소유물이 된다. 나 자신의 것인 노동이 그것들을 원래의 공유상태에서 제거함으로써 나의

소유권을 그것들에 설정한다."(28절)[32] (강조는 필자가 한 것임)

하지만 로크에게 자연상태의 풍족함은 영원하지 않고 지나가는 것이었다. 즉, "하느님은 우리에게 모든 것을 풍성히 주셔서 즐기게 해주시는 분이십니다."(「디모테오에게 보낸 첫째 편지」, 6장 17)라는 구절에서 보듯이 신은 인간에게 "즐길 수 있는 만큼"(31절) 풍성하게 주었다. 하지만 아쉽게도 그러한 시절은 영원하지 않고 지나갈 뿐이다. 풍요로움은 영원하지 않기에 인간은 노동을 통해 풍요로움을 유지해야만 했다. 따라서 "하느님께서 세계를 모든 인류에게 공유로 주셨을 때, 그는 인간 또한 노동할 것을 명했고, 인간은 자신이 처한 궁핍한 상황으로 인해 노동을 하지 않을 수 없었다. 하느님과 인간의 이성은 인간에게 대지를 정복할 것, 곧 삶에 이익이 되도록 그것을 개량하고 그것에 그 자신의 것인 그의 노동을 첨가할 것을 명하였다."(32절)는 것이다.

이렇게 인간은 노동을 하게 되고, 토지를 개간하여 소유하게 되며, 생산물을 재산으로 축적하게 된다. 이 때 인간은 보다 더 많은 재산을 획득하기 위해 만인에 대한 투쟁을 시작함으로써 자연상태의 후기 단계인 '전쟁상태(state of war)'로 들어갈 것이기에, 이를 극복하기 위하여 사람들은 '전쟁상태'의 해소를 위해 사회계약을 통

32 Locke, John(존 로크), 강정인·문지영 옮김, 『통치론: 시민정부의 참된 기원, 범위 및 그 목적에 관한 시론』, 까치, (1996), p.35.

해 정부(government)를 만들게 된다.

로크의 사회상태는 전쟁상태로부터 자유의 보다 완전한 확보를 위한 대안이었다. 로크에게 자유는 노동을 통해 자신의 것으로 만든 재산(property)으로 표현된다. 즉, 로크에게 자유(liberty)와 재산은 동일한 것으로 그에게 생명(life), 자유(liberty), 자산(estate)은 모두 개인 소유권(재산권, property right)에 속하는 것으로 하나가 된다.[33]

로크의 고전적 자유주의
-소유권과 최소 정부론

로크는 아담 스미스(Adam Smith)보다 100년 먼저 시장의 문제 해결 능력을 주장한 사상가로서 그리고 정부는 필요악과 같은 존재이므로 법으로 제한하여 폭정을 막아야 할 것을 주장한 헌법 경제학의 개척자로 평가받는다. 로크의 자연상태를 자유시장(free market)으로 보아도 무방하다고 주장하는 학자도 있다.[34]

정부란 이러한 인간의 소유권을 완전히 보장하기 위해 사회계약(social contract)을 통해 만들어진 것이며 정부가 규제를 통하거나 강제로 재산권을 침해하는 경우 영국이 네덜란드에 뒤지는 결과와

33 김용민, 「로크: 자유와 소유지향의 자유주의」, 『자유주의: 시장과 정치』, 부키, (2006), p.56.

34 민경국, "'재산권은 번영의 열쇠'…美 자유주의 세계관 형성", 『한국경제신문』, (2013년 7월 13일).

같은 것을 초래하게 된다고 주장한다. 때문에 사회계약을 체결한 주권자의 명령을 어기고 인간의 자유와 재산을 침해하는 폭압정치를 하는 정부는 쫓아내어도 정당한 행위가 되는 것이다. 이것이 로크가 주장하는 '폭정에 대한 저항권'이다.

로크의 사상은 당시에도 그리고 지금의 기준으로도 상당히 혁명적인 사상이었다. 왕이 지배하던 시대에 대표를 선출하여 의회를 만들고 의회에 통치를 위임하는 대의제 민주정치를 주창하였고, 또 경제적 자유를 보장하기 위하여 정부 권력을 제한해야 한다는 주장, 그리고 재산권을 인정하지 않는 전제정치를 혁명으로 바꿀 수 있다는 시민혁명에 대한 인정 등은 진정 혁명적 사고였다.

자신의 이익을 보존하기 위하여 자연상태가 아닌 정부가 존재하는 사회상태를 선택하는 계산에 의해 행동하는 근대적 합리성, 나아가 노동에 의한 소유물에 대한 소유권의 인정, 홉스의 굴종적 신민(subject)이 아니라 자유와 재산권 보장을 추구하는 시민(citizen)은 순전히 로크의 산물이었다.

로크는 물건에 상이한 가치를 부여하는 것을 모두 노동으로 보고 있다.[35] 특히 개간되지 않은 방치된 땅은 아무런 의미가 없고 '노

35 "빵이 도토리보다, 포도주가 물보다, 직물이나 비단이 잎사귀, 가죽 또는 이끼보다 얼마나 가치가 더 나가든, 그것은 전적으로 노동과 근면에 기인하는 것이다. 이들 중 한편은 가공되지 않은 자연이 우리에게 제공한 식품과 옷이며, 다른 한편은 우리의 근면과 노고가 우리에게 마련해준 것이다. 그런데 후자가 전자를 그 가치 면에서 얼마나 많이 초과하는가를 계산해보면, 노동이 우리가 이 세상에서 향유하는 사물의 가치의 얼마나 커다란 부분을 창출하는가 그리고 그러한 자원을 생산하는 땅은 얼마나 적은 가치만을 인정받을 뿐인가를 알게 될 것이다.(42절)" Locke, John(존 로크), 강정인·문지영 옮김, 『통치론: 시민정부의 참된 기원, 범위 및 그 목적에 관한 시론』, 까치, (1996), pp.46~47.

동에 의한 개량'이 중요하다고 강조한다. 나아가 당시 아메리카 대륙 개발을 염두에 두고 아메리카 원주민들이 풍부한 자연을 가졌지만 노동을 투여하여 개간하지 않아 '빈곤'에 처해 있으며 영국이 누리는 100분의 1의 편익 밖에 누리지 못하고 있다고 비판한다.

> "이제 노동에 의해 발생한 소유권이 토지에 대한 공유권을 압도할 수 있어야 한다는 주장은 아마도 고찰하기 전에 생각했을 법한 것처럼 그렇게 특이한 것은 아니다. 왜냐하면 실로 모든 사물에 상이한 가치를 부여하는 것은 바로 노동이기 때문이다. 어느 누구든 담배나 사탕수수를 심고, 밀 또는 보리의 씨를 뿌린 1에이커의 땅과 아무런 경작도 없이 방치된 동일한 크기의 공유지 간의 차이를 고려해 보라. 그러면 그는 노동에 의한 개량이 가치의 훨씬 더 커다란 부분을 차지한다는 점을 발견하게 될 것이다."(40절) (강조는 필자가 한 것임)

> "아메리카인들의 몇몇 나라들처럼 이 점을 명백히 입증하는 사례들은 없다. 이들 나라들은 풍부하게 가지고 있지만 삶의 편익에 있어서는 빈곤하다. 이들 나라에 자연은 다른 어느 민족들에게보다도 풍성한 자원, 곧 식품, 의복 및 생활의 기쁨을 주는 것을 풍부하게 생산할 수 있는 비옥한 땅을 마련해 주었지만 그들은 노동을 통해서 그 땅을 개간하지 않았기 때문에 우리가 향유하는 편익의 100분의 1도 누리지 못하고 있다. 그리하여 거기서

는 광대하고 비옥한 영토의 왕이 영국의 일용 노동자보다 의식주에서는 훨씬 못살고 있다."(41절)

"밀 20부셀(bushel)을 생산하는 여기 (영국에 있는) 1에이커의 땅과 동일한 노력을 기울이면 동일한 양을 생산할 수 있는 아메리카 1에이커의 땅은 의심할 여지없이 자연적으로 동일한 내재적인 가치를 가지고 있다. 그러나 인류가 전자로부터 1년에 얻는 이득은 5파운드에 달하는 반면에 후자로부터 얻는 이득은, 인디언이 그 땅으로부터 얻는 모든 이득을 여기서 판다고 환산해도 아마 페니 한 푼의 가치도 안 될 것이다…우리에게 유용한 모든 산물의 대부분의 가치는 노동에서 나오는 것이다. 밀을 심은 1에이커의 땅에서 나오는 모든 밀짚, 겨 및 빵은 황무지로 방치되어 있는, 그와 마찬가지로 좋은 땅 1에이커가 생산한 것보다 훨씬 더 많은 가치를 생산하며, 그것은 모두 노동의 결과이다. 왜냐하면 우리가 먹는 빵을 계산함에 있어 중요한 것은 단순히 경작자의 수고, 수확하는 자와 타작하는 자의 노고 그리고 제빵공의 땀뿐만 아니라 황소를 길들인 사람들, 철과 광석을 캐내어 제련한 사람들, 쟁기, 제분소, 화덕 그리고 곡물의 씨를 뿌리는 것부터 시작하여 빵이 될 때까지 필요한 많은 다른 도구를 만드는 데 필요한 나무를 베고 다듬은 사람들의 노고가 모두 노동으로써 평가돼야 하며 그 결과로 받아들여져야 하기 때문이다. 즉 자연과 대지는 그 자체로는 단지 거의 무가치한 재료를 제공할 뿐이라는 것이다. 모든 빵 조각에 대해서 그것이 사용될 때까지 근로가 제공하고 활용한 물자들을 우리가 추적한다면 그것은 실로 사물들의 기이한 목록이 될 것이다."(43절) (강조는 필자가 한 것임)

인용문에 잘 나타나 있듯이 로크 소유권의 핵심은 노동을 '섞고(mix)', 무언가 그 자신의 것을 '보태는(join)' 행위이다. 신이 인간에게 사용하라고 내준 자연에 그의 노동을 섞음으로써 소유권을 획득하게 되는 것이다. 물론 단순한 사고이기에 많은 비판과 반론이 가능하다. 그러나 소유권, 특히 무제한의 소유권(property without limit)을 제시한 근대 사상가로서의 공로는 인정받아야 한다.

하지만 로크는 청교도적(Puritan)인 소유관념을 제시하고 있다. 이웃의 몫을 침해하지 않는다면, 즉 그가 사용할 수 없는 것은 다른 사람이 사용할 수 있게 남겨두라는 소유의 한계를 제시한다. '썩어(spoil) 버릴 정도'로 소유하지 말라는, 다시 말해 낭비(waste)하지 말라는 청교도적 소유관념을 소유의 한계로 제시한다. 인간은 '생명에 이득이 되는 한(to any advantage of life)' 공통의 곳간(common store)에 그의 노동을 투하하여 소유물로 만들 수 있다. 나아가 '자신에게 이익이 된다.'는 판단(결정)은 각 개인에 속한다. 하지만 그 한계는 앞서 언급한 '썩기나 낭비하지(spoil or waste) 않는다'는 조건인데 이는 자신이 전제로 하고 있는 무제한적 소유권에 제한을

두는 개념이다.[36]

맥퍼슨(C. B. Macpherson)은 이러한 로크의 소유권 개념을 당시 영국에서 시작된 산업혁명을 이끈 부르주아의 소유권을 무한대로 보장하는 무자비한 사상가로 비판하는 근거로 삼는다. 하지만 맥퍼슨의 이러한 비판은 로크의 소유권 사상의 한 면만을 본 비판으로 소유권을 무비판적인 축적으로 보는 것이 아니라 소유권이란 유용한 투자로 사용되어야 인정받을 수 있는 청교도적 소유관에 기반을 둔 측면을 간과한 것이다. 규칙적인 경작(노동)으로 낭비를 막으면서 원하는 만큼의 무제한 소유를 인정한 것이었다. 그리고 화폐의 도입으로 썩거나 낭비 없이 무한한 축적이 가능하게 됐다.

이는 성경 「마태복음」 25장의 주인이 집을 비우고 여행을 다녀오는데 종 3명을 불러 그들에게 자기 소유를 넘겨주는 예화(例話)와 유사하다. "각자에게 제 능력대로 하나에게는 다섯 달란트를 또 하나에게는 두 달란트를 하나에게는 한 달란트를 주고 떠난다." 하지만 땅을 파고 자기 주인의 은전을 숨긴 종은 '악하고 게으른 종'으로 처벌한다. 물론 로크는 화폐의 발명으로 인한 부의 광범한 축적에 대해 한마디의 반대의 말도 하지 않았지만 필요한 것 이상의 절제 없는 무한 축적은 아니었다.[37] 다음의 인용에서 보면 로크가 분명하게 필요 이상의 무한을 주장한 것은 아니었다.

36 Plamenatz, John, *Man and Society*, (Vol.1), Longman, (1963), p.219.

37 Plamenatz, John, *Man and Society*, (Vol.1), Longman, (1963), p.219.

"근면함의 상이한 정도에 따라 사람들이 상이한 비율의 재산을 가지는 것처럼, 이 같은 화폐의 발명은 사람들에게 재산을 지속적으로 확장할 수 있는 기회를 제공했다."(48절)

"그러므로 어떻게 해서 노동이 최초에 자연의 공유물에 대해서 소유의 자격을 부여하고, 어떻게 용도에 따른 소유물의 소비가 그 한계를 설정하게 되었는지를 아무런 어려움 없이 쉽게 이해할 수 있게 됐다고 생각한다. 그리하여 소유의 자격에 대해서 말다툼할 이유나 노동이 부여한 소유물의 크기에 대해서 아무런 의심을 할 이유가 없었다고 생각한다. 권리와 편의가 조화롭게 부합했다. 왜냐하면 인간은 그가 노동을 지출할 수 있는 모든 것에 대한 권리를 가지므로, 자신이 이용할 수 있는 것보다 더 많은 것을 위해서 노동할 유혹이 없었기 때문이다. 이로 인해 소유의 자격이나 타인의 권리 침해 여부를 둘러싼 논쟁의 여지도 없었다. 어떤 부분이든 어떤 사람이 떼어내거나 그가 필요로 하는 것보다 많은 것을 취득한다는 것은 부정직할 뿐만 아니라 무익한 일이었던 것이다."(51절) (강조는 필자가 한 것임)

로크의 자연상태는 홉스와 달리 선쟁상태가 아니었고 무제한적 자유와 무제한적 소유권을 주장한 그의 소유권 이론의 기저에는 노동 투하 개념이 존재한다. 노동 투하를 소유할 자유를 부여하는

노동이라는 의미에서 '노동 소유자격론'이라고 칭하기도 한다.[38]

요약하면 로크의 재산권은 (1) 노동에 대한 소유, (2) (그 연장으로) 노동을 통해 생산한 산물에 대한 소유, (3) (그 연장으로) 주인 없는 토지와 천연자원에 노동을 투여한 결과에 대한 소유로 구성된다. 인간의 노동은 노동을 통해 만들어진 재산권으로 나타나고, 그 재산권은 인간의 근면(diligent), 저축(saving), 자본축적(capital accumulation)을 통해 부(wealth)와 번영(prosperity)으로 귀결된다. 때문에 소유권이 보장된 영국 노동자의 생활수준이 소유권이 보장되지 않는 인디언 추장보다 더 높다고 생각했던 것이다.

하지만 로크의 '노동 소유자격론'은 자연에 노동을 섞는 행위를 통해 개인의 고유한 주권 영역으로 표시될 수 있는가라는 반론에 부딪힌다. 노직(Robert Nozick)은 자신의 소유인 노동을 자신이 소유하지 않은 자연 대상에 섞었다면 자연 대상이 자신의 소유물이 되는 것이 아니라 오히려 자신의 소유를 잃어버리는 것이 된다고 주장한다. 나아가 자연에 자신의 노동을 섞었다고 완전히 배타적인 소유권이 성립한다는 것은 지나치다는 것이다. 신의 창조물인 자연에 인간이 조그마한 변형을 가했다고 그것이 창조적인 행위로 소유의 배타성을 인정할 수 있느냐는 것이다.[39]

---

38 민경국, "'재산권은 번영의 열쇠'…美 자유주의 세계관 형성", 『한국경제신문』, (2013년 7월 13일).

39 김종철, 「로크의 재산(property)과 인격(person): 로크의 재산 개념에 어떤 존재론적 함의가 있는가?」, 『한국정치학회보』, (50집 4호), (2016), p. 34; Nozick, Robert, *Anarchy, State and Utopia*, Basic Books, (1974), pp.174~175.

하지만 이러한 반론은 인간의 노동으로 자연을 얼마나 변형시켜 유용하게 사용하였느냐를 고려하면 쉽게 해결될 수 있다. 예를 들어 산에 있는 나무를 잘라 땔감으로 사용할 수 있게 변형하고 지리적 위치를 바꾼 것은 커다란 변형으로 창조에 가깝다는 것이다. 즉, 노동을 투여하는 것은 자연 대상에 노동을 단순히 섞는 것이 아니라 인간이 자신의 소유인 노동을 투여함으로써 생활에 유용한(useful) 것으로 변형시킨 측면이 중요하기에 배타적 소유권을 인정해야 한다는 것이다. 나아가 신이 만들어준 자연을 변형한 것이기에, 그리고 신이 허락한 자유와 신체로 가능한 것이기에, 그로 인해 만들어진 부(wealth)를 배타적 소유권으로 한정하는 것에 그치지 않고 신(神)의 영역으로 되돌려주는 근면한 노동과, 그로부터 만들어진 부를 자신의 공동체에 자발적으로 기부(voluntary donation)하는 논리를 제공하고 있다. 이는 훗날 막스 베버(Max Weber)의 '프로테스탄트 윤리'(Protestant ethic)의 근거가 된다.

한편 경제적 교환의 관점으로 표현하면 인간이 노동을 지출하여 소유권을 획득하였기에 그 소유권은 정부에 선행하고 그 때문에 정부에 의해 박탈될 수 없는 것이었다.[40] 이러한 개인의 소유권을 지키기 위해서 인간은 사회계약에 의해 정부를 만들어 개인의 자유와 소유권을 지키는 임무를 맡겼던 것이고, 만들어진 정부의 역할은 인간의 자유와 소유권을 지키는 것으로 한정되어야 했다.

40 로크, 존, 『역자 해제』, (1996), p.244.

자유주의 제한 정부론(limited government of liberalism)의 시작이다.

맺으며

어떤 개념이든지 시대의 변화에 따라 변화하고 발전한다. 노동의 개념도 시대의 변화에 따라 변화해 왔다. 노예제 시대의 노동은 천한 노예들이 하는 일이라는 인식의 한계를 가질 수밖에 없다. 영국의 명예혁명(Glorious Revolution, 1688)이라는 왕권을 무너뜨린 시민혁명을 겪은 로크가 시민이라는 개인이 주체가 되고, 개인의 노동과 노동에 의한 소유권, 그 소유권을 보장하기 위한 정부의 설립과 제한된 정부의 역할을 주장하는 것은 당연하다.

이러한 로크의 자유주의적 사상은 명예혁명의 이론적 기초를 제공했고 명예혁명의 성공은 입헌주의, 법치주의, 의회민주주의의 정착을 가져옴으로써 영국의 근대적 변화를 이끌었다. 즉 법치주의와 의회민주주의가 국가 운영 방식으로 정착돼 영국에 안정된 통치를 가져옴에 따라 대런 에스모글루와 제임스 로빈슨(Daron Acemoglu and James A. Robinson)이 『국가는 왜 실패하는가(*Why Nations Fail*)』에서 설명하듯 "1688년 이후 잉글랜드에서 절대왕정이 무너지고, 대단히 폭넓은 사회 계층까지 권한이 확대되었으며, 다원주의가 확산되어" 결국 명예혁명을 성공시킨 "의회파가 경제제도 및 정부 정책을 잇따라 개혁해 궁극적으로 산업혁명의 발판을 마련"하게 된 것이다. 로크의 자유주의 사상이 명예혁명 성공의 기초가 됐고, 명예혁명의 성공은 영국에 법치주의와 의회민주주의라는 안정된 통치와 '포용적 정치제도(inclusive political institutions)'의 정착을 가져왔으며, 이러한 '포용적 정치제도'는 소유권 확립과 독점 폐지라는 '포용적 경제제도(inclusive economic institutions)'의 채택과 정부 정책의 변화를 가져옴으로써 산업혁명으로의 길로 이끌었다는 것이다.[41] 물론 그 기저에는 로크의 노동-소유권론이 자리하고 있다.

다음 세 가지로 로크의 노동관이 기여한 바를 요약할 수 있다. 첫째, 소명과 근면을 강조한 기독교 청교도(Puritan)적인 노동 관념을 명확히 드러냈다. 둘째, 노동을 투하함으로써 소유권을 확정하는 노동투하설,[42] 노동가치설을 주장하여 원초적인 자본주의 정신 또는 기업가 정신(에토스)을 환기시키는 동시에 훗날의 노동의 가치와 관련한 논의의 시작을 제시했다.[43] 셋째, 노동은 노동자의 의심할 바 없는 자유이자 동시에 소유이고, 노동으로 인한 결과물인 소유권의 확보, 소유권이라는 자유를 보장하기 위한 목적으로써의 제

41 Acemoglu, Daron·James A, Robinson(대런 에스모글루·로빈슨 제임스 A), 최완규 옮김, 『국가는 왜 실패하는가』, 시공사, (2012), pp.282~293.[Daron Acemoglu and James A, Robinson, *Why Nations Fail: The Origins of Power, Prosperity, and Proverty*, Crown Publishers, (2012)] 국가를 성공으로 이끄는 '포용적 정치제도'와 '포용적 경제제도'의 관계에 대하여는 김인영, 「국가 실패와 제도 실패」, 『제도와 경제』, (제8권 제2호), (2014)을 참조.

42 Wood, Neal, *John Locke and Agrarian Capitalism*, University of California Press, (1984), pp.51~53. 원문은 다음과 같다. "Labor is basically responsible for the value of things." "Labor was the origin of and entitlement to private possessions abd landed property as distinct from what was common."

43 Wood, Neal, *John Locke and Agrarian Capitalism*, University of California Press, (1984); 김경일, 『노동』(한국개념사총서 9), 소화, (2014), p.99에서 재인용.

한된 정부의 관념을 만들어냈다.

하지만 로크는 노동에서 몸과 손을 투여한 노동만 언급했을 뿐이지 '사유(思惟, thinking)'에 의한 노동은 고려하지 못했고, 또 노동의 투여량만 고려했지 '노동의 질(quality)'은 고려의 범주에 넣지 않은 한계를 보인다. 그럼에도 불구하고 '소명'으로써의 노동 개념 그리고 '소유권'의 연원을 밝힌 것은 로크 사상의 중요한 기여이다.

작금의 시대에는 수요와 공급 또는 한계효용(marginal utility)에 의해 임금이나 노동의 가치가 결정되는 새로운 노동가치나 자기만족적 또는 손이 아닌 창의적 사고에 의한 노동이라는 현대적 노동의 실체가 등장하고, 그에 따라 노동의 개념은 현실에 맞게 변화하고 있다.[44] 따라서 산업혁명이 절정에 이른 시기에 만들어진 카를 마르크스(Karl Marx)의 컨베이어 벨트 속 소외된 노동 개념도 영원한 진리가 될 수는 없고, 이제는 시대에 뒤처진 개념이 될 뿐이다. 로크와 마르크스 모두 최근 자기충족적 또는 자기만족적 노동이 주류가 된 지금의 현실을 충분히 반영하지는 못하고 있기 때문이다. 물론 미래는 로봇과 AI(artificial intelligence)가 힘든 노동의 대부분을 담당하고 인간의 경우는 창의적 사고 활동 자체가 노동이 되는 사회가 될 수도 있다. 그럼에도 불구하고 당시로서는 새로운 노동 개념과 소유권론, 그리고 소유권 보호라는 정부의 한계를 밝힌 자유주의 사상가로서 로크의 선구적 역할은 오래도록 기억될 것이다.

44 디지털경제 시대의 노동 개념의 변화는 본 책의 제7장 남성일, 「디지털경제와 노동의 미래」를 참조.

•• 제2장 ••

근대의 출현과 노동 개념의 변화

김승욱
중앙대학교 경제학부 교수

서론

동서양을 막론하고 고대와 중세까지는 노동에 대한 부정적인 인식이 보편적이었다. 그런데 16세기 서구에서 루터와 칼뱅의 종교개혁 이후에 노동에 대한 인식이 긍정적으로 변했다. 루터는 인간은 일하기 위해서 창조되었다고 했다. 칼뱅은 노동과 직업은 하나님이 주신 달란트를 사용하는 것이며, 분업은 하나님이 주신 은사를 나누는 것으로 이해해, 노동을 하나님을 섬기는 일로 간주했다. 막스 베버(Max Weber)의 개신교의 경제윤리가 오늘날 자본주의 정신의

기초가 되었다는 주장 중에는 이러한 노동관의 변화도 포함된다.[1]

18세기 계몽주의 시대에 로크는 소유권의 근거로 노동을 강조했다. 그리고 아담 스미스는 노동가치 이론을 발전시켰다. 그는 효용을 의미하는 사용가치와 구매력에 해당되는 교환가치로 나누었다. 그리고 교환가치의 척도는 노동이라고 하는 노동가치설을 주장했다. 이 노동가치설은 리카도에 의해 정교화 되었으며 마르크스에 와서 정점에 이르게 됐다. 노동을 통한 자연의 변화가 인류를 행복한 미래로 인도하는 운하라고 보았다.

네덜란드의 경제사학자 하우즈바르트(Bob Goudzwaard)는 노동가치설의 사상적 기초를 계몽주의 시대 말기에 등장한 진보사상이라고 했다. 진보사상이란 인류는 이성(理性)의 힘으로 끊임없이 진보해 결국에는 유토피아에 도달할 것이라는 사상이다. 진보사상가들의 노동관은 노동자는 노동의 주인이며 자신의 행복을 극대화시키기 위해서 노동투입량을 결정한다는 것이다. 인간을 자신의 만족을 스스로 결정하는 자율적인 인간이라고 보기 시작한 것은 르네상스 시대이다. 그 후 계몽주의 시대에 인간이 마침내 자기 운명의 주인이라고 인식하게 됐다.[2] 진보사상가들은 가치를 창출하는 유일한 통로를 노동이라고 인식했다.

하우즈바르트는 아담 스미스나 카를 마르크스 모두 진보사상의

1 김승욱·유해신, (2002).

2 바르트, 하우즈, (1989), pp.63~66.

후예들이라고 평가했다. 둘 다 노동가치설을 신봉했으며 인류 역사의 원동력은 생산성의 향상이라고 파악한 점에서는 마찬가지이기 때문이다. 진보주의의 노동관은 노동 그 자체를 높이 평가하기보다는 노동으로 얻는 물질적 진보에 관심을 가지고 있다. 즉 노동이 의미를 지니는 이유는 노동생산물이 유용하기 때문이다. 노동에 대한 이런 인식은 소득증대에 도움이 되는 노동은 의미가 있지만 소득 창출과 무관한 노동은 큰 의미가 없다.

그래서 주류 경제학에서도 여가는 효용을 증가시키는 반면, 노동은 행복을 떨어뜨린다고 전제한다. 신고전학파 경제학에서 노동자는 자신에게 주어진 24시간을 '노동'과 '여가'로 구분해서 몇 시간의 노동을 하고 몇 시간의 여가를 가질 것인가를 결정한다고 가정한다. 즉 여가시간 외에는 모두가 노동이라고 간주한다. 여가에는 생리적인 수면과 휴식, 기본생활을 위한 식사나 세면시간 등이 모두 포함되며 취미 활동도 여가에 속한다. 이렇게 여가를 정의하고 여가와 노동을 상호 대체재로 파악한다. 노동을 하면 보상을 받게 되고 그 소득으로 소비 활동을 한다. 각 노동자가 얼마만큼의 시간을 노동에 할애할 것인가는 노동에 대한 보상 수준에 달렸다.[3]

노동을 통해서 인간이 자아를 발견하기도 하고 오히려 행복을 느끼기도 하기 때문에 이러한 단순모델(hedonic model)에 대한 비판

3 바셰크[Vašek, (2013/2014), p. 33]는 노동을 여가와 서로 대립시키는 것이 잘못이라고 주장한다. 왜냐하면 여가는 시간 개념인 반면에 노동은 그렇지 않기 때문이다.

도 있지만 기본적으로 이 모델이 내포하고 있는 것은 모든 생산 활동에 노동이 필요하며 노동공급의 주체는 모든 인간이라는 것이다. 의식주와 같은 인간의 물적 생활의 기초를 공급하기 위한 생산 활동에 필요한 노동을 공급하는 자가 노동자이다.

그러나 현실적으로 노동계에서는 노동의 의미를 다르게 해석한다. 흔히 노동이라고 하면 공장에서 집단적으로 하는 행위를 의미한다. '남의 지시를 받으면서 육체적인 일을 하는 사람들'을 노동자라고 생각한다. 그렇다면 자영업자나 지식 근로자들은 노동을 하지 않는 사람이라는 의미가 된다. 그리고 원래 노동자란 사회적 약자라고 인식되어서 그들을 보호하기 위해 특별히 노동 3권을 보장해 주고 있는데 이제 강력한 노조를 가진 노동자들은 더 이상 사회적 약자가 아니다. 특히 산별 노조는 사회의 가장 강력한 세력으로 성장했다. 지난 1987년 민주화 운동 이후 1994년의 WTO 가입 비준 반대, 2008년 광우병 촛불 시위, 그리고 최근의 박근혜대통령 하야 촉구 촛불 시위에 이르기까지 진보진영의 핵심에는 민주노총이 자리잡고 있다. 국민이 뽑은 국회가 있음에도 불구하고 민주노총은 주요 정책들에 대해서 간섭하며 한국 사회를 자신들이 원하는 사회로 만들어 나가려고 한다. 국민들은 민주노총에 국정을 위임한 적이 없는데 그들의 목소리가 국민을 대변하는 것같이 행동한다.

왜 이렇게 노동이나 노동자라는 용어의 의미가 서로 다르게 쓰이는가? 그 결과가 어떠한가? 이를 밝히기 위해서는 노동이라는 용어가 어떠한 과정을 거쳐서 오늘에 이르렀는지 알아야 한다. '한국개념사 총서'의 편집위원장 김용구는 역사적 개념을 서로 구별하지 않는 것은 비(非)역사적이라고 했다.[4] 언어는 인간의 의식이나 사고를 담는 그릇이므로 정확한 개념 규정이 필요하다.

옥스퍼드 대사전에서는 노동(labor)을 '사회의 물질적 필수품을 공급하기 위한 육체적 노력'이라고 정의했는데, 이 정의는 다분히 마르크스주의적 관점이 녹아있다. 노동에 이미 '육체적 노력'이라는 전제를 붙였기 때문에 여기에는 정신노동이나 경영자 등이 포함되지 않는다. 그리고 노동이라는 단어가 등장하고, 한 세기 후에 노동의 의미는 '생산에 참여하는 노동자 및 직공의 일반 집단'을 의미한다고 되어 있다. 여기에는 집단, 즉 계급에 대한 인식이 포함되어 있다. 노동을 노동자 집단 또는 계급으로 이해하는 마르크스주의적 관점이 들어간 것이다.[5] 마르크스주의적 프레임에서는 계급투쟁적 역사변화를 설명하기 위해서 이렇게 노동을 임금노동자 집단으로 구분한다.

마르크스는 역사발전의 원동력을 생산성의 향상으로 봤다. 즉 생명이 태어나면 자라나듯이 인간 사회도 생산성이 발전하는 것을 당연하게 파악했다. 그런데 육체가 자라면 옷의 크기가 바뀌어야 하듯이 생산성이 발전되면 그에 맞게 생산과정도 변화돼야 하는데 기득권자들은 자신의 기득권을 내려놓지 않으려 하기 때문에 혁명

---

4 김경일, 『노동』(한국개념사총서 9), 소화, (2014), p.6.

5 김경일, 『옥스포드 대사전』, (2014), p.94.

적 변화가 불가피하다고 본다. 따라서 각 시대에 기득권자 계급이 누구이고 역사변화의 주체적 계급이 어떤 계급인지 이해하는 것이 필요하다고 보고, 각 역사발전의 변화가 어느 단계에 와 있는가 하는 현 상황에 대한 인식이 있어야 올바른 역사인식을 가진다고 파악한다. 자본제 사회는 부르주아 계급과 피착취 계급인 프롤레타리아 계급으로 양분된다. 이 프롤레타리아 계급은 오직 노동만을 보유하게 되어 자본가 계급으로부터 착취를 당하게 되는데 결국 소수의 자본가 계급과 다수의 노동자 계급으로 양분되어 결국은 프롤레타리아에 의해서 혁명이 일어나게 된다고 역사를 파악했다.

이러한 마르크스주의적 패러다임으로 역사를 인식하면 노동자나 노동이라는 개념을 마르크스주의적으로 해석할 수밖에 없고 임금노동자를 제외한 다른 부류의 일을 하는 사람들의 노동에 대해서는 설명할 방법이 없어진다.

고대나 중세에도 생산 활동이 있었고, 노동을 했다. 정신노동뿐만 아니라 육체노동이 존재했다. 그런데 그 노동의 형태가 임금노동이 아니었다는 이유로 근대 이후에는 노동의 의미 속에 집단적으로 남의 지시를 받고 하는 것만 노동으로 간주하는 것이다.

이 장의 목적은 임금을 위해 집단으로 일하는 것을 노동이라고 인식하는 그러한 노동 개념의 기원을 찾기 위해서 역사적으로 노동문제에 대한 관심이 어떻게 변해왔는지 설명하고자 한다. 즉 마르크스주의적인 관점에서 노동을 이해하게 된 역사적 배경을 살펴보려고 한다. 이를 위해서 다음 2절에서는 중세와 근대 초기에 노동의 형태가 어떠했는지 설명하고 농노와 영주의 관계를 착취관계로 인식한 마르크스의 견해와 달리 영주와 농노의 관계도 계약관계로 볼 수 있다는 점을 설명한다. 그리고 마르크스가 이행기라고 규정한 근대초기에 직업이 세분화되면서 각종 형태의 직업이 발생했다는 것을 설명한다. 그러고 나서 산업혁명기에 어떠한 노동문제가 있어서 마르크스가 주장하는 그러한 노동 개념이 등장했는지 살펴본다. 3절에서는 노동의 본질이 무엇이고 마르크스 노동관의 문제점이 무엇인지 지적한다. 마지막 결론으로 이러한 개념에 대한 정확한 인식이 향후 한국의 노동문제를 해결하는데 어떻게 도움이 되는지 살펴보고자 한다.

자본주의 이전 시대의 노동

가. 중세 시대 장원에서의 노동 – 농노와 영주의 노동

고대나 중세에도 농토를 경작하고, 동물도 키우고, 마구간을 관리하고, 옷감을 짜고, 사냥하고 물고기를 잡는 등 오늘날과 유사하게 다양한 경제 활동이 있었다. 다만 오늘날과 달리 생산의 목적은 자급자족적이고 가계유지를 위한 것이었으며 경제적 이윤은 부차적이었다.

동양에서는 이전에 대체로 왕정 체제가 유지됐지만, 서양에서는 로마제국 이후에 봉건제라는 독특한 사회 체제가 형성됐다. 서로

마제국이 붕괴한 이후에 치안의 부재로 상업은 거의 사라져 상품 경제는 종적을 감췄다. 그래서 유럽의 중세 시대 생산 활동은 기본적으로 자급자족적이었다. 상업이 사라지자 자급자족적 농업이 대부분의 생산 활동을 차지했다. 10세기 이후에 중세가 안정되어 서서히 상업이 회복되면서 도시도 나타나 중세적 모습이 바뀌었지만 적어도 15세기까지는 이런 자급자족적인 중세의 모습이 유지됐다.

마르크스는 18세기 중엽 이후의 산업혁명기에 임금노동자 계층이 생겨서 그것이 자본주의의 특징이라고 주장했다. 임금노동자란 노동력을 파는 것 이외에는 소득을 얻을 수 없는 무산자를 말한다. 무산자들은 임금계약을 통해 노동력을 판다. 그렇다면 중세에는 고대 노예노동과 같이 착취관계만 있었고, 계약관계는 없었는가? 이를 살펴보기 위해 중세의 경제 활동을 구체적으로 알아보자.

중세 시대의 생산 단위는 농촌의 장원과 도시의 길드였다. 중세 도시가 발달하기 이전에는 대부분의 생산 활동은 농촌의 장원에서 일어났다. 장원제 하에서 농민들은 성인이 되면 경작할 토지를 할당 받으며 군사적 보호를 받았다. 그 대가로 농노들은 일주일에 사흘간 영주의 직영지에 가서 직접 노동을 함으로써 노동의 형태로 지대를 제공했다. 농노들은 근대 사회의 소작인과 달리 신분적으로 매여 있었다. 그 이유는 영주가 노동력의 손실을 막기 위해서 농노의 거주 이전의 자유를 제한했기 때문이다.

마르크스는 중세 봉건제의 본질을 영주-농노관계로 인식하고, 영주 계급에 의한 농노 계급의 착취를 강조한다. 그리하여 중세에 영주에 의해 이루어진 각양각색의 착취적인 모습을 주로 언급했다.

반면에 더글러스 노스는 자급자족적인 장원제를 기반으로 형성된 중세 유럽의 봉건제를 계약에 기반을 둔 사회체계로 정의했다.[6] 즉 농노들은 영주와 기사 계급에게 노동력을 제공하고, 그 대가로 토지를 공급받을 뿐만 아니라 치안과 국방이라는 서비스를 제공받는다. 그리고 영주와 기사 계급은 농노들에게 이러한 서비스를 제공한다. 중세에는 전쟁이 발생하면 농민들은 전쟁터에 나가지 않고 영주와 기사들만이 전쟁에 투입됐다. 사실 마르크스가 착취 계층이라고 인식했던 중세의 기사 계급은 오늘날 군인이나 경찰이 치안유지와 국민의 보호를 위한 서비스를 제공하는 것처럼 공공재를 제공하는 서비스 계층이었다. 대영주들은 가신들에게 1년에 40일 동안 병역 의무를 부과했다. 영국에서 공작의 자녀들이 1330년~1479년 기간 중에 46퍼센트가 전쟁으로 사망했다. 전쟁으로 사망한 공작 계층을 제외한 평균 수명은 31세였는데 전쟁으로 죽은 자를 포함한 평균 수명은 24세에 불과하다. 이러한 통계를 보면 이들이 단지 농노를 착취하는 유한 계급이 아니라 자신의 목숨을 제공하여 사회유지에 필요한 서비스를 제공하는 계층으로 봐야 한다. 스위스 용병들도 생계를 위해서 노동을 하는 것이다. 단지 파는 것이 군사력이라는 것만 다를 뿐이다.

6 노스는 "주군과 농노가 동등하다는 의미는 아니다"라고 했다. 그들 사이의 교환관계의 특성이 비록 주군에게 절대적으로 유리한 교환이기는 하지만, 계약관계의 형태를 지닌다는 의미이다. (North, 1981)."

물론 농업생산자인 농노가 될 것인지 치안과 국방을 담당하는 기사 계급이 될 것인지는 오늘날과 같이 개인이 자유롭게 선택할 수 있는 것은 아니다. 태어날 때부터의 신분에 따라 결정되지만 영주나 기사 계급이 무위도식하는 기생 계급은 아니다. 이들도 오늘날의 관점에서 보면 생산에 기여하는 노동을 제공하는 것이다.

중세 사회를 영주와 농노가 서로 다른 재화를 공급하는 계약 사회로 볼 수 있는가? 이렇게 보는 근거로 더글러스 노스는 중세 유럽에서 이러한 사회질서 체계가 발생한 이유를 무정부 상태의 광활한 황무지가 있는 상황에서 인구밀도가 낮고 시장이 없는 상황 때문이라고 했다.

먼저 중세 사회에서 생산을 담당하는 농노의 사회적 지위를 보면 고대 사회의 생산 계층인 노예와는 여러 가지 측면에서 다르다. 노예는 재산으로 팔고 사는 대상이었고 가족도 형성할 수 없었지만 중세 사회에서 농노는 노예에 비해서는 상당한 권한을 가지고 있었다. 비록 근대 사회의 자영농과 비교해볼 때는 신분상의 제약이 있었다는 한계가 있지만 농노는 그 이전 시대의 노예와 달리 가정도 꾸릴 수 있었고 가축 등 동산에 대해서는 상속도 가능했다. 그리고 토지에 대한 상속권은 없지만 성인이 되면 일정한 토지를 불하받았다. 그리고 노동의 감독도 받지 않았다. 물론 그 토지에 어떤 농작물을 심을 것인가 하는 것은 영주의 통제를 받았기 때문에 선택권은 없었고 농사일도 공동으로 했지만 그 토지에서 수확한 것은 자신의 소유였다. 지역과 시대에 따라 변화하지만 일반적으로 농노는 일주일에 세 번 정도 반나절씩 영주의 직영지에 가서 경작을 했다. 이는 완벽한 자유노동은 아니었지만 노예에 비해서는 상당한 자유와 권리를 보장받았다. 그리고 노동에 대한 보상도 농노들은 노예에 비해서는 많이 받은 것이다.

만약에 영주와 농노의 관계를 착취관계로 파악한다면 군사력 등 모든 권한을 가진 영주가 농민을 노예화하지 않고 농노로 대우할 이유가 없는 것이다. 계약관계로 이해해야 그 의문이 풀린다. 영주가 농노를 노예보다 더 나은 대우를 한 이유는 첫째, 공공재(치안과 국방)를 제공하는 경쟁자가 가까이 존재했기 때문이다. 즉 노동은 희소했고 억압받는 농민이 도망갔을 때 그를 받아들일 경쟁적 영주(노동수요자)가 이웃에 얼마든지 존재했기 때문에 영주는 자신의 생산 계층을 노예처럼 부릴 수 없었다. 마르크스의 주장처럼 영주가 항상 농노에 비해서 우위의 협상력을 지닌 것도 아니었다. 상대적으로 희소한 생산요소를 가진 자가 계약관계의 우위를 점했다.

둘째, 농민을 노예처럼 부리기 위해서는 많은 감독 및 강제비용이 소요되는데 그것은 토지는 풍부하고 노동력은 부족한 상황에서 효과적인 방법이 아니기 때문이다. 이러한 상황에서는 어느 정도 자유를 주는 대가로 느슨한 통제를 하는 것이 더 효율적일 수 있다는 것이다. 그래서 영주들은 농노를 노예처럼 부리지 않았다.

그리고 자본주의의 소작농제도 하에서처럼 생산물이나 화폐로 지대를 받지 않고 노동지대를 받았다. 이 노동지대가 고전적 장원제도의 특징이다. 이렇게 영주는 농노에게 노동력으로 노동지대를 받았기 때문에 농민은 토지에 묶여 있었고 자유가 제한되었다. 왜 영주는 노동지대를 받았을까? 그것은 로마제국 몰락 이후 조직화된 상품시장이 사라졌기 때문에 가격에 관한 정보가 없었고 따라서 풍흉에 따라 협상비용이 많이 소요되었기 때문이다. 이럴 때는 노동지대가 협상비용을 줄이는 길도 됐다. 즉 거래비용의 일종인 협상비용이 높을 때는 노동투입을 나누는 제도가 가장 효율적이었다. 그리고 노동투입의 분할을 포함하는 수확분할제도는 위험을 분산시키는 것이기도 했다.

이렇게 중세 사회를 이해한다면 근대 노동자 계층이 발생하기 이전에도 생산 활동이 있었으며 이 생산 활동에 농노들뿐 아니라 공공재를 제공하는 지배 계층도 참여했다는 사실을 알 수 있다. 농노는 노동지대를 제공했다는 점에서 일종의 노동자였고, 영주나 기사 계급도 단순히 지배 계급일 뿐만 아니라 치안과 국방이라는 공공서비스를 제공하는 생산 계층이라고 봐야 한다. 이들은 오늘날의 노사관계와 유사한 일종의 계약관계에 기초한 것으로 볼 수 있다.

나. 중세 말기와 근대 초기 노동의 변화

마르크스는 근대 자본주의가 영국의 산업혁명 이후에 등장했다고 파악했다. 왜냐하면 마르크스는 자본제 생산양식의 특징을 자본은 보유하지 못하고 오직 노동만 보유한 임금노동자의 출현으로 보았기 때문이다. 자본제 생산양식 하에서는 자본가 계급이 노동자 계급을 착취하는 구조이기 때문에, 임금노동자들이 대거 등장하는 산업혁명 이후에야 자본재 생산양식이 등장하게 된다. 영국의 산업혁명은 1760년이 되어야 시작되었기 때문에 중세적 특징이 사라진 1500년 이후 약 250년이나 되는 긴 기간은 마르크스적 역사인식에서는 봉건제 생산양식도 아니도 자본제 생산양식도 아니다. 그래서 마르크스는 이 기간을 봉건제에서 자본제로 이행되는 이행기라고 불렀다.

마르크스는 이 이행기의 가장 중요한 특징으로 중세적인 장인 계급이 상층부는 자본가로, 그리고 하층부는 임금노동자로 분해되는 과정으로 보았다. 상층부가 선대제 상인과 공장제 수공업(manufacture)을 거쳐 자본가 계급으로 성장하고, 공장제 기계공업이 발생해서 하층부의 노동자 계급의 출현을 가능하게 한 사실에 초점을 맞추었다. 그래서 그 이전에 있었던 가내수공업과 도시수공업 단계에서 공장제 기계공업으로 가는 중간 단계로 선대제와 매뉴팩처에 관심을 가졌다.

선대제는 자본의 여유가 있는 부유한 상인이 모직물의 원료를 대량으로 구입한 후에 농촌지역에서 가내수공업자를 엄선해서 노동자로 교육시켜 직조하게 하고, 자신은 도시에 와서 고객을 확보하여 생산된 모직물을 고객에게 전달하는 생산의 합리화 과정을 통해서 생겨난 생산방식이다. 이를 통해 상인은 거액의 재산을 모았는데 이 상인은 번 돈을 소비하지 않고 또 다시 사업에 계속 투자함으로써 더욱 큰 재산을 이루어갔다. 이 선대제 상인이 훗날 자본가로 발전했다는 주장이다.

매뉴팩처란 생산은 개별농가가 아니라 공장에서 이루어지지만, 생산방법은 수(手)공업 단계에 머물러 있는 방식의 생산을 말한다. 이 방식도 역시 공장제 기계공업으로 중간 단계로 인식했다.

마르크스주의자들은 매뉴팩쳐 형태로 생산하는 지방의 소산업 생산자와 선대제 상인중에 누가 공장제로 가는 주류 계층인가 하는 계보 논쟁을 벌였다. 모리스 돕(Maurice H. Dobb)이 『자본주의 발전연구』에서 농촌의 소상품생산자가 산업자본가로 발전했다고 주장한 이후에 미국의 폴 스위지(Paul Sweezy)는 이를 비판하면서 소위 '돕-스위지 논쟁'이 벌어졌고 후에 로버트 브레너(Robert Brenner) 등에 의해서 계보 논쟁이 계속되었다.[7]

이렇게 '근대 초기'라고 불리는 16세기부터 18세기 중엽까지 250년간 많은 변화가 있었는데, 마르크스주의자들은 공장의 출현과 공장에서 일하는 임금노동자들에만 초점을 맞추었다. 그러나 이 시기에 상업이 발전하면서, 중세의 농노나 근대의 산업노동자와 다른 종류의 생산자 계층이 많이 생겨났다. 상인이나 선원 그리고 각종 세분화된 직업의 종사자들이 바로 그들이다. 영국과 네덜란드에서는 의회가 국왕의 조세권에 통제를 가하는 데 성공해 자유로운 상공업이 발전했다. 특히 네덜란드에서는 길드의 배타성과 독점을 줄이며 효율적인 경제조직을 발전시켰다. 1463년에 네덜란드의 국

7 Dobb, Maurice·Sweezy, Paul, et. al., 김대환 옮김, 『자본주의 이행논쟁』, 동녘, (1984); Brenner, Robert, et. al. (로버트 브레너 외), 이영석·임지현·장수환 옮김, 『신자본주의 이행논쟁』, 한겨레, (1985)

왕 빌럼(Willem)은 무역과 상업을 장려함으로써 재정수입을 늘리는 쪽을 선택했다. 그리고 임금수준, 도제의 조건, 노동시간 제한 등 어느 것도 없었고, 교역에 어떠한 특권도 존재하지 않았다. 브뤼즈, 안트웨프, 암스테르담 등 지역 정기시들이 거대시장으로 발전되면서 전문화가 나타나 상설시장이나 거래소가 개설되었다. 법원, 공증인 등이 등장하여 이행비용을 줄였다. 그리고 공동출자회사, 위탁판매인 등도 등장했다.

중세의 가을에 해당하는 14세기에 맬서스가 말한 인구 압박에 의한 위기가 발생했다. 먼저 1315년~1317년간 광범위한 지역에서 기근이 발생했다. 그리고 1347년~1351년 사이에 페스트가 창궐해서 풍토병으로 발전했다. 이로 인해서 인구의 10분의 1정도가 죽었다. 그리하여 14세기 동안 계속 인구가 줄어들었다. 이렇게 14세기와 15세기 초까지 100년 이상 동안 인구가 줄어들게 되자 노동에 비해 토지가 상대적으로 풍부해져서 농민의 교섭력이 향상되어 임금이 올라갔다. 영주들은 실질임금의 상승을 억제하려고 했지만 임금은 계속 올랐다. 그 결과 어떤 경작지는 노동력이 부족해 가축사육지로 변모했고, 지주의 생활수준이 떨어지고 영주-농노관계가 점차 사라졌다. 농노가 소작농과 유사한 지위로 올라갔고 점차 농민들의 임대 기간이 길어지면서 소작농들은 토지에 대한 배타적인 권리를 획득해서 등본보유농(謄本保有農, copy holder)으로 발전하면서, 점차 토지를 소유한 자영농으로 발전했다.

이와 같이 인구감소로 인해서 장원에서는 자영농이 발생하면서 농노제도가 소멸했지만, 상업부문에서는 반대 효과가 나타났다. 즉 시장이 축소되어 이익이 줄자 무역을 독점하고 진입과 경쟁을 막는 독점현상이 나타났다. 예를 들면 무역도시들의 연맹체인 한자동맹이나 도시의 수공업자 길드가 그러한 예이다. 도시의 길드는 시장 불완전성을 줄여주는 역할을 했다. 길드가 생산 단위였을 뿐만 아니라, 세금도 길드 단위로 부가되었고, 병역의무도 길드 단위로 이루어졌다. 그리고 길드구성원들은 원료구입도 단체로 했다.

15세기 후반에 인구가 다시 증가하자 농산물가격이 상승하면서 지대가 급속히 상승했다. 이에 대한 대응으로 공유지를 사유화하는 인클로저(enclosure) 운동이 일어나기 시작했다. 영국에서는 재산권을 좀 더 쉽게 이전하고 농민을 보호하기 위해서 제정되었던 기본 법규들을 이용해서 인클로저 시대가 열렸다. 이를 통해서 토지의 사적소유권 제도가 확립되었고, 농업부문에서 부의 축적이 가속화되었다.

오늘날 4차 산업혁명이 일어나면서, 노동의 형태가 급속하게 변하고 있다. 종전의 일정한 시간에 출근해서 집단적으로 일을 하는 산업 시대의 모습과 매우 다르게 변하고 있다. 노동시간도 유연해지며, 작업장소도 재택의 형태로 이루어지는 비중도 빠르게 높아지고 있다. 마찬가지로 영국의 산업혁명으로 인해서 가내수공업이 공장제공업의 형태로 변하기는 했지만, 이는 결국은 시대 변화에 따라 노동형태가 변한 것에 불과하다. 마르크스가 이행기라고 명명한 이 16세기부터 18세기 중반까지의 260년은 이행기라고 파악하기에는 너무 긴 기간이다. 이 시기에 신대륙이 발견되고, 대항해 시대가 열리고, 주식회사 제도도 발명되면서 서구가 본격적으로 동양을 추격하는 시기이다. 그러면서 상업에 종사하는 인구가 급속히 늘고, 다양한 직업이 생겨났다. 산업혁명기에 발생한 집단적 노동의 형태만을 노동이라고 규정할 아무런 근거가 없는 것이다.

다. 영국 산업혁명기 노동문제의 대두

이와 같이 장원에서 도시에서 그리고 먼 바다에서 일하는 노동자들이 여전히 있었으며, 오늘날의 공공재와 유사한 서비스업 종사자들이 다수 있었음에도 불구하고 왜 노동 계급의 출현을 산업혁명 이후로 보는가? 그리고 오늘날 노동법에서는 임금노동자에게 국한해서 노동자라고 명명한 것인가? 이를 살펴보기 위해서 산업혁명이 완성된 19세기 중반에 노동현장을 살펴볼 필요가 있다.

영국에서는 어느 나라보다 재산권을 잘 보장해줌으로 시장규모가 커지고, 특화와 노동 분업이 촉진되고, 기계가 발전함으로써, 요소시장과 생산물시장이 발달했다. 그리고 인간이나 가축의 힘 또는 수력 정도만을 사용하던 에너지원이 증기기관으로 대체 되었다. 이러한 변화를 통하여 생산 잠재력이 근본적으로 변화되었다.

노동자 계급의 출현

그런데 이와 함께 가난한 저임금의 노동자들이 다수 발생했다. 에드워드 톰슨(Edward Thompson)은 『영국 노동계급의 형성』에서 영국

산업혁명이 한참 일어나던 시기의 사람들은 공업 노동인구를 오늘날의 유색인종 대하듯이 했고, '벌 때 같이 밀집해 있는 군중'을 보면서 사람들은 거의 낭패에 가까울 정도의 불안과 우려를 느꼈다고 했다. 그래서 보수적이든, 급진적이든 당시 관찰자들은 '증기동력과 면방직 공장이 곧 새로운 노동 계급'이라는 등식을 제시했다. 따라서 면방직 공장은 산업혁명만이 아니라, 노동운동을 생산해낸 사회혁명의 주역이라고 했다.[8]

이렇게 당시 현상적으로 공장노동자들이 집중적으로 일하는 독특한 현상이 나타난 것이다. 여기에 사상가들이 이 현상을 설명하게 된다. 헤겔(Georg Wilhelm Friedrich Hegel, 1770~1831)은 영국 산업혁명기에 사회적 계층화가 쟁점으로 떠오르자 오로지 소비만 하는 주인 계층을 비생산적인 계층으로 분류하고, 자유민에 대응되는 노예들이 세상을 가공한다고 보고 노동자 계층이야말로 올바르고 역사적으로 진정한 계층이라고 파악했다.[9] 헤겔은 인간이 세계를 지배하기 위한 정신적 활동이 노동이라고 주장했다. 아담 스미스는 베이컨, 홉스, 로크, 볼테르, 루소로 이어지는 계몽주의와 자유주의 노동관을 집대성하여 모든 가치의 원천이 노동이라고 하는 노동가치설을 주장했다. 그리고 농업을 중시한 중농주의자들을 넘어서 부

8 Thompson, Edward, Palmer, *The Making of the English Working Class*, (1980/2000), pp.266~269.

9 Fűllsack, Manfred, *Arbeit*, (2009), pp.96~97.

의 원천을 생산이라고 보았다. 그는 국가의 부는 생산할 수 있는 노동의 양에 의해서 구성된다고 하는 로크의 사상을 받아들였다.[10]

마르크스는 아담 스미스의 노동가치설과, 헤겔의 사상 그리고 유토피아 사회주의자들의 사상을 결합하여 자신의 노동관과 착취 이론을 구축했다. 노동은 마르크스 철학의 중심이념이 되었다. 신이 아니라 노동이 인간을 창조했으며, 인간이 다른 동물과 구분되는 이유는 이성이 아니라 노동이라고 보았다. 그는 인간을 '노동하는 동물(animal laborans)'로 정의했다.[11] 마르크스는 산업혁명을 통해서 등장한 공장제는 노동과 자본이 분리되어, 무산 계급의 등장을 불러왔다는 사실을 중시 여겼다. 그리고 이 무산 계급은 최저생계비 수준으로 착취를 당한다고 주장했다.

그리고 유토피아 사회주의자들은 자신들이 꿈꾼 유토피아의 중심에 노동이 있다고 보았다. 오언(Robert Owen, 1771~1858)은 육체노동이 모든 부와 국가 번영의 원천이라고 주장했다.[12] 푸리에(Pierre-Joseph Proudhon, 1809~1865)는 최초로 노동권을 기본적인 인권으로 주장했으며, 사회주의적 공동체를 꿈꾸었다.

임금노동자들이 다수 발생하는 현상에 대해서 당시 지식인들의 해석을 따라 마르크스는 자본가 계급이 노동자 계급을 착취하

10 뿐만 아니라 아담 스미스는 노동 분업으로 인한 단조로운 노동의 문제점도 예견했다

11 김경일, 『노동』(한국개념사 총서 9), 소화, (2014), p. 111.

12 김경일, 『노동』(한국개념사 총서 9), 소화, (2014), pp. 105~107.

는 것으로 규정하게 되었다. 그리고 다른 어떤 형태의 직업이나 노동보다 공장에서의 육체노동이 노동을 대표하는 것으로 인식했다. 그리고 이것이 자본주의를 특징짓는 것이라는 인식이 확산되었고, 노동자에 대한 동정은 노동자를 보호해야 한다는 사회 입법으로 이어졌다.

공장노동에 대한 반감의 확산

이렇게 공장노동자가 노동을 대표한다고 인식하게 되는 데는 당시 공장노동에 대한 반감이 크게 작용했다. 사실 가내공업 노동자들의 노동조건이 공장노동자들의 노동조건 보다 월등히 나은 것은 아니었었다. 그러나 자유롭고 인간적인 유대관계가 존재하던 가내공업과 달리, 엄격한 규율 밑에서 비인간적인 기계장치의 톱니바퀴와 같이 편입되어 14시간~16시간씩 노동하는 것은 군대나 교도소에 들어가는 것과 같은 것으로 느껴졌다. 더구나 숙련노동자는 자신의 기술이 보잘것없어져 하층노동자와 함께 같은 대우를 받는 것은 굴욕으로 여겼다.[13]

게다가 공장이 일자리를 빼앗는다는 인식이 확산되었다. 제니 방적기 등 초기의 기술혁신은 오히려 가내수공업을 확산시켰다. 그

13 그래서 산업혁명 초기에 대량으로 확보할 수 있었던 노동력은 대부분 부녀자들과 유아들이었다.작업이 단순해져 더 이상 기술자가 필요 없어 기업가도 유순하고 임금이 저렴한 유아와 부녀자들을 선호했다. 게다가 도제 계약기간이 7년으로 법으로 정해져 있어서 아이들을 안정적으로 고용할 수 있었다. 김종현, 『경제사』, 경문사, (1988), p. 364.

런데 약 600명의 노동자를 고용하는 아크라이트(Arkright)의 수력 방적기 등이 등장하면서 점차 기계가 커져서 공장생산 방식이 규모의 경제가 발생해, 상대적으로 가내수공업의 경쟁력이 소멸되었고 따라서 공장의 성인 고용이 증가했고, 이러한 기계의 도입으로 많은 사람이 실직의 위기에 처하게 되었다. 기계가 더욱 발달함에 따라 기술적 실업[14]이 발생하게 되고 이에 대한 반발로 러다이트 운동이 발생했다. 한 대의 제니 방적기가 종래의 200명의 방적공이 하던 일을 했는데, 증기기관을 활용한 역직기 1대는 종래 40대의 제니 방적기의 일을 했다. 또한 라이노타이프(linotype, 주조식자기계)의 등장으로 많은 인쇄공과 식자공이 기술적 실업자가 되었다.

그러자 노동자들이 기계를 불태우고 파괴했다. 최초의 방직공장에서 비극은 일하다가 발생한 것이 아니라 이러한 반감 때문에 발생했다. 네드 러드(Ned Ludd)가 이끄는 일단의 노동자들은 1779년에 양말 제조 기계를 파괴했다. 그 후에 1811년 11월에 노팅검에서 대규모 기계파괴 폭동이 발생했다. 이것은 최초로 기계파괴를 시작한 러드의 이름을 따서 러다이트 운동이라고 불렀고, 1813년 많은 사람들이 교수형에 처해지고, 추방되었다. 오늘날에도 기술의 변화로 인해서 발생하는 실업을 기술적 실업이라고 부른다. 특히 4차 산업혁명으로 인해서 자동화 속도가 더 빨라지면서 기술적 실업에

14 기술적 실업이란 노동을 절약할 수 있는 수단을 개발하는 속도가 노동이 새로운 일자리를 발견하는 속도보다 빠름으로 인하여 발생하는 실업.

대한 우려가 어느 때 보다도 더 높다.

그런데 영국에서 산업혁명 당시에 일어났던 방직산업 등의 실업은 사실 기술적 실업이 아니라 1806년에 있었던 나폴레옹의 베르린칙령으로 시작된 대륙봉쇄령(Continental Blockade) 때문이었다. 나폴레옹은 산업혁명이 한창 진행 중인 영국의 제품이 유럽으로 유입되는 것을 막기 위해서 영국 제품의 유럽 수출을 봉쇄했다. 영국도 이에 대응해서 역봉쇄령을 내려 영국 제품이 유럽으로 들어가는 것을 차단했다. 그러자 1807년에 프랑스는 베르린칙령보다 더 강한 밀라노칙령을 내려서 영국산 물품을 적재한 어떤 국가의 선박도 나포한다고 으름장을 놓았다. 이로 인해서 유럽각국은 심각한 경제불황을 경험했다. 그로 인해서 영국의 대외무역은 25퍼센트에서 55퍼센트까지 줄었다. 곡물가격은 폭등하고, 제조업이 도산했다. 이 문제를 해결하기 위해서 영국 정부는 국채를 발행해서 일자리를 유지하려고 했다. 1776년에는 1억 2,400만 파운드였던 영국의 국채규모가 30년 후인 나폴레옹전쟁 이후에는 10억 파운드로 늘어났다. 그러나 영국 정부가 무분별하게 국채발행을 할 수 없었기 때문에, 노동자들을 보호하는 것도 한계가 있었고, 결국 많은 노동자들이 일자리를 잃었던 것이다. 그런데 이러한 맥락에서 이해하지 않고, 이것을 기술적 실업 때문이라고 잘못 해석하는 것이다. 물론 당시에 일시적인 노동 분야의 수급불균형은 있었지만 1811년의 대규모 기계파괴 운동을 야기한 영국의 불경기는 기계 때문이 아니라, 무역이 막혀서 실업사태가 발생한 것이었다. 그럼에도 불구하고 마르크스주의자들은 이를 대표적인 기술적 실업으로 규정했다. 대륙봉쇄령은 영국에만 타격을 입힌 것이 아니라, 유럽 각국도 경제적으로 어려움을 겪었다. 러시아가 강하게 반발하자 나폴레옹은 러시아원정을 1812년에 떠났고, 결국 러시아원정의 실패로 나폴레옹이 실각하게 되고 대륙봉쇄령이 풀렸다. 그러고 나서 영국의 경제는 회복되었고, 기계파괴 운동을 발생시킨 실업도 줄어들었다. 따라서 오늘날 기계파괴 운동의 원인은 기술적 실업이 아니라 나폴레옹의 대륙봉쇄로 인한 경기침체라는 것이 정설이다.

열악한 근로조건

또한 근대 노동 계급에 주목을 하는 이유는 이러한 노동자들의 비참함과 반감 때문이다. 이러한 노동자들의 삶의 변화는 마르크스나 엥겔스 등에 의해서 고발되었다. 마르크스도 『자본론』에서 상당히 많은 부분을 노동자들의 열악한 노동조건에 대해서 언급하고 있다. 그리고 엥겔스(Engels)는 『영국노동계급의 상황(*The Condition of the Working Class in England*)』에서 근로자들의 열악한 노동조건에 대해서 자세히 기록했다. 초기 공장노동자들의 생활상태는 오늘의 기준에서 볼 때 한마디로 비참했다. 주야 교대로 하루에 12시간~16시간씩 노동을 했다. 1832년 영국 의회의 한 위원회가 노동실태를 조사한 기록에 의하면 바쁠 때는 새벽 3시부터 저녁 10시까지 19시간을 노동하기도 했다. 산업재해가 일어나면 보상은커녕 일자리에서 쫓겨났다. 1839년의 어느 지방행정관 보고서에 의하면 1만

5,000명~3만 명이 그 숙소에 거주했는데, 한방에 15명~20명의 남녀가 섞여있었고, 가구라고는 벽난로가 유일했다고 할 정도였다.[15]

당시 영국노동자들의 생활이 산업혁명으로 인해서 악화되었는지, 아니면 개선되었는지는 논란이 많다. 영국의 경제학자 토인비(A. Toynbee)는 『18세기 영국산업혁명강의』에서 산업혁명으로 인해서 영국의 부(Wealth)는 증가했지만 행복은 증가한 것이 아니라고 결론을 내렸다. 또 로저스(J. E. T. Rogers)도 영국 산업혁명 기간(1760~1830) 중 19세기 초가 영국노동자의 생활의 최악의 시기였다고 주장했다. 대표적인 비관론자인 해먼드(Hammond)는 영국 산업혁명기 동안의 가족 소득은 증가했지만 소득이 복지의 지표의 전부가 될 수 없으며, 공장 공업의 증가에 따라 그에 종사하는 노동자들의 생활수준은 더 나빠졌다고 주장했다. 산업혁명가 노동자들의 삶에 미친 부정적 견해들은 대체로 국민소득은 증가했지만 분배의 불공정, 실업의 불안, 아동 및 부녀자 노동 문제, 저임금, 근로환경, 공장 규율의 강제, 노동자의 육체적 타락 등을 강조한 것이며, 이러한 측면들을 고려할 때 산업혁명이 노동자의 경제적 지위를 향상시킨 것이 아니라는 것이다.[16]

15 Heilbroner, Robert L.(하일브로너), *The Making of Economic Society*, (9th ed), Prentice-Hall, (1993)
16 김종현, 『근대경제사』, 경문사, (1996), p. 367.

그러나 반론도 많다.[17] 사실 산업혁명 이후 노동자들의 삶의 질이 개선되었는가, 악화되었는가하는 문제는 분석대상의 기간을 언제로 설정 하느냐에 따라 다른 결론을 내리게 된다. 단기적으로는 일부 노동자들의 상태는 악화될 수 있지만, 장기적으로 그리고 모든 계층의 노동자들을 대상으로 보면 노동자들의 삶의 질도 향상되었다.[18] 물론 이 주제는 그 후에도 주로 마르크스주의 경제사학자들에 의해 비판을 받았다.[19] 비관론자들이 주장하는 이러한 노동자들의 빈곤이 일반 대중들의 생활의 악화를 의미하는지는 의문이다. 그리고 노동조건이 산업혁명 초기에는 매우 나빴지만, 급속도로 개선되었다. 예를 들면 아크라이트방직공장은 맨체스터의 평균근로시간보다 2시간 줄어든 12시간 근로제였다. 또한 가난의 비참함은 산업혁명 이전에도 흔히 있었던 현상이다. 과거에는 가난했을 뿐만

17 Bouley, A. L., *Wage in the United Kingdom in the Nineteenth Century*, Cambridge, (1900); Clapham, J. H., *An Economic History of Modern Britain: The Early Railway Age, 1820–1850*, (vol. I.), Cambridge, (1925)

18 예를 들면 1830년에 실시된 영국 의회의 위원회의 조사에 의하면 수공업방직업자는 산업혁명이전에는 산업혁명당시에 비해서 3배의 수입이 있었다. 그런데 1870년부터 산업혁명의 장기적 효과가 나타나기 시작했다. 주당 생필품의 가격이 15실링으로 증가했지만 주급도 그 이상으로 증가했다. 주당 근무시간이 54시간에서 51시간으로 줄어들었다. 영국의 경우 과거에는 특권층만 소비가 가능하던 홍차, 커피, 설탕 등을 노동자를 포함한 일반대중이 소비할 수 있게 식생활이나 문화 생활 수준이 향상되었다. Ashton, T. S., "The Standard of Life of the Workers in England, 1790–1830", *JEH*, Supplement IX, (1949)

19 Hobsbaum, E. J., "The British Standard of Living, 1790–1850", *EHR*, (vol. 10, no. 1), (1957), pp.46~61. 이에 대한 반론은 Hartwell, "The Rising Standard of Living In England, 1800–1850", *EHR*, (vol. 13, n. 3), (1961), pp.397~416 참고. Hobsbawm과 Hartwell의 논쟁은 "The Standard of Living during the Industrial Revolution: A Discussion", *EHR*, (v. 16), (1963), p.119을 참고. Williams, "The British Standard of Living, 1750–1850", *EHR*, (v. 19), (1966), pp.581~589 참고.

아니라, 빈부격차도 컸다.[20]

이렇게 학자들의 논쟁은 있지만, 당시의 분위기는 산업혁명 이후에 노동자들을 보호해야 한다는 사회적 요구가 확산된 것은 사실이다. 그 결과 노동자를 보호하기 위한 사회보호법의 형태로 노동법이 등장했다. 독일의 비스마르크는 노동자들을 보호하는 입법들을 최초로 시작했다. 그리고 미국에서는 1935년에 사회보장법(Social Security Act)을 실시하고, 1938년에는 공정근로기준법(Fair Labor Standard Act, Wages and Hours Act)을 도입했으며, 연금제도와 실업보험 등도 실시했다. 특히 전국노동관계법(National Labor Relation Act, 일명 와그너법(Wagner Act))을 통해 노동자의 단결권과 단체교섭권을 보장하고, 노동자가 스스로 노조를 선택할 수 있도록 했다. 이러한 과정을 통해 노동자의 권익이 신장되었고, 그 결과 표준적인 근로자상이 '공장에서 집단적으로 그리고 종속적으로 일하는 균질한 근로자'라고 하는 인식은 20세기 전반기에 형성되었다.

요약하면, 산업혁명 당시에 보다 효율적인 공장을 통한 생산방식이 발전하면서 많은 임금노동자가 발생했다. 그리고 노동현장에서 노동자들이 저임금과 막중한 노동으로 힘든 삶을 영위하는 경우가 많이 있었다. 그 과정에서 삶의 질이 개선되는 노동자도 있었지만, 새로운 방식의 노동형태에서 어려운 처지에 놓이게 된 노동

20 농촌의 풍경은 아름다웠지만 거기의 한 구석에는 가난으로 못 먹어 죽어가는 아이들이 있었다. 김승욱, 『제도의 힘: 신제도주의 경제사 시각에서 본 국가의 흥망』, FKI 미디어, (2015), pp. 20~22.

자들도 많이 발생했다. 마르크스는 노동자들의 열악한 노동현장을 노예와 농노로 이어지는 전 근대사회의 착취의 한 유형으로 인식했다. 그리고 후에 노동자들이 사회적 약자라는 인식이 확산되면서 노동자 보호를 위해 노동 3권이 제기되었다. 오늘날 한국의 경우 노동 3권의 보장이 헌법에 명시적으로 보장되고 있고, 그것이 당연한 것으로 인식되고 있다.

마르크스의 견해 비판

그러나 수요공급을 중심으로 한 주류경제학적 관점에서 산업혁명기를 조명하면, 산업혁명 당시에 노동자들이 저임에 처해있었던 이유는 자본가의 착취 때문이 아니라 상대적으로 노동공급이 수요에 비해서 풍부했고 노동생산성도 낮았기 때문이다. 산업혁명 당시에 노동공급이 많았던 이유는 여러 가지이다. 인클로저 운동으로 농촌 프로레타리아가 공업노동자로 유입되었기 때문이라는 학설도 있고,[21] 공장제 기계공업의 도입으로 소상품 생산자의 기반이 무너졌기 때문이라는 학설도 있다. 무엇보다도 확실한 것은 앞에서 언급한 인구증가 때문이다. 출생률은 증가하고, 사망률이 감소했으며, 아일랜드로부터의 이민이 크게 늘었기 때문이다. 이렇게 증가된 노동력은 농촌지역에서의 보수보다 도시의 보수가 더 높았기 때문에

21 이 전통적 견해는 인클로저 운동 후에 소농의 수가 오히려 늘었다는 연구들이 나오고 있어, 오늘날 실증 연구의 지지를 받지 못하고 있다. 김종현, 『근대경제사』, (1996), p.362.

도시로 몰려들었다. 지금의 기준으로 보면 당시의 노동조건이 매우 열악했지만, 농촌에서는 흉년기에는 굶어죽는 사람들이 발생했고 따라서 그것보다는 도시로 이주해 노동하는 것이 더 나았기 때문이다. 심지어 이들 중 일부는 해외로 이민을 떠나기도 했다. 북미 펜실베이니아로 이주한 인구의 3분의 2가 노예계약을 맺고 떠난 계약노예(indentured servants)들로 약 25만 명에 달했다. 이들은 계약 기간이 지난 후에는 자유의 몸이 되었지만, 계약 기간 중에는 사실상 노예(slave)였다. 이들이 노예생활을 자원한 이유는 그만큼 구대륙에서의 생활이 어려웠기 때문이다. 런던이나 브리스톨 등의 영국 대도시에서는 인신유괴가 정식사업으로 인정을 받을 정도였다.[22]

수년간 연속되는 흉년으로 인해서 굶어죽는 사람이 많아 산업혁명 시기인 18세기 후반 유럽에도 흔하게 기근이 발생했다. 예를 들면 1692년 프랑스에서 2년 연속 대흉년이 지속되어 인구대비 아사자 수가 제1차 세계대전 당시 프랑스인 사망자 비율의 두 배였다. 이렇게 농촌지역의 빈곤이 도시보다 더 심했기 때문에 열악한 노동조건에도 불구하고 도시지역으로 노동력이 이동한 것이다.[23]

또한 산업혁명 초기에 자본주의를 부정적으로 인식하게 된 이유는 대부분은 경제적인 것보다는 정치적인 이유 때문이었다. 자본주의와 함께 민주주의 운동이 일어났지만, 이것은 노동자 계급의 운

22 김승욱, 「역사 속의 불평등」, 안재욱, 『격차, 그 지극한 자연스러움』, 백년동안, (2015).
23 김승욱, 「역사 속의 불평등」, 안재욱, 『격차, 그 지극한 자연스러움』, 백년동안, (2015).

동이 아니라, 중산층, 부르주아의 운동이었다. 정치적 자유주의 운동가들은 원래 의도했던 범위를 벗어나 공장 근로자들의 생활에 동정하기 시작했다. 그리하여 산업혁명의 결과로 의도하지 않았던 노동자 계급이 정치의 새로운 변수로 등장했다.[24] 영국에서 노동자들은 투표권을 얻기 위해서 차티스트 운동을 벌여, 투표권을 얻었는데, 이것이 노동의 정치화를 가능하게 했다. 마르크스는 노동 계급을 만들고 착취이론을 통해서 노동자를 단결하게 만들었다. 이로 인해서 임금이 시장에서 결정되는 것이 아니라, 정치적 과정을 통해서 결정되도록 만들었다. 1830년대 중반에 파리를 시작으로 유럽의 사회주의적, 공산주의적 정당들이 생겨났다. 1840년대 유럽 여러 나라들에서 조직화된 노동운동이 생겨났다. 노동운동의 중심에 선 노동조합들은 1일 8시간 노동, 일요일 휴일, 연차 유급 휴가, 최저임금, 임금협약, 사회보험 등을 요구했다. 이러한 것들로 인해서 노동시간과 비노동시간을 구별하게 만들었다. 19세기 초에도 독일에서는 일주일에 90시간 노동하는 경우도 있었다. 그런데 노동자들의 투쟁의 결과로 평균 노동시간이 1879년에는 78시간으로, 그리고 1890년에는 66시간, 그리고 1910년에는 59시간으로 단축되었다.[25]

---

24 Heilbroner, Robert L.(하일브로너), *The Making of Economic Society*, (9th ed), Prentice-Hall, (1993), pp.80~83.

25 Vašek, Thomas, *Work-Life-Bullshit: Warum die Trennung von Arbeit und Leben in die Irre führt*, [토마스 바셰크, 이재영 옮김, 『노동에 대한 새로운 철학』, 열림원, (2013/2014), p. 48]

이와 같이 영국에서 시작된 산업혁명기에 일어난 일은 자본가들이 노동자들을 착취해서 발생한 것이 아니라, 공장제라고 하는 보다 효율적인 생산방식이 도입되고, 인구증가로 많은 임금노동자들이 발생했기에 노동자들의 처우가 열악했을 뿐이다. 이는 어느 시대에서나 목격되는 바와 같이 공급이 많은 생산요소의 소유자들의 몫이 줄어드는 현상이 나타났을 뿐이다. 그리고 마르크스주의자들의 주장과 노동자들을 보호해야 한다는 의식이 확산되면서, 그리고 정치적 요인 등으로 인해서 집단으로서의 노동자들에 대한 관심이 크게 늘어서 오늘날과 같이 노동이라는 개념이 마치 집단적인 공장노동자를 의미하는 것처럼 인식되기 시작됐다. 그러나 오늘날에는 19세기적 상황과는 크게 달라졌다. 그럼에도 불구하고 여전히 산업혁명기에 형성된 노동 개념이 현대 노사관계를 지배하고 있다.

노동문제의 본질과 올바른 노동 개념

지금까지 오늘날 노사관계에서 널리 사용되는 근로 개념이 산업혁명기에 어떻게 형성됐는지 살펴보았다. 그렇다면 이 장 서론에서 제기했던 것과 같이 포괄적인 의미에서 노동이란 무엇인가? 출근해서 하는 일, 또는 보수를 받고 하는 일만 노동인가? 가사 활동도 노동에 포함되는가? 노동이 일상생활과 어떻게 구분되는가? 스스로 가구를 만들거나 집수리를 하는 것은 노동이 아닌가? 창작 활동도 노동인가? 보수를 받는 예술 활동은 노동이 아닌가? 또 노동자란 누구를 일컫는 것인가? 남의 지휘를 받으면서 임금을 받는 자만 노동자인가? 아니면 자영업자도 노동자의 범주에 들어가는가? 교사나 공무원도 노동자인가? 의사는 노동자가 아닌가? 군복무 중인 군인은 월급을 받는데 노동자인가? 이러한 질문이 너무 초보적인 질문인 것 같지만 사실 오늘날 어느 누구도 정확하게 답을 하지 못한다. 한국개념사총서 9번째 시리즈에서 '노동'이라는 용어의 개념사를 정리한 김경일은 '노동'도 정확한 개념 정의가 없이 오랫동안 사용되어서 혼란을 가져온 대표적 사례라고 했다.[26] 노동의 개념이 역사적으로 어떻게 변화되었는지 연구한 노동인류학자 애플바움(Herbert Applebaum, 1925~2001)은 노동에 대한 어떠한 정의도 만족스럽지 못하다고 했고[27] 미국의 문학비평가 루츠(Tom Lutz)는 우리 인간은 인류 역사의 긴 여정에서 어떠한 것보다 노동에 대해서 잘 모르고 있다고 했다.[28]

일반적으로 일터에서 보수를 받고 일하는 사람들은 근로자라는 용어를 사용한다. 또는 기업에서는 사원이나 직원이라는 단어를 사용한다. 그런데 노조는 노동조합이나 노동자 등과 같이 '노동'이라

26 김경일, 『노동』(한국개념사총서 9), 소화, (2014), pp.23~24.

27 Applebaum, Herbert, *The Concept of Work: Ancient, Medieval, and Modern,* State University of New York Press, (1992)

28 Lutz, Tom, *Doing Nothing: A History of Loafers, Loungers, Slackers and Bums in America*, Farrar, Straus and Giroux. 16, (2006)

는 단어를 사용한다. 노동관련법이 명시된 헌법 33조에는 근로 3권의 보장을 기술하고 있다.[29] 여기에는 어느 조항에도 '노동'이라는 단어는 없고, '근로' 또는 '근로조건' 등의 용어가 사용된다. 또한 근로조건의 기준을 정하는 법도 '근로기준법'이라고 부른다. 그런데 왜 우리나라에서는 법적으로 '근로'라는 단어가 사용되면서도 노동현장에서는 주로 '노동'이라는 단어를 사용하는가?

그 이유에 대해서 노사관계 전문변호사인 조영길은 노조 지도부나 활동가들이 근로자라는 용어를 의식적으로 사용하지 않고 노동자라는 단어를 고집하기 때문이라고 한다.[30] '근로(勤勞)'는 '근면하고 성실하게 일한다.'는 의미가 담겨 있다. 즉 사용자인 기업의 지시를 성실하게 따른다는 순종적인 의미가 담겨 있다. 반면에 '노동(勞動)'은 '몸을 움직이며 애써 일한다.'는 의미인데, 육체를 움직이는 데는 수고와 고통이 따른다. 따라서 육체를 움직이지 않고 일의 수고를 하지 않는 소유자인 자본가에 대한 부정적인 평가와 고통부가에 따른 저항적인 의미가 노동이라는 단어에는 들어있다. 따

29 ① 근로자는 근로조건의 향상을 위하여 자주적인 단결권·단체교섭권 및 단체행동권을 가진다.② 공무원인 근로자는 법률이 정하는 자에 한하여 단결권·단체교섭권 및 단체행동권을 가진다.③ 법률이 정하는 주요방위산업체에 종사하는 근로자의 단체행동권은 법률이 정하는 바에 의하여 이를 제한하거나 인정하지 아니할 수 있다.

30 조영길은 또 노사관계에서 노동자의 상대방을 의미하는 사용자라는 용어도 적절하지 않다고 지적한다. '사용'이라는 단어는 주로 물건을 대상으로 사용하고 인격적인 존재인 사람을 대상으로 해서 쓰이는 일은 별로 없다. 그런데 영어의 employer에 해당하는 고용자라는 단어가 있음에도 불구하고 굳이 사용자라는 단어를 한국에서 사용하고 있다. 비인격적인 언어를 사용하면 의식의 발현인 행동도 비인격적으로 흐를 위험이 있으므로 사용자라는 단어보다 고용자라는 단어를 사용하는 것이 바람직하다고 주장한다. 고용자라는 단어는 고용 즉 일자리를 제공해준다는 의미가 담겨 있어서 본질적인 가치가 그 용어에 담기게 되기 때문에 근로관계를 일자리를 주고받는 인격적 관계라는 의미가 되기 때문에 바람직하다고 보는 것이다. 조영길, 『노사관계 개선의 바른길 I』, 비봉출판사, (2011), pp.69~70.

라서 계급투쟁 이념의 노조 지도부는 조합원들을 결코 근로자라고 부르지 않고 의식적으로 노동자라고 부른다는 것이다.

근로기준법 제2조(정의)에 의하면 "'근로자'란 직업의 종류와 관계없이 임금을 목적으로 사업이나 사업장에 근로를 제공하는 자를 말한다(1항)."고 되어 있다. 그리고 "'근로'란 정신노동과 육체노동을 말한다(3항)."고 되어 있다. 임금을 목적으로 근로를 제공하는 자를 근로자라고 했으니 가사노동이나 자영업자의 노동은 노동의 범주에 들어가지 않는다. 노동 3권을 헌법에 명시해서 보호하는 이유는 근로자가 사회적 약자이며 개인적으로는 근로자가 고용주에 비해서 협상력이 약하기 때문에 집단적으로 협상할 수 있는 권리를 부여하고 있는 것이다. 그러나 집단적으로 조직된 근로자가 사회적 약자가 아니다. 오히려 저소득층 자영업자가 사회적 약자이다.

우리나라에서도 노동자는 물건과 달리 인격이며 사회적 약자임을 인식하고 이를 보호하기 위해서 자유계약의 원칙에 대한 예외로 헌법 33조에 노동 3권이 명시적으로 보장되어 있다.

공장 종속노동자만 노동자인가?

앞에서 언급한 바와 같이 근로기준법 상에 규정된 노동은 임금을 위한 종속노동에 대해서만 한정된다. 따라서 자영업자도 일을 하고, 경영자도 일을 하며, 교수나 의사, 변호사 등 전문직 종사자도

다 일을 하므로 노동이라고 볼 수 있지만 이는 다른 사람에게 종속되어서 명령에 따라 순종해야 한다는 의미의 종속된 상태에서 노동력을 제공하는 것이 아니기 때문에 노동법에 규정되지 않는다. 근로기준법에서 규정되지 않는 종속되지 않은 자유노동에 대한 것은 민법에서 규정될 뿐 노동법에서는 다루지 않는다.

또한 종속된 노동이라 할지라도 공장노동에 국한된 것이 대부분이다. 노동법이 처음 등장하고 노사관계가 문제가 된 것이 산업화 시대 공장노동에서 시작되었기 때문에 대부분 노동법은 공장노동을 전제로 하고 있다. 미국의 사회학자 대니얼 벨(Daniel Bell)은 탈산업 사회(postindustrial society)라는 개념을 도입했다.[31] 산업 사회는 노동과 자본에 기초하고 인간과 기계 사이의 작업을 근간으로 삼지만 탈산업 사회에서는 혁신의 원천이 되는 '코드화된 지식'에 기반을 둔다고 했다. 따라서 탈산업 사회에서는 필요한 교육을 받아 자격을 갖춘 사람들이 핵심적인 역할을 한다. 따라서 탈산업 사회에서는 서비스업이 확산되고 다양한 형태의 종속노동이 존재하므로 이러한 현행 노동법으로 모든 상황을 고려할 수 없다.

사회 분석의 단위를 계급이나 집단 중심으로 파악하게 된 데는 마르크스의 영향이 가장 크다. 특히 노동문제의 경우 마르크스적 패러다임에 큰 영향을 받고 있다. 우리 사회는 정치적으로는 자유민주주의 체제와 그리고 경제적으로는 시장경제제도 안에서 운영

31 Bell, Daniel, *The Coming of Post-Industrial Society*, (1973/2006)

된다. 그러나 노동부문의 경우에는 전혀 다른 패러다임의 마르크스주의적 개념을 가지고 사고의 틀을 형성하는 경우가 많다. 마르크스주의 경제학에서 말하는 '노동'이라는 용어와 주류 경제학에서 말하는 '노동'의 개념은 크게 다르다. 이의 차이에 대한 명확한 이해 없이 문제를 해결하려고 하다보면 각자 자기주장만을 하는 평행선을 달리기 쉽다.

공장노동의 경우 서비스업에 비해서 대규모이고 조직화가 용이하기 때문에 주로 노동법은 보호할 필요가 없는 대기업 등의 상층 노동자 집단을 보호하는 경향이 있다. 이것은 노동문제의 본질을 잘못 본 것이다. 한국의 경우 노조가입률이 10퍼센트 이하로 떨어졌지만, 대규모 사업장의 노동자들은 80퍼센트만 노조에 가입되어 이들 노동자들만 보호를 하고 있는 모순이 발생한 것이 바로 이러한 역사적 배경 때문이다. 실제로 사회가 보호해야 할 약자는 대규모 사업장의 귀족 노조에 속해있는 노동자가 아닌데 이러한 노동운동의 역사적 배경으로 인해서 조직된 노동자에 대한 보호는 지나치게 되고 반대로 진정한 사회적 약자라고 볼 수 있는 미조직 근로자나 자영업자 그리고 퇴직자 등에 대한 보호가 미비한 것이 현실이다.

이러한 이유로 인해서 당연하게 여겼던 노동 3권의 보장을 오늘날 모든 나라가 헌법에 명시하고 있는 것은 아니다. 유럽의 경우 경쟁력이 있는 나라들은 노동 3권을 헌법에 규정하여 보장하지 않는다. 스위스는 단체교섭권을 인정하지 않고, 독일, 아일랜드, 핀란드는 단결권만 보장할 뿐이다. 스웨덴의 경우에는 단체행동권만 보장한다. 반면에 노동 3권을 헌법에 보장하는 나라는 일본, 프랑스, 이탈리아, 그리스, 스페인 등 최근에 경제위기를 겪고 있는 나라들이다.[32] 그리고 미국의 애플, 구글, 마이크로 소프트, FeDex, 모토롤라, 벅스헤스웨이(워렌버펫) 등은 모두 인기있는 기업들이지만 노조를 갖지 않고 있다.

노동 3권의 보장을 통해서 노동자들을 보호하는 것이 당연하다는 인식이 줄어든 가장 중요한 이유는 마르크스주의에 의한 사회분석이 심각한 문제점이 있기 때문이다. 그것은 소외의 문제가 자본주의에서 기인하는 것으로 잘못 인식했기 때문이다. 자본주의의 근본적인 문제점으로 대두되는 일부 계층의 게으름과 무위도식, 기회주의, 외부효과 등은 자본주의 국가나 마찬가지로, 구소련이나 다른 사회주의 국가에서도 널리 발생했다. 근대 세계의 구조적인 위기는 자본주의에서 발생하는 것이 아니라 과학과 기술이 접목되면서 대규모의 생산이 이루어지고 그로 인해서 구조적으로 개인의 기여도를 측정하기 어렵게 됐기 때문이다.[33]

또한 소외의 원인이 되는 착취도 오늘날의 자본주의 사회에서는 불가능하다. 자본가가 노동착취를 하고 싶다고 할 수 있는 것이 아

32 박기성, 「자유헌법: 노동삼권을 중심으로」, 자유경제원 개헌연속토론회 제4차 "민주화 헌법에서 '자유화 헌법'으로" 발표자료, (2016. 11. 17.)

33 North, Douclass C., *Structure and Change in Economic History*, W.W.Norton&Co., (ch. 15), (1981)

니다. 노동착취가 가능한 것은 로마 시대의 라티푼디움 또는 플랜테이션 농장과 같이 노예노동을 사용할 수 있는 특수한 상황에서 가능한 것이다. 이는 사회 체제가 이러한 상황을 보장해 줄 때 가능하다. 스페인이 신대륙에 도착해서 지배 계층을 장악하고 각종 노동착취가 가능한 상황을 만들었다. 스페인 정복자들은 아즈텍이나 잉카의 왕을 사로잡아 그들을 통해서 원주민들을 통제했다. 이후 원주민들의 노동력을 착취했다. 페루에서는 원주민들을 레둑시온(reducciones)이라는 집단촌에 몰아넣고 노동력을 착취했다. 잉카제국의 노역제도인 미타(mita)를 부활시켜서 강제노역을 시켰다.[34]

마르크스가 말한 착취라는 것은 위와 같은 정치적제도 하에서 가능한 것이다. 오늘날 북한노동자들이 중국 등 해외에서 노동을 할 경우 정부가 임금의 상당 부분을 가져간다. 즉 국가가 노동자를 착취하고 있는 것이다. 그래서 미제스는 공산주의를 국가자본주의라고 했다. 이렇게 정치적으로 독점적 지배력을 가질 경우에 '착취'라는 개념이 성립한다.

그러나 경제거래에서는 착취라는 것이 성립하지 않는다. 시장에서 노동계약에 의해서 임금수준이 결정되면 노동자나 사용자의 상대적 협상력에 따라 임금이 결정되는 것이다. 이는 노동의 수요와 공급에 의해서 결정되는 것과 동일하다. 신용도가 높은 정부나 대

34 Acemoglu, Daron(대런 에스모글루) 외 1인, 최완규 옮김, 『국가는 왜 실패하는가』, 시공사, (2012), pp.39~40.

기업은 신용도가 낮은 집단에 비해서 싸게 돈을 빌릴 수 있듯이 협상력이 높은 집단이 더 많은 이익을 누릴 수 있는데, 이것은 착취가 아니다.

현대뿐만 아니라 식민지 시대에도 착취를 할 수 있는 조건이 갖추어지지 않으면 착취할 수 없다는 사실은 북미지역을 식민통치한 영국의 경우를 보면 알 수 있다. 원래 영국의 버지니아 회사는 제임스타운을 통해서 스페인처럼 북미 인디언을 착취적으로 지배하려고 했다. 그러나 버지니아 회사의 존 스미스는 여러 부족으로 나누어져 있는 북미 대륙에서는 이것이 불가능하다는 것을 가장 먼저 알아차렸다. 그리고 식민지가 살아남기 위해서는 이주민들이 스스로 노동을 해야 한다고 주장했다. 결국 버지니아 회사는 식민지 정착민들에게 땅을 나누어 주고 일할 인센티브를 주었으며, 1619년에 식민지의회(General Assembly)까지 발족시켜 민주적으로 운영했다. 그 후 버지니아 북부에 메릴랜드(Maryland) 식민지나 버지니아 남쪽에 캐롤라이나(Carolina) 식민지 그리고 1732년에 조지아(Georgia) 식민지가 건설이 되었는데, 모두 스페인과 달리 노동을 착취하는 형태가 아니라, 사람들을 이주시켜서 소유권을 주고 그들에게 인센티브를 주는 영국식의 식민지 운영 체제가 형성됐다.[35] 이와 같이 노동력을 착취할 수 있으려면 노동자들의 이주를 제한할 수 있거나 노동수요자가 수요독점을 할 수 있어야 한다. 이와 같

35 김승욱, 『제도의 힘: 신제도주의 경제사 시각에서 본 국가의 흥망』, FKI미디어, (2015), pp.202~203.

이 착취를 하려면 착취할 수 있는 조건이 형성되어야 하는데 현대 사회와 같이 노동이동이 자유롭고 법률적 보호가 있는 상태에서는 착취가 이루어질 수 없다.

자발적인 고용계약은 더욱 착취로 볼 수 없다. 앞에서 언급한 바와 같이 신대륙으로 노예계약(indentured servant)을 맺고 이민을 간 백인들도 자발적으로 간 것이다. 카리브해의 도서 지역에서 사탕수수가 재배되고 설탕산업이 확산되면서 백인들이 일거리를 찾아서 신대륙으로 향했다. 주로 가난한 계층이어서 뱃삯도 없었기 때문에 뱃삯으로 노예노동을 하기로 계약을 하고 갔는데 이들은 '흰 화물' 그리고 흑인 노예들은 '검은 화물'이라고 불렀다. 기선이 발명되기 이전 시대였기 때문에 비싼 대서양횡단비용으로 인해서 사람도 거의 화물에 준하는 대우를 받았기 때문이다. 지금의 기준으로 보면 노예나 다름없는 것이었지만 당시로는 보다 더 나은 삶을 찾아서 자발적으로 신대륙으로 이주해 간 것이다. 따라서 착취로 볼 수 없다.

또한, 착취란 적정한 보상을 받지 못하는 경우를 말하는데 공급이 너무 많아 공급자가 기여한 만큼 받지 못한 것은 착취가 아니다. 이는 개인은 보상을 못 받지만 고용이 증대되어 전체에서 노동자에게 돌아가는 몫은 늘어난다. 또한 저개발 단계에서는 노동자 1인당 지본 장비율이 낮고 기술수준도 낮기 때문에 생산성이 낮아서 높은 보수를 받을 수도 없다.

더 중요한 것은 기업제도의 등장으로 경영혁명이 발생하고 대량생산이 가능하게 된 결과로 보다 더 근본적인 새로운 문제가 발생했다. 그것은 첫 번째, 지금까지보다 훨씬 더 분업과 특화를 진전시켜 거래비용이 크게 증가하는 것이 새로운 문제로 등장했다. 생산에서 분배에 이르는 과정을 길게 만듦으로써 측정비용과 집행비용을 높였고 그 결과로 주인과 대리인을 속박하는 새로운 조직형태를 필요로 하게 됐다. 기업은 수직적 결합을 통해 대기업으로 변했다. 그리하여 노동의 조직과 통제를 담당하는 직책이 생겨났다. 이들이 직공장, 감독 및 화이트칼라 노동자인 경영자들이다. 그리고 이러한 일들을 감당하기 위해서 새로운 지식이 요구됐다.

또한 개별 생산요소의 기여도를 정확히 계산하고 연속적인 생산단계에서 산출을 정확하게 측정할 수 없는 측정의 문제가 발생했다. 경제이론에 의하면 노동과 자본 등 생산요소 소유자는 각자가 생산에 기여한 만큼 분배받으면 가장 공평하고 효율적이라고 한다. 그런데 문제는 팀을 이루어 생산을 하게 되는 공장과 기업에서 각자가 생산에 기여한 바를 정확하게 측정하는 것이 불가능하기 때문에 어떠한 것이 가장 적절한 배분인가 하는 문제가 근본적으로 발생하게 된다.

두 번째 문제는 기업의 규모가 커짐에 따라 대규모의 고정자본투자가 필요하게 되었다. 특히 사용 연한이 길고 다른 목적에는 사용할 수 없는 그러한 특수한 자산(specific asset)의 경우에는 불가피하게 특별한 장기의 계약을 필요로 한다. 예를 들면 부품회사가 다른 차에는 사용할 수 없는 특정 부품을 자동차 회사에 납품하는 것이 이에 해당된다. 분업과 특화가 진전되어 기업의 규모가 커지면서 이러한 경우가 구조적으로 많아졌다.

또한 고용계약의 경우 특별한 기술을 익혀 어느 회사에 고용될 경우 이 사람의 노동력도 바로 장기적인 상품의 계약과 동일하게 취급할 수 있다. 일반적으로 신고전학파 경제학의 비용이론에서 자본투입은 고정비용(fixed cost)이고 노동투입은 가변비용(variable cost)이라고 가정한다. 그러나 사실 어느 회사에 들어가서 그 회사의 일을 배우게 됨에 따라 특수성(또는 특정성, specificity)을 지니게 된다. 따라서 비용측면에서 보면 단순한 가변비용이 아니라 준고정비용(quasi fixed cost)이 되어서 생산량에 따라 가변적으로 조정할 수 없다. 또한 노동계약 기간이 길어지게 되므로, 이 기간 동안 불확실성이 커지게 되며 따라서 계약 당사자 중의 어느 한 편에서 기회주의적 행동을 할 가능성이 많아진다.

이러한 특성들로 인해서 근본적으로 두 가지 결과가 발생한다. 첫째는 산출물의 질을 측정하는 데 소요되는 비용이 증가하기 때문에 적절한 보수가 무엇인지 측정하기 어려우며 따라서 갈등과 비용이 발생한다. 둘째는 팀 생산은 누가 어느 정도 기여하는지 정확하게 측정하기 어렵기 때문에, 무임승차자가 발생하여 게으름이나 태만이 발생할 수 있다.[36]

이러한 결과로 인해서 프랜차이즈, 하청, 중개인 등 더욱 다양한

36 North, Douclass C., *Structure and Change in Economic History*, W.W.Norton&Co., (ch. 15), (1981), p.67.

형태의 비표준적 경영 관행이 발생하고 직종은 더욱 다양해졌다. 교역, 법, 운송, 금융업 등의 발전으로 인해서 이제는 선진국의 경우 서비스업이 제조업의 3배 정도 비중을 차지하게 됐다. 또한 복지국가가 확산되면서 국가의 역할이 다양해져서 예전에는 개인의 책임으로 여겨졌던 실업마저도 국가가 책임져야 하는 것으로 인식되어서 공무원이 크게 늘고 공공부문이 확산되었다. 빈곤층뿐만 아니라 고령자와 농민들도 사회적 보호의 대상이 됐다.

탈산업화 사회를 넘어서 지식정보 사회로 이행한 이 시대에 노동문제의 본질은 자본가가 노동자를 착취하는 것이 아니다. 이제 노동조합은 대다수의 노동자를 보호하지도 못한다. 급격한 기술변화에 따라 끊임없는 재교육과 일자리 배치가 중요해졌다. 표준적 형태의 고용계약이 현저히 줄어들고 다양한 형태의 조직과 일자리가 생겨나고 있다. 이러한 변화에도 불구하고 노동문제의 근본원인을 착취라고 규정하고, 집단적으로 일하는 공장의 종속노동이 노동을 대표한다는 공업화 시대의 인식에 머물러 있는 것이 문제이다.

결론: 모든 사람들은 노동을 한다.

이 장에서는 오늘날의 노동에 대한 인식이 어디에서 오는지 살펴봤다. 역사적으로 볼 때 산업혁명 시대부터 노동에 대한 인식이 달라졌다. 보수를 위한 종속적 공장노동만을 노동이라고 인식하기 시작했고 사회적으로 보호를 받아야 하는 대상으로 인식됐다. 그로 인해서 노동이 무엇인지에 대한 인식에 혼란이 오고 있다. 한국은 시장경제 체제를 수용했음에도 불구하고 노동과 관련해서는 주로 마르크스주의적 시각에서 벗어나지 못하고 있다. 한국 사회의 노동문제를 둘러싼 갈등을 줄이기 위해서는 이러한 기본적인 개념에 대해서 분명한 차이점을 알아야 한다. 그리고 이러한 인식의 차이가 발생하게 된 역사적 배경도 이해할 필요가 있다.

우리나라에도 노동 3권이 보장돼 있다. 그런데 헌법에 규정된 것은 집단노동에 대해서만 보호하고 있다. 이것은 노동문제의 본질을 잘못 본 것이다. 왜냐하면 오늘날 공장노동만을 노동이라고 볼 수 없기 때문이다. 공장노동만을 중시 여긴 것은 앞에서 본 것과 같이 산업혁명 직후 노동문제, 그리고 마르크스의 견해 등 때문이다. 공장에서도 착취가 일어난다고 보기 어렵다. 마르크스적 개념은 소외의 원인을 잘못 이해했다.

공장 근로자들만 노동을 하는 것이 아니라 또 피고용자들만 하는 것이 아니라 모든 사람들이 일을 한다. 다만 일의 형태가 다를 뿐이다. 노동이 무엇인가를 정의하려면 먼저 생산 활동을 무엇이라고 보아야 하는가에 달려 있다. 생산 활동에는 사람의 노력이 들어가야 한다. 그런데 근대 경제학에서는 생산이란 단지 물건을 만드는 것만이 아니다. 서비스를 제공하는 것도 생산의 범주에 속한다고 본다. 미장원이나 병원에서 제공하는 용역제공(service)도 생산 활동이다. 학교 선생들의 교육 서비스도 생산 활동이고, 생산물의 보관이나 운반도 생산 활동이다. 위험을 줄여주는 보험 서비스도 생산 활동이다. 따라서 모든 생산 활동을 위한 인간의 활동은 모두 노동이다. 과거 산업 사회에서는 다른 노동은 공장에서의 노동만큼 충분히 가치가 있는 노동으로 여기지 않았다. 그러나 오늘날 끊임없는 혁신이 중요한 지식정보 사회에서는 육체를 사용하는 공업노동보다 다른 종류의 노동이 더 생산성이 높아졌다.

사실 오늘날 학교 선생들도 노동자로 스스로를 인식하고 전교조를 만들었고 공공 서비스를 제공하는 공무원들도 공무원 노조를 만들었다는 사실에서도 그들이 다 노동자의 범주에 속한다는 것을 알 수 있다. 심지어 유럽에서는 실업자도 노동자의 범주에 포함시키고 실업자 노조까지 있다. 실업자는 당장 노동을 제공하지는 않지만 노동을 제공하기를 원하는 잠재적인 노동자라고 하는 측면에서 볼 때는 노동자의 범주에 속할 수 있다. 한때는 유럽에서 공부하는 대학생까지 노동자의 범주에 넣었다. 결국 모든 인간은 노동자인 셈이다. 인간의 경제적 필요와 욕구를 충족시키기 위한 목적으로 하는 모든 활동이 노동이지 조직노동만이 노동이 아니다.

그리고 육체노동만이 가치를 생산하는 것이 아니라 정신노동도 가치를 생산한다. 특히 아이디어는 자본과 노동으로 나눈다면 노동에 더 가깝다. 또한 교육수준이 같은 사람들도 창의성은 다르다. 식당도 창의적인 아이디어가 있어야 성공한다. 오늘날에는 인간의 이러한 능력도 인적자본(human capital)이라고 부른다. 어떤 측면에서는 노동에 속하는 것인데 자본이라고 부르기도 한다.

산업 사회에서 노동자들이 쉬는 여가시간이 거의 없이 노동을 했기 때문에 노동자만이 일을 하는 것으로 인식했다. 그러나 오늘날은 근로시간이 줄어들고 경영자도 동일한 시간의 일을 한다. 정신노동자라는 표현을 사용하듯이 경영자도 노동자라고 볼 수 있다. 자신이 가진 돈으로 돈을 버는 사람을 자본가라고 한다면 두뇌를 포함한 자신의 육체를 활용해서 소득을 올리는 사람은 모두 노동자라고 볼 수 있다. 그렇다고 하면 기업가 정신을 발휘하는 기업가도 일종의 노동자이다. 일감을 주는 사람도 엄연히 노동을 한다. 직원을 해고시킬 때도 분명히 노동을 하는 것이다.[37] 이런 의미에서는 자본가와 노동자가 동일인일 수도 있다. 마치 주식을 보유한 노동자가 노동자인 동시에 자본가가 될 수 있듯이 자기자본을 투입해서 경영을 할 때 그는 자본가인 동시에 경영자, 즉 지식노동자이다. 자본가도 직접 기업을 운영하려면 노동자보다 어떤 의미에서는 더 스트레스를 받는 정신노동에 시달린다. 자영업자도 마찬가지이고 전문직 종사자도 그렇다. 은행에 돈을 맡겨서는 수익을 얻을 수 없기 때문에 주식이나 부동산 등에 투자해서 자본이득을 얻는 사람들도 마찬가지다. 요행으로 돈을 버는 사람도 있지만 투자를 제대로 하려면 기업들의 재무재표도 살피고 기업의 발전가능성도 연구하는 등 상당한 노력을 해야 한다. 그리고 리스크도 부담해야 한

37 Vašek, Thomas, *Work-Life-Bullshit: Warum die Trennung von Arbeit und Leben in die Irre führt*, (2013/2014), p.33.

다. 손해를 감수하려면 더욱 많은 이익을 가져다주는 투자처를 가려내야 하고 이러한 노력들도 저절로 생기는 것이 아니라 노력의 산물이다. 결국 일을 하지 않을 수 없다.

앞으로 인공지능 등 자동화 장치가 더욱 발전할수록 노동의 형태는 과거와 같은 공장노동자의 모습과는 더욱 크게 달라질 것이다. 이러한 시대에 노동의 개념을 육체노동과 공장노동에 한정을 지우는 현행 노동법은 바뀌어야 한다. 노동에 대한 사회적 인식도 바뀌어야 한다.

오늘날 한국에서 노동에 대한 인식은 마르크스의 생각에서 크게 벗어나지 못하고 있다. 특히 노동 계급과 자본 계급을 상호 이익을 주는 관계로 보기보다는 대립관계 또는 착취관계로 보는 인식에서 벗어나지 못하고 있다. 이러한 인식에 기초한 현실 공산주의가 실패했다는 것은 무엇보다 웅변적으로 마르크스의 생각이 틀렸음을 잘 말해주고 있다.

영어에서는 'labor'와 'work'를 구분한다. labor는 남의 지휘를 받으면서 강제적으로 하는 것이므로 고통이 따르고 수동적인 것인 반면에, work는 자발적이고 창의적인 노동을 의미한다.[38] 이제 자본주의 덕분에 소득이 올라가서 소득을 벌기 위한 강제적인 노동(labor)시간은 줄어들고, 취미 활동과 같은 일(work)도 하고, 사회참

38 Füllsack, Manfred, 윤도현 옮김, 『*Arbeit* (노동)』, 이론과 실천, (2014), p.12.

여와 같은 행위(action)도 할 수 있게 됐다.[39] 마르크스가 공산주의라는 이상 사회에서 꿈꾸었던 전인적 인간의 모습이 그가 비판했던 자본주의 덕분에 현실화되었다. "아침에는 사냥하고, 오후에는 낚시하고, 저녁에는 소를 치며, 저녁 식사 후에는 비평하면서도 사냥꾼으로도, 어부로도, 목동으로도, 비평가로도 되지 않는 일이 가능하게 된다."고 한 말이 현실화되어 가고 있다.[40]

그러나 다른 한편으로 기계가 일자리를 대체하고 있어서 앞으로 노동자가 없는 세상으로 갈 수 있다. 이것이 유토피아가 될 것인지 아니면 지옥과 같은 세상이 될 것인지 누구도 모른다. 1980년대에 '노동의 종말'에 대한 논쟁이 벌어졌다. 프랑스의 철학자 앙드레 고르(André Gorz, 1923~2007)는 노동 사회의 종말이 멀지 않았다고 생각했다. 제레미 리프킨(Jeremy Rifkin)도 『노동의 종말』에서 "2001년 3월부터 2003년 9월 사이, 거의 300만 개에 육박하는 일자리가 없어졌다고 했다. 반세기 동안 미국에서 이처럼 일자리가 사라진 것은 1956년~1958년, 1980년~1983년 단 두 번 밖에 없는 일이다.

39 한나 아랜트(Hannah Arendt)는 『*Human Condition*(인간의 조건)』에서 인간의 근본활동(vita activa)을 노동(labor), 일(work), 행위(action)의 세 가지로 구분했다. '노동'이란 "인간신체의 생물학적 과정에 상응하는, 삶 자체를 조건으로 하는 활동"이라고 정의했다. 이는 필요하지만 헛된 것이라고 했다. 생명을 위해서는 필요하지만, 보일만한 영속적인 것을 남기지 않는다는 점에서는 헛된 것이다. 반면 '일 또는 작업(work)'은 "세속성(세계성)을 조건으로 인간실존의 비자연적인 부분에 상응하는, 즉 인공적 세계의 사물들을 제공하는 활동"이라고 규정했다. 도구에서 예술작품에 이르는 지속적인 대상을 생산하는 모든 활동은 여기에 포함시켰다. 마지막으로 '행위(action)'란 "다원성을 조건으로 하여 사물, 물질의 매개 없이 인간 사이에서 직접적으로 수행되는 '정치적'인 활동"이라고 규정하여 정치참여를 여기에 넣었다.

40 Marx, Karl·Engels, Friedrich, *The German Ideology*, (1975)[마르크스와 엥겔스, 김대웅 옮김, 『독일 이데올로기 I 』, 두레, (1989), p.33.]

사라진 250만 개의 일자리는 제조업 부문에서 발생한 것이다."라고 했다. 정보 시대의 도래로 '노동의 종말'을 불러올 것이라고 했다.[41] 그러나 바셰크(Vašek)는 노동은 없어지는 것이 아니라 변하고 있다고 주장하며 생계노동의 종말을 논하는 것은 넌센스라고 주장했다.[42] 노동의 종말이 올 것인지 아닌지는 불확실하지만 이러한 급격한 변화로 인한 노동의 형태가 크게 변한다는 사실은 틀림없다. 이러한 변화를 담아낼 수 있는 개념의 정립과 인식의 전환이 필요하다는 것을 이 글에서 강조했다.

노동공급이 과잉이던 시절에 사회적 약자였던 노동자를 보호하기 위한 상황에서 만들어진 것이 노동법 관련 제도들이다. 특히 숙련공들은 노동현장에 나오지 않고 주로 협상력이 약한 미숙련자들이 공장에 대거 투입되던 시절에 이들을 보호하기 위한 사회 입법이었다. 그래서 노동자들을 보호하기 위한 제도들이 등장하자 이번에는 고용주의 권리가 대두되어서 고용주는 노동자를 보호할 책임이 주어지는 반면에 지나친 노동자들의 권리 남용을 막기 위해서 고용주의 자유에 대한 권리도 주어졌다.

21세기를 사는 오늘날 근로의 본질이 바뀌었다. 이제 근로자를 독립된 거래 주체로 보아도 된다. ICT에 기반한 지시정보화 사회의

41 Rifkin, Jeremy, *The End of Work: The Decline of the Global Labor Force and the Dawn of the Post-Market Era,* (2004) [제레미 리프킨, 이영호 옮김,『노동의 종말』, 민음사, (2005)]

42 Vašek, Thomas, *Work-Life-Bullshit: Warum die Trennung von Arbeit und Leben in die Irre führt*, (2013/2014), p.66.

발달로 인하여 이제는 노동조합 조직률이 전 세계적으로 하락하고 있다. 그리고 새로운 고용형태가 증가하고 있다. OECD 회원국들은 영구직 고용규제를 완화하고 계약직이나 파견직에 대한 규제완화에 적극적으로 나서고 있고 많은 국가들의 노동법제가 집단주의에서 탈피하여 개인의 자유를 중요시하는 방향으로 전환되고 있다. 그런데 한국의 노동관련법 제도는 오히려 집단관계를 강화하고 규제를 강화하는 등 국제적인 추세와는 반대로 가고 있다.[43]

또한 한국에서는 선진국의 법과 제도를 모방하는 과정에서 노동법에 고용주는 책임만 있고 자유는 없는 것이 문제이다. 기업가에게는 자유를 보장하고 근로자의 권리는 국가가 보장하는 덴마크의 사례 등을 한국도 배우는 것이 바람직하다.

한국의 노동법은 수정돼야 할 부분이 많이 있다. 예를 들면 벤처기업에서 임금 대신 주식으로 받기로 하고 벤처기업에 입사했더라도 그 벤처기업이 망하면 함께 창업을 했던 기술자들은 창업자로 자본가로 해석하는 것이 아니라 노동자로 해석을 해서 한국의 현행 노동법은 임금을 보상해 주도록 돼 있다. 벤처기업은 성공확률이 훨씬 낮은데 모든 부담이 자본을 공급한 측에게만 돌아가면 모럴 헤저드가 발생할 수 있다. 여기에도 역시 자본을 소유한 집단은 강자이고 노동을 제공한 계급은 약자라고 하는 초기 산업 시대의 인식이 배어 있는 것이다. 이러한 인식의 전환이 시급하다.

---

43 남성일 외 9인, 『한국의 노동, 어떻게 할 것인가』, 서강대학교 출판부, (2007), p.17.

보다 더 중요한 것은 근로자를 보호하는 것이 단체행동을 보장해서 얻어지는 것이 아니라는 인식이 확산되어야 한다. 진정으로 근로자들이 스스로 노동의 즐거움을 느낄 수 있도록 하는 것이다. 이를 위해서 자발적이고 창의적이며 의미 있는 노동이 될 수 있도록 해야 한다. 이를 위해서 노동의 의미를 다시 한 번 되새겨 보아야 한다.

•• 제3장 ••

자유주의 노동관

신중섭
강원대학교 윤리교육과 교수

문제 제기

우리 사회에는 경제적 자유에 대한 반감이 강하여 여러 형태의 경제적 자유를 제한하는 '경제 입법'이 만연하고 있다. 그동안 국회는 생산과 거래를 위축시키는 법안을 수시로 통과시켜 경제적 자유를 제한했다. 국회는 '제한된 정부'가 아니라 '제한된 경제 자유'를 추구한 것이다. 경제 입법은 생산과 거래의 자유를 억압하고 정부 권력을 확대하였다. 이것은 결국 소비자에게 바람직하지 않은 결과를 초래했다.

시장의 자유를 제한하려는 '경제 입법'이 가장 선명하게 드러난 곳이 바로 노동부문이다. 헌법에 명시된 근로 3권의 보장, 최저임금제가 대표적인 노동에 대한 '경제 입법'이다. 이런 '경제 입법'을 제거하려면 노동에 대한 생각이 변해야 한다. 노동은 다른 상품과 달리 인격을 가진 인간의 상품화라는 측면을 가지고 있지만 이러한 인간적인 측면도 자유시장에서 노동이 상품화될 때 가장 잘 보호될 수 있다. '노동의 상품화'는 곧 인간의 자유화이기 때문이다. 자유주의의 노동관은 '노동의 상품화'를 긍정적으로 평가하는 것에서 시작되어야 한다. 자유주의적 노동관은 전근대 '고체 사회'의 특징인 정체성·계획성·확정성·예측가능성이 사라지고, 이동성·우연성·불확정성·예측 불가능성이 지배하는 '액체 사회'인 현대 사회에 적합하다.[1]

노동이란 무엇인가

노동에 대한 이해는 시대와 장소에 따라 변한다. 노동은 수고와 고통, 불복종에 대한 신의 저주와 벌로 여겨지기도 하였지만 동시에 신이 내린 소명으로, 영원한 구원으로 가는 수단으로 여겨지기도 했다.

1 '고체 사회'와 '액체 사회'의 구별은 Zigmunt Bauman(1925~)의 *Liquid Modernity*(2000)에 나온 개념이다.

아리스토텔레스는 정신적인 것에 몰두하고 육체적인 것에 덜 몰두할수록 더 완성된 삶으로 여겼다. 이론의 어원인 테오리아나 학교의 어원인 'scholé'는 모두 여가 활동 곧 정신적 활동을 가능하게 하는 무노동과 관련이 있다. 활동적인 삶과 사변적인 삶을 구분하고 사변적인 삶을 정신 활동으로 보고 육체적 활동보다 도덕적으로 우월한 것으로 간주했다.

중세 때 노동은 기도 다음의 덕목으로 여겨졌다. 일하지 않는 것은 영혼을 위협한다는 수도원 규율은 내면화된 노동 윤리를 낳기도 했다. 이런 노동 윤리는 수도원의 경제적 번영의 원천이 되기도 했다. 수도원의 노동 윤리·노동의 분화·노동의 효율적 조직화는 현대의 공장 규율과 시간 규율의 선구적 모델이 됐다. 노동에 종교적 의미가 부여되면서 경제적 번영이 따른 것이다.

고대 아리스토텔레스나 중세 토마스 아퀴나스의 노동관과 근대적 노동관은 구분된다. 근대 이후 노동에 새로운 의미가 부가된 것이다. 노동은 종교·윤리적 의미와 함께 경제적 의미를 부여받았다. 노동은 생산요소 가운데 하나로 강조되기 시작했다. 물론 고대나 중세에도 무엇인가 생산하고 가치를 창출하는 측면이 강조되었지만 그중에서도 이상적 공동체의 건설이나 인간의 덕성 강화와 같은 사회·문화적 측면이 부각됐다. 국가의 물질적 풍요와 같은 노동의 경제적 측면이 강조되기 시작한 것은 근대 이후다. 국가의 부를 증대시킬 수 있는 수단으로 노동을 중요하게 생각하기 시작했다. 홉스는 노동을 인간에게 풍요를 제공하는 '신성한 것'으로 묘사했고, 로크는 부와 재산의 원천을 노동에서 구했다. 나아가 근대 경제학의 창시자인 아담 스미스는 노동을 국부의 유일한 원천으로 격상시켰다.

국어사전은 노동을 '육체나 정신의 힘을 들여 생산 활동을 하는 일'로 정의한다. 경제학 교과서에서도 노동은 '가치 있는 무엇을 생산하기 위해 사용하는 사람의 노력'[2]으로 정의한다. 경제학 교과서는 노동(인적자원)을 인간의 육체적, 정신적 제반 활동으로 설명한다. 노동은 토지, 자본과 함께 재화나 서비스를 생산하는 과정에 투입되는 자원 가운데 하나다. 경제학에서는 노동을 인적자본이라 하여 생산요소 가운데 하나로 본다. 힉스는 임금이론에서 사람을 시장에서 사고파는 상업적 대상으로 보았다. 노동을 상품으로 본 것이다. 자신의 노동을 파는 노동자는 가능한 한 높은 임금을 받으려 하고, 고용인은 가능한 한 낮은 임금을 지불하고 싶어 한다.

그러나 인간의 육체적, 정신적 활동이 모두 노동을 의미하지는 않는다. 인간의 활동 중에서 고용의 대상이 되는 노동이 되려면 다음과 같은 특성이 필요하다고 말한다. 첫째, 대가로 소득이 있어야 한다. 예를 들어 이발사가 돈을 받고 이발을 하면 노동이라 할 수 있지만 양로원에서 무료로 해주면 노동이라고 하지 않고 봉사 활동이라 한다. 둘째, 타인의 필요와 욕구를 충족시키기 위해 제공되어야 한다. 예를 들어, 어떤 사람이 취미로 춤을 배우거나 본인이

2 한국경제교육학회, 『고등학교 경제』, 교학사, p.17.

먹을 밥을 짓는 경우에 이를 노동이라고 부르지 않는다. 그러나 무용수가 관객을 위해 춤을 추거나 식당에서 밥을 짓는 것은 노동이라고 한다. 노동은 '자신'이 아니라 타인이 원하는 것을 충족시키기 위해 제공하는 활동이다. 고용노동은 인간의 힘과 능력을 사용하여 타인에게 유용한 것을 생산하고 이에 대한 대가로 수입을 얻는 활동이라고 볼 수 있다는 것이다.[3] 이런 고용노동은 자본주의 사회에서만 성립하는 노동이다.

성경 창세기 1장 1절에서 "태초에 하나님이 하늘과 땅을 창조하셨다."고 했는데 하나님도 노동을 한 것일까? 창세기 2장 15절에 "하나님은 아담을 에덴 동산에 데려다 놓으시고 그 동산에서 농사를 짓고 또 동산을 돌보게도 하셨다."고 했는데 이것도 노동인가?

> "아이를 낳을 때에도 말로 다 할 수 없는 고통이 뒤따라야 비로소 해산하리라."(3장 16절) "네가 그 열매를 따먹었으니 이제 땅의 저주를 받으리라. 너는 일생 동안 죽도록 일해야 먹고 살 곡식을 거두어들일 수 있으리다" (3장 17절) "여호와 하나님께서 사람을 에덴동산에서 쫓아내셨다. 그리고 사람이 흙에서 왔으므로 그 흙을 갈아 농사를 짓도록 했다." (3장 23절)

그러나 일반적으로 노동은 경제학에서 정의하는 것보다는 더 넓

3 한국경제교육학회, 『고등학교 경제』, 교학사, pp.170~171.

은 인간의 활동으로 정의된다. 노동은 '세상에서 어떤 특정한 상태 또는 주어진 조건을 만족스럽지 못하거나 결핍된 것으로 경험할 경우 또는 우리들에게 중요하다고 생각되는 자원들이 매우 부족할 때 행해지는 활동'으로 여겨진다. 우리가 바람직하게 여기는 방향으로 우리들의 세계와 실존을 만들어 가기 위한 노력을 노동으로 보는 것이다.[4] 노동은 인간이 자기 보존이라는 가장 중요한 목적을 위해 자신과 자신을 둘러싼 환경 사이의 조정 과정으로 기술되기도 한다.[5] 노동은 단순히 인간에게 필요한 복지를 창조해 내는 수단 이상의 의미를 갖는다. 우리가 생산하는 것이 바로 우리의 모습이며 자신의 가치를 자신의 노동이 생산한 것의 가치로 평가하기도 한다. 그러나 노동이 경제적인 영역에서만 의미를 갖는 것은 아니다. 노동은 불변의 가치를 만들어낸다. 후세대들은 선조들이 먼저 행했던 노동을 반복하는 수고를 하지 않아도 된다. 노동 결과는 문화나 문명의 형태로 후속 세대에 전달된다. 후속 세대는 앞선 세대들의 노동 결과를 받아들이고 또 노동을 통해 새로운 것을 창조한다. 이것들은 또 다음 세대로 전달된다. 이렇게 보면 인류 문명과 문화는 인간노동이 집적된 것이다.

인류의 노동에 대한 이해는 시대와 장소에 따라 변했다. 그러나 노동에 대해 가장 큰 의미 변화가 일어난 것은 서양 근대다. 노동

4 Füllsack, Manfred(만프레드 퓔사크), 윤도현 옮김, 『노동』, 이론과 실천, (2014), pp.10~11.
5 기아리니, 오리오·리트케, 파트릭, 김무열 옮김, 『노동의 미래: 로마클럽보고서』, 동녘, pp.36~37.

에 대한 철학은 산업혁명 이전과 이후로 나눌 수 있을 정도로 산업혁명이 인류에 미친 영향이 광대하다. 산업혁명은 사회를 변화시키고, 사회 속에 사는 인간의 생활 방식을 혁명적으로 바꿨다. 산업혁명이 초래한 변화 가운데 하나는 인구의 증가다. 인구 학자들에 따르면 기원전 1만 년 경 초기 농경 시대의 세계 인구는 대략 500만~1,000만 사이였을 것이라고 추정한다. 당시 사람들은 사냥이나 채집으로 먹고 살았고 20명~25명 사이의 네 가족 또는 다섯 가족으로 구성된 집단이나 혈족이 널리 흩어져 살았다.

농경 기술이 최초로 도입되면서 인류의 정주 생활이 시작됐다. 경작지를 개간하여 농사를 짓기 시작했다. 농경 사회는 이전과 비교하여 더 많은 사람들에게 식량을 공급할 수 있었고 인구는 점차로 증가했다. 농경 시작 이후 거의 1만 2,000년 동안 세계 인구는 항상 균일하지는 않았으나 비교적 일정한 비율로 성장하였다. 산업혁명 초기인 1750년 세계 인구는 6억 5,000만~8억 5,000만 정도로 추정된다. 1750년~1850년 100년 동안에 세계 인구는 12억 정도로 늘어났다. 그 뒤에는 더욱 빠른 속도로 증가해 1950년에는 20억 5,000만에 이르렀으며 1997년에는 거의 60억의 인구가 지구에 살고 있다. 2016년에는 약 74억 정도다. 인류 역사에서 근대는 가장 큰 분기(分岐)를 형성했다.

자유시장경제에서 노동의 도덕적 의미

자유시장경제에서 부의 창출 과정은 새로운 물질과 재화를 창출하는 생산적 과정일 뿐만 아니라 의미 있는 사회 규범이 형성되는 창발적 통로 역할을 한다. 생산과 부의 창출은 상상력을 통한 창조적 파괴와 인간 주체성의 정립, 근면성과 정직성, 기업가 정신과 장인 정신을 발현시킨다. 자유시장경제에서 돈을 버는 것은 단순히 내가 소유한 화폐가 생산과정에 투입되어 증식되는 것만을 의미하지는 않는다.

경제 행위는 자신의 자산과 노동을 통한 재산의 증대를 포함하지만 개인의 자발적 노동에서 창조성과 도덕성이 발현된다. 자유시장에서 경제 행위는 재화를 축적하고 확장시킬 뿐만 아니라 시민의 존재 근거인 자율성과 상호 신뢰에 근거한 계약과 법치주의를 구축한다. 자유시장에서 작동하는 경제는 경제적 의미를 넘어 확장된 도덕적·사회적 의미를 갖는다.

근대 자유시장경제의 복합적 의미는 자유주의의 여러 요소들을 포함한다. 토대가 상부구조를 결정한다는 마르크스의 통찰도 이런 요소를 담고 있다. 하부구조에 해당하는 경제가 도덕, 종교, 법률, 제도의 반영이라는 그의 통찰에서 우리는 이러한 상부구조가 없으면 하부구조에 해당하는 경제가 잘 작동하지 않는다는 사실을 이끌어 낼 수 있다. 물론 마르크스는 상부구조가 부르주아의 이익을 옹호하기 위해 만들어진 '허위의식'임을 폭로하기 위해 이런 주장을 하였지만 경제는 단순히 물질적 토대를 형성하는 것이 아니라 그것이 작동하기 위해서는 경제와 구분되는 도덕과 법, 제도가 함께 작용해야 한다는 사실을 보여줬다는 점에서 근대 자유시장경제의 본질적 특성을 이해했다고 평가할 수 있다.

자유시장경제의 전통이 존재하지 않는 곳에는 신뢰나 법의 지배와 같은 사회적 덕성이 발현되지 않는다. 근대적 의미의 시장이 발달하지 않았던 우리 전통 사회에서는 지배 계층이 상업이나 돈거래를 혐오했다. 돈벌이를 천한 것으로 여기고 양반은 돈을 손으로 직접 만지지도 않았다고 한다. 이런 상황에서 상공업이 발전할 수는 없었고 부자가 사회적으로 인정받고 존경받을 수도 없었다. 모든 사람이 가지고 있는 인정의 욕구는 돈과 부가 아니라 벼슬길로 나아가 높은 지위에 올라가는 것이었다. 물론 그들이 실제적으로 돈을 혐오하고 싫어한 것은 아니다. 겉으로 부를 혐오하고 권력을 통해 부를 축적하려는 시도도 허다했다.

여기서 우리가 주목해야 할 것은 부와 도덕의 관계다. 부를 갖는 것은 도덕적으로 높아지는 것이 아니다. 덕은 정치와 관련된 것이지 상업과 관련된 것이 아니다. 동양의 유교 전통에서 덕치는 도덕과 관직의 높이를 일치시키는 구실을 했다. 관직을 기능적으로 이해한 것이 아니라 도덕과 밀접히 연결시켰다. 덕성의 높음은 단순히 개인의 인격의 고고함뿐만 아니라 높은 관직에 앉을 수 있는 능력을 의미했다. 왕은 가장 덕성이 높은 사람이다. 왕 이하 관직은 덕성의 높고 낮음에 따라 배분됐다. 관직에서 위계가 낮은 사람은 도덕적으로 낮은 사람이다.

이런 사회구조에서 상공업에 종사하는 사람들은 도덕 '밖'에 존재한다. 덕치를 최상의 정치로 생각하는 유교 사회에서 상공업 종사자는 사회적 인정을 받을 수 있는 위치에 있지 않았다. 국가는 이들을 필요로 하였지만 이들에게 도덕적 지위를 부여하지는 않았다. 실질적으로 사회에 기여했지만 그것을 인정받지는 못했다. 덕치가 미덕인 사회에서는 상공업이 발전할 수 없을 뿐만 아니라 그것이 사회적으로 장려될 수도 없고, 상공업의 원동력인 기업가 정신이 육성될 수 없다.

근대를 규정하는 '신분에서 계약으로의 전환' 과정에서 근대적 직업이 시민정신의 형성에 기여한 바는 참으로 막대하다. 근대 직업이 가정 경제의 유지나 생산력 증대 차원에 멈추지 않고 사회적 책임감과 역사의식 획득의 통로로 기능하면서 급속히 공적 성격이 추가되었다.

생업과 직업은 차이가 난다. 생업은 '살기 위해 하는 일'이며, 여기에는 선택의 여지가 없이 부과된 일을 하는 것이다. 직업은 먹고 살기 위해 일한다는 점에서 생업과 같지만, 일하는 사람이 자율적으로 선택한다는 점에서 생업과 차별화된다. 근대적 직업에는 공공적 성격이 포함되어 있다. 전통 신분 사회에서 직업은 생업의 측면이 강했다. 직업을 결정하는 것은 신분이었기 때문이다. 이런 사회에서는 사회이동성이 거의 없다.

20세기 후반에 들어서 자본주의 시장경제가 뿌리를 내리면서 직업과 연관된 사회적 풍경은 급변했다. 산업화가 본격화되면서 직업의 종류가 급증했다. 한 개인이 자발적으로 직업을 선택하고 그것으로 생계를 해결하고 동시에 타인과 공동체에 기여하는 공공의식을 계발한다. 개인은 스스로 선택한 직업을 통해 생계를 해결하고 자아를 실현하고 사회에 기여한다.

상업의 궁극적 의미는 풍부한 물품을 생산해 국리민복(國利民福)에 기여하는 것이라는 인식에 멈췄다. 사민은 국가의 경제적 기반이라는 의미에서 중시되었지만, 경제가 사회 경제, 법에 미치는 영향에 대해서는 감각이 없었다. 상공업은 사대부가 나라를 다스리는 통치 체제를 보완하는 치부 수단에 불과했다. 이런 인식은 논어에 뿌리박고 있다. 논어 '안연(顏淵)' 7장에서 자공이 공자에게 정치에 대해 묻자, 공자는 "양식(食)을 풍족하게 하고 군대와 병기(兵)를 풍족하게 하면 백성들이 신의(信)를 지킬 것이다."라고 답한다.[6]

신의를 지키는 것이 무엇을 의미할까. '백성이 신의를 지킨다.'는 말은 백성들이 위정자를 믿는 것으로 해석하기도 하고 백성들이 윗사람에게 신의를 지키는 것으로 해석하기도 한다. 공자는 학이(學而)편에서 신(信)은 약속이라고도 했다. 현대적으로 해석하면 정치인과 국민 사이의 약속을 서로 잘 지키는 것이다. 정치인은 자신이 한 말을 지키고, 국민은 국민으로서의 의무를 수행하고 법을 잘 지키는 것이다.

6 신중섭, 「'헬'조선 구하기」, 『자유마당』, (2015년 10월호), 한국자유총연맹, pp.62~63.

민생과 국방은 어느 사회에서나 중요한 일이다. 먹고 살기가 힘들고 외부의 침략을 받으면 백성들은 살기가 어려워진다. 굶어죽거나 침략자에게 유린당하는 수모를 당해야 한다. 이런 상황에서 백성들에게 도덕은 그림의 떡이다. 신의를 지키는 것과 도덕적 인간이 되는 것은 먹고 살만하고 외부의 침략을 국가가 잘 막아 생명의 위협 없이 살 수 있는 환경이 조성되었을 때 백성들이 가질 수 있는 마음의 태도다.

자공은 공자의 말을 듣고 "반드시 부득이해서 버린다면 이 세 가지 가운데 무엇을 먼저 버려야 합니까?"라고 다시 묻는다. 공자는 즉시 "병(兵)을 버려야 한다."고 말한다. 양식이 풍족하고 믿음이 깊으면 병(兵)이 없어도 사람들은 신의를 지킨다는 것이다.

물론 자공의 질문은 논리적이지 않다. 공자는 백성들이 신의를 지킬 수 있는 조건으로 식량과 병을 제시하였는데 자공은 이 세 가지를 같은 범주에 놓고 공자에게 세 가지 가운데 가장 먼저 버려야 할 것을 묻고 있는 것이다.

자공은 또 묻는다. "할 수 없이 버려야 한다면 양식과 믿음 가운데 무엇을 먼저 버려야 합니까?" 공자는 "양식을 버려야 한다."고 거침없이 말한다. 사람은 먹지 못하면 죽는다. 공자는 사람은 먹지 못하면 죽지만, 먹는다고 영원히 사는 것은 아니라고 말한다. 사람은 죽음을 면할 수 없는 유한한 존재라는 것이다. 믿음을 버리고 양식을 취하면 육체적 생명은 살지언정 진정으로 사는 것이 아니라고 공자는 확신한다. 믿음이 없으면 사람으로 설 수 없다는 것이다.

사람 구실을 못한다는 것이다. 차라리 죽는 한이 있어도 믿음을 잃지 않아야 한다고 생각한 것이다.

자공과 공자 사이 대화의 핵심은 세상의 모든 가치 있는 것 가운데 믿음이 가장 중요하다는 것이다. 사람이 살아가는 데, 국가가 존속하고 번영하는 데 여러 가지 요소가 필요하지만 그 가운데 가장 중요한 것이 믿음이라는 것이다.

그런데 믿음은 정치에서만 필요한 것이 아니다. 오늘날 사회에서 가장 중요한 것으로 여겨지는 경제에서도 믿음은 필수적이다. 경제 행위에서도 믿음이 없으면 경제 행위 자체가 이루어지지 않는다. 생산자는 소비자의 믿음을 얻어야 자신이 생산한 물건을 팔 수 있다. 소비자는 믿을 수 있는 기업이 생산한 물건을 돈을 지불하고 구입한다. 생산자는 소비자를 한 번 속일 수 있지만 두 번 이상 속일 수는 없다. 소비자는 생산자에 대한 믿음을 토대로 자신의 자유 의지에 따라 물건을 구입하기 때문이다.

특히 오늘날과 같이 사회가 급격하게 변하는 상황에서 믿음은 더욱 중요하게 됐다. 전자 상거래가 일상화되면서 믿음은 더욱 더 중요한 가치가 됐다. 실제 물건을 보거나 받지도 않고 미리 돈을 지불하고 물건이 오기를 기다린다. 믿음은 전자 상거래를 가능하게 하는 토대다. 사회가 복잡해질수록 신뢰는 더욱 중요해진다.

'역사의 종언'으로 명성을 얻은 프랜시스 후쿠야마는 『트러스트(*Trust*)』에서 경제를 비롯한 국가의 번영은 '신뢰'에 달렸다고 말했다. 신뢰가 높은 사회는 발전하고 신뢰가 낮은 사회는 발전이 지체

된다는 것이다. 신뢰가 곧 사회적 자본이라는 것이다. 신뢰라는 도덕적 가치가 경제와 정치 발전에 필수적이라는 것이다. 후쿠야마는 앞에서 이야기한 공자와 자공의 대화를 현대적으로 해석한 것이다.

자공은 공자에게 선택을 강조하여 신뢰가 가장 중요하다는 결론을 이끌어 냈지만 식량과 병과 신뢰는 서로 의존하고 있기 때문에 하나를 버리고 하나를 취할 수 있는 것은 아니다. 이 세 가지를 현대어로 표현하면 경제와 군사와 도덕이 되는데 이것들은 서로 얽혀 있다. 경제가 흔들리면 군사와 도덕이 흔들리고, 군사 곧 국방이 흔들리면 경제와 도덕이 위태롭고, 도덕이 흔들리면 경제와 군사가 견고하지 못하게 된다. 이 세 가지는 서로 기대고 있다.

신뢰는 사적관계에서의 신뢰와 공적관계에서의 신뢰로 구분된다. 전통 사회와 같은 면 대 면 사이에서는 사적관계에서의 신뢰와 공적관계에서의 신뢰가 명확하게 구분되기 어려운 상황도 있었지만 현대와 같이 서로 모르는 사람들이 어울려 사는 거대 사회에서는 공적관계에서의 신뢰가 더 중요한 역할을 한다. 사적관계에서의 신뢰와 공적관계에서의 신뢰가 갈등을 일으키는 상황이 발생하면 공적관계에서의 신뢰가 우선되어야 한다. 그렇지 않으면 혈연, 지연, 학연과 같은 사적관계에서의 신뢰가 공정성이라는 공적관계에서의 신뢰를 식민화하는 현상이 나타난다. 우리나라가 봉착한 문제 가운데 하나는 공적인 업무 처리에서 사적인 이해관계나 집단 사이의 이해관계가 공익에 우선하여 공적관계에서의 신뢰 곧 사회적 공공성이 약하다는 것이다.

이런 맥락에서 본다면 공자나 그에게서 나온 유교적 세계관에서는 경제와 신뢰는 구별되며, 근대자본주의의 풍경과 거리가 멀다. 신뢰는 사람들의 마음속이나 수양에서 나오는 것이 아니라 시장경제의 성숙에서 나오는 것이기 때문이다. 상업이 요구하는 가치가 근대적 인간의 윤리적 토대인 도덕적·법적 자율성의 기초라는 점을 인식하지 못했다.

천한 일로서의 상업

사농공상(士農工商)은 사회에 기여한 정도에 따라 정해진 순서다. 사(士)가 사회에 기여하는 바가 가장 높고 그 다음이 농, 그 다음이 공이고 마지막이 상이다. 물론 사농공상을 수직적이 아니라 병렬적으로 보아야 한다는 해석이 없는 것은 아니지만 대체로 그 중요성이나 공헌도에 따라 수직적으로 보는 것이 통상적이다.

중국고전에서 사농공상이라는 말이 처음 나오는 곳은 『관자(管子)』다. 이 책을 쓴 관중(管仲, 생몰을 기원 전 725년~645년으로 추정)은 40년 동안 제나라 국정을 맡았다. 그는 귀족의 후예였으나 그가 태어났을 때 가문이 몰락해 젊은 시절부터 생계를 위한 장사를 하며 떠돌아 다녔다. 관중은 친구 포숙아와 함께 장사도 하고, 전쟁에 출정도 하고, 벼슬을 구하기도 했다. 관중은 재상 자리에 오르기 전에 많은 실패를 거듭했지만 포숙아의 도움으로 그 어려움을 극복했다.

사농공상은 "백성의 거처를 정하고 직업을 만들어 주는 것은 어떻게 해야 합니까?"라는 환공의 물음에 대답하는 과정에서 나왔다.[7] 관자는 "사농공상 네 부류는 나라의 기둥이 되는 백성이니, 이들이 섞여서 살게 하면 안 됩니다."라고 말한다. 섞여서 살게 하면 말이 어지러워지고 일이 어지러워진다는 이유를 제시한다. 성왕들은 선비는 한가하고 조용한 곳에 거처하게 하고, 농민들은 밭과 들판에 거처하게 하고, 장인들은 반드시 관청에 거처하게 하고, 상인들은 반드시 시장에 거처하게 했다는 것이다.

선비들을 조용한 곳에 무리 지어 모여 살게 하면 아버지들은 의를, 자식들은 효를, 군주를 섬기는 사람들은 경을, 어른들은 자애를 어린아이들은 제(弟)를 말하게 된다는 것이다. 자식들은 아버지를 보고 배워 선비의 아들은 항상 선비가 된다는 것이다. 농민들을 농토에 모여 살게 하면 사시를 살피고, 때에 맞는 쓰임을 헤아리고, 농기구를 갖추어 쟁기·가래를 가지런히 정리한다. 자식들은 아버지가 하는 일을 자연스럽게 습득하여 농부의 아들은 항상 농부가 된다는 것이다. 나아가 '장인의 아들은 항상 장인이 되고, 상인의 아들은 항상 상인이 된다.'고 하였다.

관중이 사농공상을 병렬적으로 보고 중요성을 동등하게 부여했다는 해석도 있지만 오늘날과 같이 사농공상에 종사하는 사람들을 신분적으로 평등하게 본 것은 아니다. 다만 나라의 운영을 위해 사

7 관중, 김필수·고대혁·장승구·신창호 옮김, 『관자』, 소나무, (2016), pp.321~323.

농공상이 모두 필요하다는 점을 인정하고, 이들이 각자의 역할을 잘 수행할 수 있도록 하고, 사의 후손은 사가 되고, 농의 후손은 농이 되고, 공의 후손은 공이 되고, 상의 후손은 상이 되어야 한다고 하여 신분과 업이 서로 왔다 갔다 해서는 안 된다고 본 점에서 플라톤과 차이가 없다.

관중의 이런 생각은 동양 문화권에 지속적으로 존재해 왔고 우리나라에서도 그대로 받아들여졌다. 그러나 유수원은 『우서』에서 사농공상의 구분을 비판했다.

유수원(1694~1755)은 조선의 부국안민(富國安民)을 위해 사회·경제적 개혁이 절실하다는 사실을 깨닫고 『우서(迂書)』를 집필했다.[8] 『우서』에서 유수원은 체제 개혁을 '사회 개혁'과 '경제 개혁'으로 나누었다. '사회 개혁'은 사농공상(士農工商)의 신분 질서 및 차별을 철폐하는 것이고 '경제 개혁'은 상업적 농업 및 상공업을 발전시키는 것이다. 그러나 양자는 구별될 수 있는 것이 아니다. 조선 사회의 신분 질서를 개혁하지 못한다면 경제 발전은 불가능하기 때문이다. 신분 질서의 타파를 경제 발전의 전제조건으로 본 것이다.

유수원은 농업경제 시스템과 '농본상말(農本商末)'이라는 의식을 바꾸어야 한다고 생각했다. 농사 기술과 농기구의 개선을 통해 농업의 생산싱을 향상시키는 것이 상입직 농입의 핵심이고 이와 함

---

8 유수원에 대한 서술은 한정주, 「중상주의 경제학파의 개척자 유수원」, 『Economy Chosun』, (2007년 5월호)를 참고로 작성되었다.

께 상공업을 발전시켜야 한다고 생각했다.

'제왕은 제왕답고, 제후는 제후답고, 대부는 대부답고, 백성은 백성다운 사회'라는 정명 사회는 신분제 사회의 표현인데 유수원은 사농공상에 따른 신분 차별 때문에 나라가 가난하고 백성이 빈곤에 빠져 있다고 생각했다. 개인의 능력에 따른 직업 선택의 자유가 허용되어야 나라와 백성이 풍요롭고 안전하게 된다. 그럼에도 불구하고 신분제는 학문에 관심도 없고 실력도 없는 양반 사대부들이 유생(儒生)이라고 자처하면서 편법과 협잡을 동원하여 관직으로 나아가 권력과 세도를 행사하여 나라가 망가지게 되었다는 것이다. 신분제 아래에서는 양반 사대부는 다른 것을 하지 못한다.

이재(理財)에 밝은 양반도 사회적 지위와 체면, 상업을 멸시하는 사회 풍토 때문에 평생토록 '양반'으로 산다. 그런 양반이 상업에 종사하면 모두에게 이롭지만 신분제에 묶여 그렇게 하지 못한다. 조선 사회 전체에 퍼져 있는 "상인은 장사를 수치스럽게 여기고, 장인(匠人)은 공업을 수치스럽게 여기고, 농민은 농사일을 수치스럽게 여기고, 선비는 선비라는 사실을 수치스럽게 여긴다. 나라 전체에 직분을 지키는 사람은 없고 또한 부지런히 일하는 사람도 없다. 그래서 조정에서는 권력 다툼이 날이 갈수록 심하고, 고을에서는 포악함이 날로 심해지고 있다."고 했다. 이런 폐단을 끊는 것이 바로 신분제 폐지 곧 '사민평등(四民平等)'을 인정하는 것이다.

"사농공상은 모두 똑같은 사민(四民)이다. 만약 사농공상이 모두

한 가지로 행세하고 살게 한다면, 신분의 높고 낮음도 없고 이 사람 저 사람의 차이도 존재하지 않을 것이다. 물고기는 강과 바다에서 서로를 잊고, 사람은 도리와 기술에서 서로를 잊듯이 결국 이런저런 다툼이 사라지게 될 것이다." 『우서』 「문벌의 폐해를 논함(論門閥之弊)」

유수원에 있어 사농공상의 구분은 신분 질서나 계급 차별이 아니라 단지 직분과 능력에 따른 직업의 차이일 뿐이다. 유수원은 '양반도 상공업에 종사해야 한다.'는 '양반상인론'을 적극적으로 주창하였다. 양반 사대부가 되는 것만을 영광으로 여겨 밤낮 없이 미치광이처럼 날뛰고, 벼슬자리를 얻기 위해서라면 못하는 짓이 없다는 것이다. 나라의 제도가 오로지 문벌만을 숭상하도록 해 죽기를 무릅쓰고 너나없이 다투도록 만들어놓았다는 것이다. 나아가 상공업 천시는 단순히 상인이나 장인(匠人)들에 대한 차별을 뛰어넘어 양반 사대부들이 상공업에 아예 발을 들여놓을 수 없는 사회구조와 심리를 만들어놓았다고 보았다. 이것을 사회구조와 심리라고 한 것은 양반 사대부의 자손들이 농업 혹은 상공업에 종사하지 못하도록 나라에서 금지하지 않았음에도 그렇게 하기 때문이다. 유수원은 그 이유를 다음과 같이 설명하였다.

"양반이 천업(賤業)인 농상공(農商工)에 한번 종사하면 후손의 벼슬길이 영원히 막히는데, 이것이 금지하는 제도가 아니고 무엇인

가. 또한 만약 선비가 농상공에 종사한다면 교류와 혼인에 어찌 장애가 없겠는가. 양반 사대부들이 저놈은 이미 상민(常民)이 되었다고 하면서 비루하고 천박하게 여겨 만나지도 못하게 할텐데, 이보다 더한 금고(禁錮)가 어디에 있겠는가. 나라에서 명목상으로 양반을 우대한다고 하지만 실제로는 손발을 묶고 굶주림 속으로 몰아넣고 있으니, 이것이 어찌 이치에 맞는 일이며 자연의 도리겠는가. 더욱이 양반이 농상공에 종사할 수 없어 생기는 피해는 국가 재정에까지 미친다. 양반은 농사도 짓지 않고 장사도 하지 않아서 애초 하는 일이 없기 때문에 나라에서 세금을 징수하려고 해도 할 수가 없다. 예부터 모든 나라에는 세금을 징수하는 제도가 있는데, 유독 우리나라만 양반을 우대한다는 헛된 명분에 사로잡혀 국가의 재정을 어렵게 만들고 있다. 이처럼 양반들에게 이미 세금을 징수하지 못하는데 중서인(中庶人)이라고 세금을 제대로 납부하려고 하겠는가. 이에 나라 경제는 날이 갈수록 잘못될 수밖에 없다." 『우서』「사민총론(四民總論)」

유수원은 조선의 경제 시스템을 '중상주의'로 전환해야 한다고 주장했다. 농본(農本)국가로는 부국안민이 불가능하다. 농본주의는 관청을 제외한 민간의 상공업 활동은 철저하게 억압했다. 나라와 백성이 빈곤에서 벗어나 부국강병과 부국안민을 이루려면 상공업의 발전으로 상품 유통과 소비가 활발하게 전개되어야 한다는 것이다. 나라의 풍속과 제도가 상공업에 종사하는 것을 수치스럽게 여기지 않게 되면 경제가 활성화될 것이라고 생각하였다.

사농공상이 신분제와 결합하면 직업의 귀천으로 바뀐다. 사람들은 자신의 신분에 구속되어 사농공상을 왔다 갔다 할 수 없다. 이런 사회는 능력과 직업이 구분되어 사회적 생산성이 낮아질 수밖에 없다. 서양은 근대에 와서 신분제가 해체되고 직업선택의 자유가 허용됨으로써 경제가 발전하게 되었다.

우리 사회에서도 신분제가 오래전에 사라졌지만 실제로 사람들이 직업에 귀천이 없다고 생각한 것은 그리 오래되지 않았다. 근대 신분제 타파가 노동과 생산에 미친 영향은 자본주의의 발전에서 대단히 중요하다. 신분제 타파는 노동 인력을 전면적으로 모든 사람에게 확대함으로써 노동생산성이 확대되었다. 사농공상의 장벽이 사라지고, 각자 자신에게 적합한 일자리를 찾게 됨으로써 노동생산성이 높아졌다. 신분제는 노동이 신분을 넘을 수 없게 함으로써 경제에서 인력 배치를 제한했다. 신분제 타파는 노동 인력을 신분에 제한하지 않음으로써 모든 영역에서 생산성을 높였다. 농부의 아들이 정치가가 되고, 귀족의 후손이 상인이나 기술자가 되어 휴먼 캐피탈의 잠재력이 최대화되었다.

노동에 대한 전근대적인 생각과 근대적 생각의 차이는 노동의 의미가 국가의 차원이냐 개인 차원이냐 하는 것이다. 플라톤이나 관자, 유수원이 장인 계급이나 생산자 계급을 중시한 것은 국가차원에서 그렇게 한 것이다. 플라톤은 국가 유지를 위해서 장인 계급의 노동이 필요하다고 생각했고, 관자는 사농공상을 나라의 기둥이라고 하였다. 유수원도 부국안민이라는 대의명분을 앞세워 노동을 중시했다. 이것은 노동이 단순히 개인의 호구지책이나 행복한 삶을 위해서 필요한 것이 아니라 국가라는 큰 질서 속에서 의미를 부여받았던 것이다. 존재의 대사슬에서 개인의 행위에 한 자리를 부여함으로써 큰 의미를 준 것이다.

이러한 노동관은 루터나 칼뱅의 신학에서도 유지된다. 직업을 '소명'이라고 함으로써 일을 신과의 관계에서 일에 의미 부여를 한 것이다. 그러나 근대자본주의 사회에서는 직업에 대한 대의명분은 사라지게 된다. 아담 스미스는 개인의 이기심이 다른 사람의 이익에 기여하여 사회에 덕이 된다고 함으로써 개인의 노동에 의미를 부여하였지만, 이러한 노동관은 차차 사라지게 된다.

북한의 공산주의적 노동관[9]

북한의 노동관

"노동력은 생산의 가장 능동적이고 결정적인 요소입니다. 기술도 사람에 의하여 발전되며 기계도 사람이 만들며 그것을 움직이는 것도 사람입니다. 세상에서 고귀하고 아름다운 모든 물질적 및 문

9 이 글에서 기술한 북한의 노동관은 모두 사회과학원 경제연구소, 『경제사전 I』, 사회과학출판사, (1970), 이성과 현실 복사본 노동 관련 항목(pp.558~605)에서 가져온 것이다.

화적 재부가 근로자들의 노동에 의하여 창조됩니다." 김일성의 이 말은 노동의 결과를 강조한 것이다. 기술, 기계, 문화를 창조하는 것이 바로 노동이라는 것이다. 한마디로 모든 문명과 문화는 노동에서 나온다고 본다.

북한에서 노동은 "인간 노동력의 합목적적 지출이며 인간 사회의 물질적 및 문화적 재부를 창조하는 사람들의 목적의식적 활동이다."라고 정의한다. 그들은 노동을 인간 사회의 모든 재화와 부를 창조하는 유일한 원천이며 사회생활의 영원한 조건이며 사람들의 모든 행복의 원천으로 파악한다. 사람들의 육체적, 정신적 욕망을 충족시키는 물질적 및 문화적 재부는 오직 노동에 의해서만 창조된다는 것이다. 노동 없이는 사람이 살아갈 수 없으며 사회도 존재할 수 없다고 말한다.

노동은 항상 사회적이라고 주장한다. 사람들은 노동 과정 자체에서 서로 협력할 뿐 아니라 노동의 결과를 서로 교환함으로써 일정한 사회적관계 속에 있기 때문이다. 노동은 그것을 수행하는 사회의 생산방식에 따라 성격이 달라진다고 말한다.

> "자본주의 사회에서는 근로자들이 자기 자신을 위하여서가 아니라 자본가들을 위하여 일합니다. 노동의 열매는 인민의 소유로 되는 것이 아니라 착취자들의 손에 들어갑니다. 이런 사회에서는 노동자들이 노동에서 열성을 낼 필요가 없으며 노동은 오직 고통스러울 뿐입니다. 그러나 사회주의 사회에서는 노동의 열매가

자기 자신과 전체 인민대중의 것으로 됩니다. 그러므로 우리 사회에서는 노동이 신성한 창조적 사업으로 되며 전체 인민과 나라의 번영을 위한 명예로운 사업으로 됩니다."

북한은 생산 수단을 누가 소유하느냐에 따라 노동의 성격이 정해진다고 주장한다. 생산 수단이 착취 계급의 사적 소유가 되어 있는 자본주의 사회에서는 노동조건과 생산자들이 분리되고 서로 대립된 조건에서 노동이 진행된다. 자본주의 사회에서 노동자는 자신이 아니라 자본가를 위해 노동한다. 노동 결과는 전적으로 자본가에게 귀속된다. 자본주의 사회에서 노동은 공적인 의미를 가지지 못한다고 말한다. 노동의 사회적 성격은 상품의 교환을 통하여 생산자들 뒤에서 간접적으로만 나타난다.

반면에 사회주의 아래에서는 생산 수단의 사회적 소유에 기초하여 노동조건이 생산자들과 직접 결합되며 모든 근로자들의 노동은 착취에서 해방된 자유로운 노동이며 자기 자신의 행복과 사회를 위한 신성한 창조적인 사업이다. 사회주의 사회에서 근로자들은 고도의 자각성과 창발성을 발휘한다. 사회주의 사회에서는 사회적노동과 사적노동 간의 모순이 없다. 근로자들의 노동과 그 열매는 자신과 사회를 위한 공동의 목적 아래에서 전사회적 범위에서 계획적으로 분배되고 이용된다고 주장한다. 공산주의와 자본주의 아래서 노동의 차이를 다음과 같이 기술한다.

"노동은 우리에게 부유한 새 생활을 가져다줄 뿐 아니라 우리를 유능하고 견실한 사회주의 건설자로 만들어 줍니다. 사람은 노동 과정에서 자연을 개조하는 귀중한 경험을 쌓을 수 있으며 자기의 재능을 더욱 발전시킬 수 있습니다. 우리는 노동 과정에서 서로 협력하여 난관을 극복해가는 집단주의 정신으로 교양될 수 있으며 일하기를 싫어하는 착취 계급들의 낡은 사상 잔재를 없애버리고 노동을 사랑하는 근로인민의 사상으로 무장할 수 있습니다."

"힘들고 고된 노동이 다 기계화, 자동화되고 중노동과 경노동, 정신노동과 육체노동 사이의 차이가 없어질 것이며 노동하는 것이 고통스러운 것이 아니라 즐겁고 유쾌한 것으로 되며 생활상 요구가 될 것입니다."

"자본주의 세계를 지배하고 있는 대독점가들은 그들의 높은 이윤을 유지하기 위하여 노동 계급에 대한 착취를 더욱 강화하며 자본주의 사회의 더욱더 광범한 계층들의 이익을 침범하고 있습니다. 이것은 자본주의의 모순을 더욱 심화하며 이 나라들에서 노동 계급을 비롯한 광범한 근로자들은 제국주의를 반대하며 사회주의를 위한 투쟁으로 추동하고 있습니다."

"자본주의 사회에서는 몇 놈의 자본가들이 생산 수단을 가지고 생산물도 독차지하기 때문에 노동자들은 생산에서 열성을 낼 수 없으며 다만 굶어죽지 않기 위하여 자기의 노동력을 자본가들에게 팔 뿐입니다. 자본가들은 오직 돈과 채찍으로써 노동자들을 부려먹습니다."

북한이 본 자본주의의 노동시장

자본주의의 노동시장에서는 돈, 생산 수단, 생활 수단의 소유자와 자기 자신의 노동력을 판매하는 노동자가 관계를 맺는다. 자본주의 노동시장은 다음 두 가지 조건을 전제한다.

(1) 노동력의 소유자가 신분적으로 자유로워 자신의 노동력을 자기 마음대로 처리할 수 있음
(2) 노동력의 소유자가 어떤 생산 수단과 소비재도 가지고 있지 않는 것

자본주의 시장에서 노동자는 상품이 된 노동력을 영구히 파는 것이 아니라 일시적으로 판다. 노동력 유통의 이러한 특성은 자본가가 노동자를 최대한 부리면서 보다 많은 잉여가치를 짜내기 위한 무제한의 욕망을 추구하게 하는 한편 노동시장에 노동자가 상품으로 계속 나오게 하여 자본주의적 생산조건들을 끊임없이 재생산하게 한다.

자본주의는 노동시장을 끊임없이 확장한다. 확장되는 이유는 기

계의 사용으로 노동자의 노동이 독자적 성격을 상실하고 기계의 단순한 부속품으로 전락하기 때문이다. 이런 상황에서는 남성노동자, 여성노동자, 아동노동이 들어와 시장이 확장된다. 두 번째 이유는 자본주의 아래서는 소생산자들이 끊임없이 몰락하여 임금노동자로 떨어지기 때문이다. 노동시장에서 노동력도 다른 상품과 마찬가지로 경쟁과 시장의 변동에 따라 진행된다.

자본주의 노동시장에서는 판매자와 구매자인 노동자와 자본가 사이는 대등하지 못하여 노동자가 항상 불리한 입장에 선다. 그 이유는 다음과 같다.

(1) 노동자는 굶어죽지 않기 위한 유일한 수단으로 노동력을 팔지만 구매자는 경제력이 있고 이미 많은 노동자를 고용하고 있다.
(2) 노동자는 시장 상황의 파악에서 불리하며, 수요에 빠르게 대응하지 못한다.
(3) 만성적인 실업이 존재한다.

노동자가 노동력을 상품으로 파는 처지에서 벗어나기 위해서는 자본주의 자체를 뒤집어야 한다. 자본주의가 사라져야 비로소 노동시장도 사라진다. 이런 입장은 노동시장이 노동자의 자유를 보장한다고 보는 자유주의적 노동시장과 반대이다.

'노동에 대한 공산주의적 태도'

북한에서는 노동을 가장 영예로운 것으로 여기고 사랑하며 집단과 사회를 위한 공동노동에 자각적으로 성실하게 참가하는 사회주의와 공산주의 사회의 새로운 인간들의 가장 중요한 품성의 하나를 '노동에 대한 공산주의적 태도'라 한다. 김일성도 노동에 대한 공산주의적 태도를 가지도록 근로자들을 교양하는 것이 공산주의 교양의 가장 중요한 내용의 하나라고 했다. 사회주의 사회에서 노동행정 사업은 근로자들 속에서 노동에 대한 공산주의적 태도를 키우는 사업이라는 것이다.

공산주의 교양에서 가장 중요한 것은 사람들이 공동의 이익을 위하여 노동을 사랑하도록 하는 것이다. 공산주의가 실현되기 위해서는 노동이 모든 사람들의 생활상 제1차적 요구가 되며 그 어떤 보수가 아니라 사회적 이익을 위한 노동이 사람들의 습관이 되어야 한다. 사회와 인민을 위한 노동을 사랑하고 그러한 노동에 '자각적으로' 참여해야 한다.

생산 수단을 사적으로 소유하는 자본주의적 생산관계에서는 노동에 대한 자각적 태도가 존재할 수 없다. 생산자들의 노동이 자본가를 위한 노동이기 때문이다. 노동자 대중은 오직 목숨을 이어가기 위해 마지못해 노동한다. 노동에 대한 공산주의적 태도를 낳는 경제적 조건이 되는 것은 사회주의적 생산관계이다. 사회주의적 생산관계에서는 근로자들의 노동이 사회와 자신을 위한 노동이다. 노동의 결과는 자기 자신과 사회를 위해 사용되며 노동의 성과가 크고 사회의 재부가 풍부해지면 풍부해질수록 근로자들의 복리가 그만큼 증대한다.

생산 수단에 대한 사회주의적 소유는 사회적 이익과 개인의 이익과의 합치를 가져오며 생산 수단의 주인이 된 근로자들이 사회와 자기 자신을 위하여 적극성과 창발성을 다해 일하게 한다. 그러나 사회주의 사회에서 생산력은 아직 수용에 의한 분배를 실시하지 못할 만큼 생산물을 충분히 보장하지 못하며 또한 근로자들의 사상 의식 속에는 개인 이기주의와 노동을 싫어하는 자본주의적 사상의 잔재가 완전히 없어지지 않고 남아 있다. 이런 상황에서는 오직 노동에 대한 정치·도덕적 자극을 강화하면서 이에 물질적 자극을 옳게 결합함으로써 근로자로 하여금 근로에 대한 옳은 태도를 가지게 하며 그들의 노력과 열성으로 창발성을 높일 수 있다.

사회주의 사회는 생산 수단에 대한 사적 소유가 청산되고 온갖 착취와 억압이 없어진 사회이다. 사회주의 사회에서는 근로자들이 국가와 사회 그리고 생산 수단과 생산의 주인이 되며 그들이 생산한 생산물을 사회와 자신을 위하여 소비한다.

대부분의 근로자들이 조국과 인민을 위하여 자신의 행복을 위하여 몸 바쳐 싸우려는 고상한 사상, 노동에 대한 높은 정치·도덕적 관심을 불러일으킬 때에만 그들 속에서 노동에 대한 공산주의적 태도, 동지적 협조와 집단주의, 계속 혁신, 계속 전진하는 혁명적 기풍이 발양된다.

김일성은 노동에 대한 물질적 자극이 가지는 의의에 대해 다음과 같이 교시했다. 노동에 의한 분배는 근로자들의 생산의욕을 추동하며 그들의 기술기능 수준을 높이고 노동 조직의 선진적 형태들을 창조하여 노동생산성을 높이는 역할을 한다. 사회주의 사회에서 노동에 의한 사회주의적 분배는 또한 정치·도덕적 자극을 강화하는 사업과 옳게 결합할 때 근로자들 속에서 노동을 사랑하고 노동에 자각적으로 참가하는 공산주의적 태도를 배양하는 데서 적지 않은 작용을 한다.

> "노동의 질과 양에 의한 분배는 사회주의 사회의 객관적 법칙이며 그것은 일하지 않고 남의 덕에 붙어먹으려는 자들을 반대해 근로자들의 생산 열의를 물질적으로 자극하는 힘 있는 수단입니다."

> "사회주의적 분배 원칙은 일하지 않는 자는 먹지 말라는 원칙에 기초하고 있기 때문에 그것을 엄격히 지키는 것은 곧 하나의 훌륭한 공산주의 교양 방법으로 된다는 것을 알아야 한다."

노동생산능률

북한에서는 노동생산성을 '노동생산능률'이라 부른다. 사회주의와 공산주의를 더 빨리, 더 잘 건설하기 위해서는 근로자들이 창조적 재능을 발휘하게 하고 노동생산성을 높여야 한다고 말한다. 노동생산성을 생산에 지출된 노동의 양과 그에 의해 생산된 생산물의 양

또는 작업량 사이의 대비관계로 정의한다. 노동생산성이 높아지면 단위 노동시간에 생산된 생산물의 양이 많아지고, 단위 생산물에 들어간 노동시간이 적어진다. 노동생산성은 사회제도, 생산력의 발전 수준, 경제 관리 수준, 근로자들의 사상의식 수준 등을 종합적으로 반영한다고 말한다.

그들에 따르면 착취제도를 뒤집어엎고 주권을 잡은 노동 계급이 자본주의와 비교할 수 없을 정도로 높은 노동생산성을 창조한다. 사회주의와 공산주의 건설은 생산력 발전의 측면에서 자본주의와 비교하여 높은 노동생산성을 창조하는 과정이다. 노동생산성을 높이는 요인 가운데 가장 중요한 것은 근로자들의 '사상의식'이다. 사상의식은 조국과 인민을 위하여, 자신의 행복을 위하여 자신의 모든 정력과 지혜를 다 바쳐 싸우려는 노동자들의 고상한 사상이다. 노동자들의 정치적 각성이 높아지면 그들은 자신의 기술기능 수준을 높이고자 더 노력할 것이며 생산을 높일 수 있는 모든 수단을 찾아내기 위해 더 많은 창발성과 열정과 재능을 발휘할 것이다.

사회주의 아래에서 근로자들은 나라와 생산의 주인이 되며 그들은 당의 옳은 영도 아래에서 높은 혁명적 열의를 가지고 의식적으로 참가한다. 사회주의 아래에서는 기술을 발전시키고 선진 기술을 생산에 받아들이며 생산 공정의 기계화, 자동화를 방해하는 사회경제적 조건은 존재하지 않는다. 사회주의적 생산 및 노동 조직은 전사회적 규모에서 국가의 통일적 지도 밑에 실현됨으로써 사회적 노동을 가장 합리적으로 조직할 수 있게 한다.

반면에 자본주의 아래에서 노동생산성은 우여곡절을 겪으면서 미미하게 성장하는 것이 합법칙적이다. 자본주의적 생산관계는 기술 발전을 저해한다. 자본가들은 아무리 좋은 기술도 자신들에게 많은 이윤을 주지 않으면 채택하지 않는다. 자본가는 이윤만을 추구하기 때문에 노동자들의 노동 강도를 높여 이윤을 얻을 수 있다면 새 기술을 생산에 받아들이기 위한 투자를 낭비라고 생각한다. 자본주의적 생산의 목적과 근로자들의 이해관계 사이의 대립은 근로자들이 노동생산성에 무관심하게 한다. 또한 자본주의적 생산관계의 조건에서는 생산의 무정부성에 의하여 전사회적 규모의 경제계획화와 생산 및 노동 조직이 불가능하다. 이러한 요인 때문에 자본주의 사회에서는 막대한 사회적 노동이 낭비되며 노동생산성이 성장하지 않는다.

북한의 노동관은 자본주의 사회와 공산주의 사회의 대비를 통해 자신들이 우월하다는 주장을 하였다. 그러나 그 결과는 정확하게 반대다. 경제적 성과뿐만 아니라 노동이 인간에 미친 영향도 반대로 진행되었다. 이미 오래전에 알렉시 드 토크빌(1805~1859)은 1848년 9월 프랑스 국민회의에서 사회주의는 인간의 관용과 같은 인간의 미덕을 경시하고, 사유재산을 침해하고, 개인을 억압하는 새로운 형태의 노예제라고 비판했다. 사회주의 아래서 개인의 자주성은 고압적인 국가에 의해 말살된다고 예견한 것이다. 나아가 그는 민주주의는 자유와 평등을 지향하고, 사회주의는 제약과 예속의 평등을 지향한다고 생각했다. 그러나 공산주의자들은 이러한 충고를 받아들이지 않았다. 1848년에 마르크스와 엥겔스는 '공산당 선언'을 발표하고, 공산주의 혁명으로 1917년에 소련이 탄생하였지만 결국 공산주의 국가의 실험은 실패로 끝났다.

자유시장경제에서 노동의 의미

근대 사회의 자본주의 또는 자유시장경제 체제에서 노동을 보는 입장은 3가지 유형으로 구분된다. 첫째는 바셰크와 같이 노동이 삶을 보람되고 즐겁고, 나아가 수양을 가능하게 하며 성격과 인격을 도야하게 한다고 믿는 사람이다. 두 번째로 마르크스나 강수돌과 같이 노동은 인간의 본질적 속성 가운데 하나로 인간은 노동을 통해 자아를 실현하지만, 자본주의 안에서의 노동은 착취와 소외이기 때문에 공산주의 사회로 전환되어야 진정한 노동이 가능하다고 믿는 사람이다. 이들은 자본주의적 노동을 비판함으로써 자본주의를 비판했다. 셋째로 소로와 같이 노동은 고역이기 때문에 가능하면 하지 않고 사는 것이 인간답게 사는 것이라고 믿는 사람들이다.

우선 두 번째 유형부터 살펴보자. 마르크스는 노동을 '인간이 자신의 행위를 통해 자연과의 신진대사를 매개하고 조절하고 통제하는, 인간과 자연 사이의 과정'으로 인간의 본질에 속하는 것으로 인간은 노동을 통해 자신을 실현한다고 생각했다. 그러나 자본주의 사회에서 노동은 소외된 노동이고, 자본가가 착취하는 노동이기 때문에 공산주의 사회가 도래해야 인간은 노동을 통해 자신을 실현할 수 있다고 주장했다.

강수돌은 자본주의 아래서의 노동을 비판하면서도 구체적으로 공산주의 사회로 나아가야 한다는 주장은 하지 않았다. 그러나 자본주의 사회에서 행해지는 노동은 종식되어야 참된 노동이 가능하다는 점을 분명히 하였다.

강수돌은 노동·토지·화폐 등의 상품이 원래 자본주의 시장경제에서 상품화됨으로써 우리 인간의 삶이 불행해졌다고 본 칼 폴라니를 언급하면서 "인간 노동력이 상품이 되다보니 노동력을 제공하는 노동자는 기업가의 명령이나 기계에 복종해야 한다. 일을 통한 보람과 만족을 느끼기보다 한갓 기계의 부속물로 전락하기 쉽다."[10]고 주장한다.

자본주의 아래서 노동의 상품화가 자본주의 사회의 특성이고, 자본주의의 모든 모순의 뿌리라고 말한다. 자본주의를 넘어서서 노동력을 더 이상 상품으로 거래하지 않는 사회가 온다면 억지로 공부를 해가며 '스펙'을 쌓느라 돈과 시간과 열정을 낭비할 필요가 없을 뿐만 아니라 취업 후 직장 생활에서도 '눈치'를 보며 일하거나 가정-직장 사이의 균형이 깨진 채 스트레스를 받는 삶을 살지 않아도 되며, 특히 '정리해고'의 두려움이나 비정규직의 서러움을

10 강수돌, 『노동을 보는 눈』, 개마고원, (2012), p.39.

받지 않아도 될 것이라고 예측한다.[11] 그가 말하는 노동이 상품이 되지 않은 사회란 어떤 사회일까?

또 그는 "생산 수단과 노동력의 분리가 지양되고, 모든 사회 구성원들에게 최소한의 기본소득을 보장하며, 노동생산물이나 노동력, 토지와 화폐를 탈상품화하는 것, 더 이상 이윤을 위한 생산이 아닌 사회적 필요에 맞는 생산을 해나가는 것, 바로 이것이 인류를 한 단계 더 진보시킬 것이다."[12]라고 주장하는데 이것은 어떤 사회에서 실현가능할까?

노동을 상품으로 팔지 않고 사는 길이 자본주의 사회에서 없는 것은 아니다. 자유주의 사회에서는 노동을 상품으로 팔라고 강요하는 사람은 없다. 자신의 노동을 상품으로 여겨 자유 계약에 의해 임금을 받고 노동력을 제공할 것인가 말 것인가는 전적으로 개인의 선택에 달린 문제이다. 자유주의 사회에서 예속노동을 강조하는 사람은 없다. 자유주의 사회에서는 내가 어떻게 살 것인가는 내가 결정한다. 자영업을 할 수도 있고 노동시간을 조절할 수도 있다. 자신이 원하면 자신의 노동력을 필요로 하는 사람과 계약하고 계약 조건에 따라 노동하고 임금을 받을 수도 있다. 자신의 노동력을 살 사람이 존재한다는 것은 저주가 아니라 축복이다.

실제로 노동을 부정적으로 생각하면서도 그것을 사회제도에 책

11 강수돌, 『노동을 보는 눈』, 개마고원, (2012), p.40.
12 강수돌, 『노동을 보는 눈』, 개마고원, (2012), p.53.

임을 돌리지 않고 개인의 결단의 문제로 본 사람도 있다. 우리나라에서 많은 사람들이 좋아하는 데이비드 소로(1817~1862)이다. 그는 다음과 같이 말한다.

"내가 보기에 이 고장 젊은이들의 불행은 농장과 주택, 창고와 가축과 농기구들을 유산으로 받은 데 기인하는 것이다. 이런 것들은 일단 얻으면 버리기 어렵다. 그들은 차라리 광막한 초원에서 태어나 늑대의 젖을 먹고 자랐더라면 좋았을 것이다. 그랬더라면 자신이 힘들여 가꾸어야 할 땅을 보다 더 맑은 눈으로 볼 수 있었을 것이다."[13]

"사람들은 그릇된 생각 때문에 고생하고 있는 것이다. 사람의 육신은 조만간에 땅에 묻혀 퇴비로 변한다. … 사람들은 … 좀이 파먹고 녹이 슬며 도둑이 들어와 훔쳐갈 재물을 모으느라 정신이 없다."

"비교적 자유로운 이 나라에서도 대부분의 사람들은 무지와 오해 때문에, 부질없는 근심과 과도한 노동에 몸과 마음을 빼앗겨 인생의 아름다운 열매를 따보지 못하고 있다. 지나친 노동으로 투박해진 그들의 열손가락은 그 열매를 딸 수 없을 정도로 떨리

13 소로, 헨리 데이비드, 강승영 옮김, 『월든』, 은행나무, (2011), pp.18~20.

는 것이다. 사실, 노동하는 사람은 참다운 인간 본연의 자세를 매일매일 유지할 여유가 없다. 그는 정정당당한 대인관계를 유지할 이유가 없는데, 만약 그렇게 하려 들다가는 그의 노동력은 시장가치를 잃게 될 것이기 때문이다."

"노동자는 단순한 기계 이외에는 다른 아무것도 될 시간이 없다."

실제로 소로는 임금노동자가 되지 않고 최소한의 노동만을 하며 자유롭게 살았다. 그는 "노동은 나쁘고, 우리를 병들게 하고, 우리의 진정한 자아를 펼치지 못하도록 가로막는다. 좋은 삶, 진정한 삶은 노동 바깥에서 이루어진다. 우리는 노동을 하지 않을 때만 정말로 하고 싶은 일을 할 수 있다. 일이 끝난 다음에야 비로소 우리는 진정한 우리 자신이 된다. 자유시간이 되어야 자유가 시작된다."고 믿었지만, 그것은 개인의 선택으로 가능하다고 생각하였다.[14]

그러나 자유주의 사회에서 우리가 소로와 같이 살아야 노동으로부터 해방되는 것은 아니다. 스스로 좋을 일을 선택하여 행복하게 살 수 있는 길을 자유시장경제는 허용한다. 노동의 종류를 선택하고 노동 과정을 어떻게 이해하고 느끼는가는 개인의 가치관이나 태도에 달린 문제이다. 바셰크는 말한다.

14 Vašek, Thomas(토마스 바셰크), 이재영 옮김, 『노동에 대한 새로운 철학』, 열림원, (2014), p.15.

"내게는 일이 중요하고, 재미가 있으며, 충족감을 준다. 돈도 중요한 요인이다. 하지만 가장 중요한 요인은 아니다. 무엇보다 나는 내가 하는 일을 사랑한다. 일은 내게 도전을 의미한다. 일은 내 능력을 확장시켜주며, 나를 내 한계 가까운 데까지 몰고 간다. 일은 내가 다른 경로를 통해서는 결코 알지 못했을 흥미로운 사람들과 만나게 해준다. 일은 나를 수양시켜주고, 성격과 인격을 도야하게 한다."[15]

노동이 즐겁고 자신을 수양시켜주고 성격과 인격을 도야하게 한다고 믿는 이 사람은 그가 좋아할 수 있는 일을 만나서일까 아니면 무슨 일을 하든 그렇게 느끼는 것일까? 지금 그는 철학 잡지의 편집장으로 일하고 있지만 이전에 여러 형태의 일을 경험했다. 보수가 높은 일과 낮은 일, 충족감을 주는 일과 그렇지 않은 일을 하기도 하고, 다른 사람을 이끄는 일과 다른 사람 밑에서 하는 일, 육체적으로 고단한 일과 지적인 일, 노인을 돌보기도 하고 전단지를 돌리기도 했다. 실업 상태에 있을 때도 있었기 때문에 일을 하고 싶지만 할 수 없는 것이 어떤 것인지를 안다고 말한다. 그는 지금의 일이 가장 멋지고, 만족스럽고, 충족감을 준다고 하지만 과거의 다른 일에서도 자신이 한 일은 만족스럽고 흡족한 기분을 갖게 하였으며, 매일매일 동기를 부여해주고, 그를 이끌어 주었다고 말한다. 그

15 Vašek, Thomas(토마스 바셰크), 이재영 옮김, 『노동에 대한 새로운 철학』, 열림원, (2014), p.9.

는 "노동이 과중하다는 불평불만을 더 이상 들어줄 수가 없다."고 말하였다. 자유시장경제 체제는 노동을 통해 자기를 실현하고 충족감을 느끼고 살 수 있는 확실한 기회를 제공한다는 믿음을 가지고 있는 것이다.

노동의 상품화와 인간의 자유화

반자유주의자인 맥퍼슨은 서구 근대의 자본주의 발전 과정을 '소유적 개인주의'라는 이름을 붙이고 비판하였다. '소유적 개인주의' 비판은 자본주의와 시장에 대한 비판의 다른 이름이다. 그는 근대 이후 자유주의의 근간을 구성하고 있는 개인주의를 '소유적 개인주의'와 '발전적 개인주의'로 구분하고 '소유적 개인주의'를 비판함으로써 시장을 옹호하는 자유주의를 비판하였다.[16]

맥퍼슨은 개인주의를 자유주의의 가장 기본적인 특징으로 규정한다. 개인주의는 홉스에까지 거슬러 올라간다는 것이다. 비록 홉스의 결론은 반자유주의적이지만, 그의 정치철학의 전제는 개인주의라는 것이다. 나아가 공리주의자 벤담도 홉스와 동일한 인간관을 기초하고 있다. 로크도 이 계열에 속한다. 맥퍼슨은 우리가 친 시상

16 Macpherson, C.B., *The Political Theory of Possessive Individualism: Hobbes to Locke*, Oxford University Press, (1962) [C.B. 맥퍼슨, 황경식·강유원 옮김, 『홉스와 로크의 사회철학: 소유적 개인주의의 정치이론』, 박영사, (1990)]

적 자유주의 철학자로 분류하는 대부분의 사람들을 여기에 포함시킨다. 이들은 모두 인간을 이기적이고 합리적인 개인으로 이해한다는 점에서 공통적이라는 것이다. 그는 이러한 개인주의가 현대 서구가 안고 있는 많은 문제점의 원인이 되었다고 주장한다.

맥퍼슨은 '소유적 개인주의'에 기초한 근대 서구의 자유주의를 비판하기 위해, '소유적 개인주의'를 구성하는 가정들을 다음과 같이 일곱 가지 명제로 요약했다.[17]

(1) 인간을 인간답게 하는 것은 타인의 의지로부터의 자유이다.
(2) 타인으로부터의 자유는 개인이 자발적으로 자신의 이익을 위해 참여한 관계를 제외한 어떠한 관계로부터도 자유롭다는 것을 의미한다.
(3) 개인은 사회에 아무런 부채도 없기 때문에, 본질적으로 자신의 신체와 능력을 소유한다.
(4) 개인이 자신의 신체에 대한 재산권 전체를 양도할 수 없다고 할지라도, 자신의 일부인 노동력은 양도할 수 있다.
(5) 인간 사회는 일련의 시장관계로 구성되어 있다.
(6) 타인의 의지로부터 자유는 인간을 인간답게 만드는 것이므로 개인의 각자의 자유는 타인에게도 똑같은 자유를 보장하는데

17 Macpherson, C.B., *The Political Theory of Possessive Individualism: Hobbes to Locke*, Oxford University Press, (1962), pp.263~271. [C.B. 맥퍼슨, 황경식·강유원 옮김, 『홉스와 로크의 사회철학: 소유적 개인주의의 정치이론』, 박영사, (1990), pp.305~314.]

필요한 의무와 규칙에 의해서만 정당하게 제한될 수 있다.

(7) 정치 사회는 개인의 신체와 재화로써의 재산을 보호하기 위해 고안된 장치이며, 그에 따라 자신의 소유자로 간주되는 개인들 간의 교환관계를 질서 있게 유지하기 위해서 고안된 것이다.

여기에서 가장 중요한 것은 (3)이다. 로크에서 선명하게 부각된 (3)은 '자기 소유권'이라는 이름을 갖게 되었다. '자기 소유권'을 갖는 주체는 개인이고 이 개념은 근대 자유주의의 핵심이 되었다. 근대 자유주의 시장경제는 개인은 본질적으로 자신의 신체와 능력의 소유자라는 전제에서 출발한다.

맥퍼슨은 (1)·(2)·(3)에서 (4)·(5)가 도출된다고 주장한다. 인간은 개인으로서 자유를 누릴 때만 인간다울 수 있고 자신을 소유하는 한에서만 자유로울 수 있다. 인간 사회는 독점적인 소유자들이 맺는 관계이며 이 관계는 시장관계라는 것이다. 국가의 핵심적인 기능은 바로 개인의 '자기 소유권'을 보호하는 것이다.

맥퍼슨은 자유주의는 철저한 개인주의에 기초하고 있는데 그 개인주의가 바로 '소유적 개인주의'로 자유와 소유를 동일시했다는 것이다. 소유 중심의 개인주의는 사회적 관계를 시장관계로 환원하게 된다. 맥퍼슨의 이러한 주장은 뒤에 자유주의를 비판하는 이론적 도구를 제공했다. 현대 사회가 '시장 사회' 또는 '시장근본주의'의 지배를 받는 사회라는 시장에 대한 비판은 '소유적 개인주의'에 대한 비판과 그 맥을 같이 한다. 맥퍼슨은 (3)과 (4)를 '노동의 상품화'로 해석하고, 비판하고 있지만 이것은 '자유노동'의 가능성을 의미하는 것으로 적극적이고 긍정적인 의미를 부여할 수 있다. 반자유주의자들은 '노동의 상품화'를 '소외'로 해석하고 있지만 그것은 소외가 아니라 자유다. 우리 사회에서 노동에 대해 반자유주의적인 입장의 선봉에 선 강수돌의 입장도 이렇게 해석될 수 있다.

강수돌은 자본주의 사회는 '상품 사회'이고, 노동도 일종의 상품이 되었다고 주장한다. 자본주의 사회에서 상품이 되기 위해서는 사용가치와 교환가치를 동시에 지녀야 한다. 사용가치는 갖지만 교환되지 않으면 상품이 될 수 없다. 어떤 것이든 사용가치가 있어야 교환이 이루어지고 교환이 이루어져야 소비될 수 있어서 상품이 된다. 자본주의 사회가 되면서 노동력도 상품화됐다. 자본주의 사회에서는 노동력이 '인적자원'이라는 이름으로 상품의 모습을 갖게 됐다. 인간의 노동력이 '노동시장'에서 상품으로 교환되기 시작한 것이다. 노동의 상품화 현상을 부정적으로 보고 있는 강수돌은 '노동력의 상품화'가 성립하면서 발생한 노동과 경영의 모순을 '신분적 예속으로부터 인간의 분리', '농업 사회에서 통일되어 있던 생산 수단과 인간 노동력의 분리', '기존의 노동 과정에서 통일되어 있던 계획과 실행 기능의 분리', '통일되어 있던 삶터와 일터의 분리', '자연과 인간의 분리', '생산자와 소비자의 분리'와 같이 '6가지 분리 현상'으로 나타난다고 하면서 이러한 분리와 그에 따른 모순

은 '지양(止揚)'되고 '통일'을 이루어야 한다고 했다.[18]

강수돌의 이러한 분석은 자본주의 사회에서 '노동의 소외' 현상이 발생한다는 것을 비판하기 위해 구성된 것이지만, '분리'는 자유의 또 다른 이름으로 긍정적으로 해석될 수 있다. 자본주의 사회에서 노동이 '상품화'되었다는 것은 자신의 노동력을 자신이 처분할 수 있음을 의미한다. 봉건 시대와 같이 인간이 신분적 예속에 있으면 인간은 자유롭지 못하다. 예속되어 있지 않으면 먹고 살 수가 없기 때문이다.

따라서 자본주의 사회에서 '인간의 신분적 예속으로부터의 분리'는 소외가 아니라 자유의 단초이다. 인간은 외부의 지배로부터 자유롭게 되어 최소한 형식적으로는 자신의 노동력을 자신의 뜻에 따라 자유롭게 거래할 수 있게 됐다. 반자유주의자들은 이것을 자본에 의한 노동자 삶의 '종속화'를 촉진시키는 것으로 이해하고 있지만 '종속화'가 아니라 '자유화'로 보아야 한다. 자유노동이나 자유계약노동이 탄생한 것이다. 인간은 노동의 자유를 획득함으로써 어느 누구에게도 종속되지 않게 됐다. 먹고 살 수 있는 능력을 스스로 획득함으로써 살기 위해 다른 사람에게 종속될 필요가 없어진 것이다. 노동력을 가진 사람이면 누구나 자신의 주권자가 될 수 있다. 여성도 자신의 노동력을 상품화할 수 있게 됨으로써 남성에게 더 이상 종속되지 않게 됐다.

18 강수돌, 「노동과 경영」, 『철학과 현실』, (1997년 여름), pp.21~35.

그럼에도 불구하고 우리 사회에서는 노동의 상품화에 대해서는 반감이 강하다. 그 이유는 다양하지만 모든 것을 사고 파는 상업 사회에 대한 반감과 사회주의자들이 씨를 뿌리고 가꾼 자본에 대한 노동의 종속화가 널리 확산됐기 때문이다. 인간의 자유를 옹호하기 위해서는 우선 노동의 상품화를 적대시하는 이 두 가지 편견이 극복되어야 한다.

노동의 민주화에 반대하는 자유화

경제에 대한 자유주의의 적용이 경제적 자유주의이며 경제적 자유주의의 구체적인 표현이 자본주의이다. 자본주의는 사유재산제에 기초하고 있으며 사유재산제는 개인에게 자신의 신체를 보장하며 자유로운 재산의 취득과 사용, 처분과 양도를 허용한다. 사유재산제에 기초한 자본주의 사회에서는 신체의 자유, 재산의 취득과 사용, 처분과 양도가 외부의 명령이나 통제가 아니라 개인의 자유로운 결정에 의해 이루어진다. 자유로운 결정은 자유로운 계약과 거래를 의미하며 자유로운 계약과 거래에 포함되는 내용은 노동력의 제공에 제한된다. 노동의 거래는 개인의 자유로운 계약에 의해 성립하며 자유로운 계약에 노동력을 제공하는 것 이상을 포함하지 않는다. 아무리 자유로운 계약이라 하더라도 이 계약에 개인의 근원적 자유를 침해하는 내용은 포함될 수 없다. 계약 이후에도 계약

당사자는 공정한 계약조건에 따라 자신의 결정에 의해 계약을 해지할 수 있다. 이것이 자유주의 노동의 핵심이다.

자유로운 사회에서 개인은 자신의 노동력에 대해 자기 결정권을 갖는다. 자신의 노동력을 어떻게 사용할 것인가에 대해서 전적으로 자신이 결정해야 한다. 노동은 개인과 개인, 개인과 기업 사이의 문제다. 그럼에도 불구하고 노동의 의미와 특수성을 내세워 정부나 제3자가 노동에 끊임없이 개입하고 있다. 노동이 신분관계에 의해 결정되던 자유주의 이전의 시기와 달리 노동이 자유 계약에 의해 성립하는 자유주의 사회에서도 노동을 단순히 개인과 개인, 개인과 기업 사이의 자유 계약의 문제로 보지 않고 끊임없이 제3자가 개입하고 있는 것이다. 노동에 대한 정부나 제3자의 개입은 개인의 자유에 대한 침해며 경제에 도덕이나 정치가 개입하는 것으로 비효율과 경직성을 초래하여 결국 전체 노동자의 복리를 저해한다.

현대의 특징 가운데 하나는 산업환경이 급격하게 변한다는 것이다. 변하는 산업환경에 적응하기 위해서 기업의 구조 조정은 필수적이다. 구조 조정을 위해서는 정리해고를 할 수밖에 없다. 새로운 고용을 창출하기 위해서는 정리해고가 필요하다. 그러나 많은 사람들은 정리해고에 반대하면서 기업의 자유로운 인력 관리를 악으로 규정한다. 정리해고가 아니라, 일자리 나누기로 실업의 고통을 분담해야 한다는 주장에 많은 사람들이 동의한다. 구조 조정의 필요성을 인정하면서도 정리해고는 안 된다고 주장하는 사람도 있다. 그러나 기업이 노동자를 자유롭게 해고할 수 없으면 노동생산성은 감소하고 결국 경쟁력 약화로 이어진다. 이렇게 되면 대량의 실업이 발생하고 전체 노동자의 삶의 질은 떨어진다.

그럼에도 불구하고 노동이라는 생산요소를 어떻게 조정할 것인가는 기업이 아니라 정부나 노조, 아니면 제3자에게 맡겨야 한다는 주장이 항상 정치적으로 힘을 얻는다. 생산요소 가운데 노동이 가장 중요한 요소라고 생각하면서, 노동을 기업 자신이 아니라 외부가 통제하고 조정해야 한다는 것이다. 이런 생각이 노동 3권, 근로기준법, 최저임금제, 노사정 위원회, 정년제 등을 정당화한다. 이런 것들은 노동시장에서 자유로운 경쟁이 작동하는 것을 방해한다.

노동에 대한 기업 외부의 개입을 신뢰하는 사람들은 노동시장의 자유화가 대량 실업과 고용 불안정을 초래한다고 주장한다. 그러나 이는 사실이 아니다. 생산요소 가운데 하나인 노동의 효율적 사용을 가능하게 하는 노동시장의 유연화는 생산성을 향상시키고 궁극적으로 고용을 촉진한다. 자유주의 경제학자들에 따르면 고용 보호가 강할수록 장·단기적으로 실업률이 높아진다. 뿐만 아니라 고용 보호가 강할수록 신규 채용이 사라져 청년 실업이 증가한다.

노동은 노동공급자와 수요자 사이의 자유로운 계약에 따라야 한다는 자유주의적 노동관은 노조와 정부의 노동 관련 규제 때문에 현실적으로 실현되지 못하고 있다. 자유주의의 원리를 따르면 노동공급자와 수요자에게 계약의 자유를 부여하기 때문에 공급자는 노동조건이 좋은 곳을 찾기 위해 자신의 능력을 더 향상시키려고 노력하고 수요자는 자신의 근로환경을 개선하여 능력 있는 공급자를 채용하려고 노력하기 때문에 결과적으로 양자 모두에게 이익이 된다. 노동시장이 자유로워지면 장기 실업과 청년 실업도 감소할 것이다. 즉 자유로운 노동시장은 전체 근로자에게 도움을 준다. 그러므로 자유로운 노동시장을 위해서는 정부와 노조의 개입이 사라져야 한다.

자유주의는 노동이 민주주의와 결합하는 것을 반대한다. 노동자들이 개별적으로 근면한 생활 태도와 교육을 통해 상승할 기회를 갖는 것에는 찬성하지만 그들이 정치·사회적 운동을 통한 집단행동으로 자신의 이익을 추구하는 것에는 반대한다. 모든 사람은 노동을 통하든 통하지 않든 스스로 생계를 해결해야 하지만 노동에 대해 어떤 의미를 부여하는가는 집단 선택의 문제가 아니라 개인 선택의 문제다. 노동을 놀이로 생각하든 고통으로 생각하든 인생에 의미를 부여하는 활동으로 생각하든 그것은 개인이 선택할 문제이다. 노동에는 어떤 보편적 본성이 존재하지 않는다.

제2부

한국 자유노동의 현실

•• 제4장 ••

시장 중심의 노동

박종운
시민정책연구원 연구위원

누가 우리를 실패로 끝난 사회주의의 소용돌이 속으로 다시 밀어 넣고 있나?

1989년 11월 9일 동독을 탈출하여 서독으로 오려던 사람들에 의해 베를린장벽이 붕괴됐다. 그리고 이를 계기로 사회주의 배급 체제의 동독은 스스로 붕괴되었고 자유민주주의 시장교환 체제의 서독과 통일됐다. 이어 사회주의 배급 체제의 종주국이라 할 수 있는 소비에트 사회주의 공화국 연방(USSR)도 1991년 주민들의 선택으로 인해 붕괴됐다. 러시아, 우크라이나 벨로루시, 카자흐스탄, 우즈베키스탄 등 많은 나라들이 각기 독립하여 시장경제의 길을 걷게 됐다.

일찍이 마르크스가 헤겔식 논리를 편 끝에 역사의 종착점이라고 했던 것은 사회주의였다. 그러나 그 사회주의가 무너졌다. 그래서 후쿠야마는 '역사의 종착점(The End of History)'이라는 물음을 던지고, 그 종착점은 사회주의였던 것이 아니라 자유민주주의 시장경제였다고 했다. 물론 사회주의가 존속 가능하지 않다는 논리를 처음 편 것은 후쿠야마가 아니라 20세기의 가장 위대한 자유시장경제학자 중 하나인 미제스였다. 그는 1917년 소련에서 사회주의 혁명이 일어나자 곧바로 1919년 사회주의가 시장을 폐지함으로써 사람들의 판단 기준인 가격도 폐지되었다고 말한다. 이에 따라서 경제계산이 불가능해지자, 경제 자체가 존속 가능하지 않음을 입증하는 논문을 발표했던 것이다. 실제로 레닌도 사회주의 실험이 곤경을 겪자 일보 후퇴하여 신경제정책(NEP)으로 소생산자들에게 한해 소유권을 허용해주고 시장경제를 용인했다. 미제스가 발표했던 논문의 사회주의 존속불가능성 주장에도 불구하고 사회주의가 당분간 유지되었던 것은 무엇보다 그들이 시장경제 나라의 '물가정보'를 참조해서 배급을 조정하는 '컨닝행위'를 했기 때문이다. 그러나 나중에 소련 공산당 서기장이 된 고르바초프가 농업담당 서기 시절에 눈으로 보았으며 개혁개방 정책을 펴기로 결심했던 시발점이라고 설명했던, 감자를 질질 흘리고 가도 수량과 상관없이 가져다주기만 하면 된다는 무책임한 감자 수송차량 노동자의 행태에서 볼 수 있듯이 사회주의 배급 체제는 비효율적이었고 문서에 올라있는 소련의 생산량 통계 수치도 그 자체로 믿을 수도 없지만 또 그것이

온전하게 최종 소비자에게 전달되었다고도 믿을 수 없는 것이었다. 결국 배급 체제는 자체 한계로 스스로 폐기될 수밖에 없었고 고르바초프 등 공산당 지도부를 포함한 주민들은 번영의 시장교환 체제를 선택할 수밖에 없었다.

그런데 사회주의가 스스로 붕괴된 지 몇 십 년이 지난 지금 대한민국에서는 아직도 시대착오적으로 사회주의 논리가 횡행하고 있다. 그것도 사회주의 체제 중에서 가장 후진적인 세습 왕조 체제적 집단의 논리가 횡행하고 있다. 민주노동당과 그 후신인 통합진보당은 내부 갈등 속에서 북한 체제를 추종하는 사람들의 집단(종북세력)인 것으로 드러났다. 민주노동당의 조승수 전 국회의원은 이렇게 폭로하고 있다. "종북주의와 이에 바탕을 둔 패권주의가 당내 다수파로 되었다…2004년을 지나면서 다수파가 된 이들은 다수파가 되기까지 당비 대납과 집단 주소 이전, 심지어 부모·친척·미성년자까지 입당시켜 지역위원회를 장악하고 지금은 중앙위원회와 대의원까지 주요 의결기구를 장악하고 있다. 북한 핵 실험에 대해 자위권 운운하고, 300명에 이르는 당간부들의 중요 신상정보를 기록하여 조선노동당에 보고했다."[1] 북한이 무너지지 않아서 그런가, 3대 세습독재 세력에 대한 환상이 여전히 남아있는 듯하다. 사회주의 종북주의 성향은 물론, 반민주적 행태들도 버젓이 자행하고 있음이 고스란히 드러났다. 조승수 전 국회의원의 규탄은 이석기 내

1 조승수, 「진보의 재구성」, 『한겨레신문』, (2008).

란음모 내란선동 사건에 대한 수사에서도 그대로 사실로 드러났다. 결국 대한민국 정부의 제소와 헌법재판소의 결정으로 통합진보당이 해산되었지만 사회주의 혹은 주체사상을 신봉하는 세력이 여전히 자유민주주의 대한민국을 무너뜨리려 하고 있다는 것은 사회주의 붕괴 이후에 사회주의 이념이 위협하던 시대가 끝나 자유민주주의의 시대가 정착됐다고 생각했던 많은 국민을 경악에 빠뜨렸다.

그런데 문제는 자유민주주의를 파괴하는 내용의 활동이 비단 해산된 정당인 통합진보당의 사례에만 있는 것이 아니라는 점이다.

노조차원에서도 마르크스주의의 기본 내용인 노동자와 자본가 권력을 대립시키는 사고를 가지는 교육과 선전이 일상적으로 행해지고 있다. 노동조합이 시장경제 체제 하에서 노동자의 권익을 향상시키는데 힘쓰는 것이 아니라 노동자에게 일자리를 주는 시장경제 자체를 없애려는 쪽으로 가고 있는 것이다. 민주노총의 경우 정치단체가 아닌 노조의 연합체임에도 그 강령에서 "우리는 권력과 자본의 탄압과 통제를 분쇄하고" "노동자의 정치세력화를 실현하고 제 민주세력과 연대를 강화"함으로써 "인간의 존엄성과 평등을 보장하는 참된 민주 사회를 건설"한다고 선언하고 있다.[2] 마르크스주의의 기본 노선과 크게 다르지 않다. 궁극적 목적과 관련하여 해산된 통합진보당의 '진보적 민주주의'를 여기서는 '참된 민주주의'라고 수식어만 달리 표현했을 뿐이다.

2 http://www.nodong.org/platform_code

그럼 이른바 '참된 민주주의'를 지향한다는 민주노총에서 노동교육은 어떤 식으로 이루어지고 있는가? 민주노총 3기 노동대학에서 실시된 강의 〈노동자의 역사인식과 근현대 전민항쟁의 전개와 성격〉[3]을 보면, 적대적 사회의 계급구조라면서 다음 그림을 제시한다.

사회	주요 계급	여타 계급
노예제	노예소유주 ↔ 노예	상인, 수공업자
봉건제	봉건영주 ↔ 농노	부르주아지,수공업자
자본주의	자본가 ↔ 노동자	자영업자, 자영농

그런데 강사는 이 도표에서 인간을 독립된 인간으로 대우하지 않고 신분적 예속으로 묶었던 과거의 신분제와 자유로운 인간으로서 계약관계에 있는 고용주, 피고용주관계를 사실상 동일시하면서 똑같이 '적대적관계'라고 놓는 잘못을 범하고 있다. 신분제에서는 그 관계를 끊으려면 도망가는 수밖에 없었고, 그렇게 되면 잡혀서 고문을 당하고 살해당하는 경우가 많았다. 그러나 계약제에서는 그 관계를 끊으려면 사표를 내면 되고, 아무런 뒷보복이 없는 자유로운 독립된 인간이 된다. 직장이 만일 그에게 '착취'구조라고 여겨진다면 그는 사표를 냄으로써 '해방'된 존재가 된다. 그리고 그는 얼

3 http://nodong.org/edu_data/215842

마든지 자신만의 사업을 시작할 수 있다. 그럴 처지가 못 되면 다른 고용주를 찾으면 된다. 신분제 하에서의 신분은 적대적관계라고 할 수 있으나 계약제 하에서의 노사관계는 노동자 자신이 능동적으로 찾아간다는 점에서 사실상 협력적관계라고 할 수 있다. 노동조합들이 정치적으로도 '고용 보장', '정년 보장', '취업기회 확대'를 요구하는 것을 보면, 노동조합이 '신분적 복종'관계를 이상으로 여기고 있는 것이 아닌 이상 마음속으로는 신분제적 착취관계라고 보고 있지 않음을 알 수 있다. 강의 내용이 노동조합의 일상적 모습과 다른 것이고 실상과 어긋난 그릇된 것임을 알 수 있다.

아울러 그 강의의 강사는 역사변화 발전의 동력과 주체를 설명하는 대목에서 다음 도식을 제시한다.

① 있어야 할 것을 있게 - 창조 - 생산 - 노동의 역사

② 없어야 할 것을 없게 - 파괴 - 투쟁 - 투쟁의 역사

* 원시공동체 사회
* 고대 노예제 사회 - 순장제 → 노예 해방
* 중세 봉건제 사회 - 농노제, 신분제 → 농노 해방
* 근대 자본주의 사회 → 노동자 해방

그는 "있어야 할 것을 있게 만드는 창조의 과정은 노동을 통한 생산이 중심이다. 그러나 한 사회에서 지배층들은 생산의 결과를 독점하고 낡고 썩은 제도나 질서를 유지하면서 지위와 특권을 유

지하려 한다. 역사를 진전시키려면 없애야 할 것을 없애는 파괴가 필요하다. 그 과정에서 투쟁이 따르기 마련이다. 투쟁을 통한 파괴 없이 낡고 썩은 질서를 깨트릴 수 없다."고 하면서 혁명을 선동한다. 그리고 "사회의 대다수 노동자 민중이 역사주체"라고 한다.

최근 취직자리가 부족해서 청년들이 '헬조선'이니 하면서 한탄을 하는 경우가 많은데 위 기준대로라면 이 청년들이야말로 이른바 '자본가의 지배'로부터 자유로운 처지다. 노동자의 지위를 가지고 있다가 실직한 경우에도 마찬가지다. 그렇지만 이런 식의 신분 해방으로 이해하면 그가 말했던 '노동자 해방'을 잘못 이해하는 것이다. 왜냐하면 그가 말했던 '노동자 해방'은 (아직 취직을 하지 않은 사람의 힘까지 동원해서) 생산시설을 기업가에게서 '탈취'함으로써 이루어지는 것이기 때문이다. 그가 이야기했던 '노동자 해방'은 힘을 합해서 타인의 재산을 빼앗아 운영하는 세상을 말하는 것이지 '해방된 처지'에 있는 실직자 혹은 미취업자들이 만들어낼 수 있는 새로운 세상이 있다고 말하는 것이 아니다.

물론 이를 밑받침하는 이론으로 그는 다음과 같은 마르크스의 생산양식론(생산력과 생산관계)을 제시한다.

마르크스의 생산양식론에 기반한 이 사적유물론의 5단계 역사발전의 끝은 사회주의다. 그러다보니 그 강의 자료는 〈마르크스의 정치 경제학 비판을 위하여 – 서문〉에서 다음을 인용하는 것으로 끝을 맺는다. "근대 부르주아적 생산제 관계는 사회적 생산과정의 마지막 적대적 형태이다. 개인적 적대의 의미에서가 아니라 개인

생산양식		
생산력		생산관계
생산 경험과 노동숙련, 노동에 대한 지식을 가지고 있는 인간	사회에 의해서 만들어진 생산수단(토지,농기구, 자본...)	생산, 교환(유통), 소비 이러한 영역에서 맺어지는 인간 사이의 관계

들의 사회적 생활제 조건으로부터 발생하는 적대의 의미에서 적대적이라고 하는 것이나 부르주아 사회 내에서 발전되는 생산제력은 동시에 이 적대를 해결하기 위한 물적제 조건을 창조한다. 따라서 이 사회구성체와 더불어 인간 사회의 전사는 종결된다." 사회주의가 종언을 고한지 30년이 다 되어 가는데 이처럼 자유민주주의 국가인 대한민국에서 사회주의에 이르러 인간 사회의 역사가 종착역에 도달한다는 내용이 여전히 교육, 선전되고 있는 것이 현실이다.

사회주의가 실패했음이 분명히 드러났고 자유민주주의의 승리가 확정된 지금 이 순간에도 노동자들에게 대한민국에서 마르크스주의적 사회주의 혁명을 이야기하는 강의가 공공연하게 벌어지고 있는 것은 개탄스러운 일이 아닐 수 없다. 그런데 이 강사의 경우는 민주노총뿐만 아니라 한국노총에서도 이런 내용으로 노동운동사에 대한 강의를 하고 있다. 결국 노사화합 노사협조주의를 표방하고 있는 한국노총에도 마르크스주의적, 사회주의적 노동교육이 공공연히 행해지고 있는 것이다.

그뿐이 아니다. 민주노총이 2013년 말에 시행한 '노동운동 지도

자과정' 4기 자료집을 보면 마지막에 '대안 사회 길 찾기'에 11시간을 배정해서 마르크스의 『자본』 역자인 김수행 성공회대 석좌교수를 초빙하여 '사회주의 체제 이해와 현실 사회주의'를 듣는가 하면 다른 강사들에게서 '자본주의 극복 실험'에 대한 강의도 듣고, 노골적으로 대안 사회를 위한 토론을 나누는 시간도 가지고 있다.[4] 이런 밀교(密敎)적인 '사회주의 혁명가 양성' 과정이 상층부에서 버젓이 행해지고 있다는 현실은 노동조합운동을 시장경제 하에서 임금인상을 위한 단체협상의 수단이라고 보고, 노동조합 지도자들도 자신들의 이익을 위해 앞장서는 그런 범주의 사람들일 것이라고 보는 대다수 일반 노동자들이나 일반 국민들에게는 경악스러운 일이 아닐 수 없다. 민주노동당이 종북주의자들이 중심이 되는 쪽으로 변모되어 나갔던 것처럼 민주노총도 노조운동이 아니라 사회주의자들이 혁명 세력을 일상적으로 교육, 훈련시키는 근거지로 변화하고 있는 것이다. 이것만 보면 사회주의의 자체 붕괴라는 세계사적 사건은 도대체 대한민국에는 아무런 영향을 끼치지 않은 듯하다.

이런 심각한 상황은 공영방송에서도 감지된다. 2016년 5월 하순에 5부로 나뉘어 방영된 EBS의 〈다큐프라임 '민주주의'편〉[5]에서 EBS는 미국의 평등주의자(egalitarian)인 샤츠슈나이더 교수의 생각에 따라 계층갈등으로 정치가 재편되어야 한다고 보는 방송을 했

4 http://nodong.org/index.php?mid=edu_data&category=922629&document_srl=6824026

5 http://www.ebs.co.kr/tv/show?prodId=348&lectId=10515302 외

다. EBS는 미국 정치에서도 백인 하위 30퍼센트가 민주당 52퍼센트, 공화당 부시 48퍼센트를 찍은 사례를 예로 들면서 미국에서도 계급투표가 이루어지고 있다고 강변했다. 그러나 그들 기준대로 소득수준을 계급이라고 편의상 인정한다 해도 48퍼센트나 계급이탈을 했는데 즉 절반 밖에 '계급' 편이 아니었는데 이를 계급 투표라고 할 수 있나?

나아가 EBS는 대한민국의 투표 양상도 지역갈등 → 세대갈등 → 좌우 계층갈등으로 바뀌어나가고 있기에 정당과 정치지도자가 얼마나 적극적으로 계층갈등에 호소(call)하느냐에 따라 양상이 달라진다고 하면서 마치 계층갈등이 바람직한 방향인 듯이 말하고 있다. EBS는 전체적으로 민주주의 정치를 '시민 권력에 의한 자원배분'이라고 재정의 하면서 사유재산을 무시하는 약탈정치가 민주주의의 본모습인 듯이 오도하고 있다. 권위주의적 정치 사고의 틀을 그대로 간직한 채 군사독재를 선동가 독주(Demagoguecracy)로 대체해 놓았을 뿐 민주주의를 오도하고 있다. 역사 속에서 민주주의 투쟁은 시민에 대한 권력의 침해를 막았던 것이고 자유를 가져온 장치였음을 쉽게 알 수 있음에도 EBS는 이런 쪽의 역사적 사실을 외면하고 계급주의적 계층갈등이 민주주의의 정당한 모습인 양 애써 상황을 몰아가고 있다.

사회주의에 대한 미련은 왜 계속되는가?
-여전히 힘을 발휘하는 완전실현설, 노동가치설

그러면 왜 사회주의 배급 체제가 붕괴된지 30년 가까이 되었는데도 이런 체제에 대한 미련이 계속 남아 있을까? 그 출발점인 완전실현설, 노동가치설에 대한 비판적 인식이 되어 있지 않기 때문이다. 그에 대해서 알아보자.

시장경제는 시장에서 사람들이 서로 가진 것을 교환하는 체제이다. 그런데 인류 역사 속에서 자신이 가진 것을 다른 사람들이 가진 것과 단순히 교환하는 물물교환의 형태는 나누기 쉽고 휴대하기 쉬우며 변질되지 않는 금속인 금·은이라는 상품이 등장하자 획기적으로 발전했다. 식료품이건 일상 소비재건 내구재건 모두 사용하면 없어지는데, 금·은이라는 상품은 장식물에 사용하지 않는 한 없어지지 않았다. 결국 금·은을 선호하는 사람들이 많았기 때문에 금·은은 화폐상품이 되었다. 상하기 쉽고 소모될 수 있는 상품을 팔고, 화폐를 '사는' 일이 좋은 것들(goods, 재화)의 교환에 필수적이었기 때문에 통속적으로는 교환의 목적이 마치 화폐를 '사는' 일인 것처럼 됐다. 좋은 일(service, 용역)을 하는 것도 마치 화폐를 '사기' 위한 것처럼 됐다. 그야말로 '화폐'가 모든 것이라는 환상이 생겨났는데 이런 환상의 대표자들을 중상주의자들이라고 한다.

오랜 세월이 지난 후 교환시장에 획기적인 아이디어를 가진 사람이 나타났다. 그는 기업가(entrepreneur)라는 유형의 사람이었다.

전형적 기업가(entrepreneurship)는 시장에서 사람들이 선호하는 것을 미리 조사하고(시장조사), 그에 따라 미리 생산을 해서(공장제 생산) 시장에 내놓는 방식의 행동을 하는 사람들이었다. 물론 그런 기업가는 시장 조사 이후에 기획(project)을 마련하고, 그 기획을 가지고(자기 자신에 대한 내적 설득 과정도 포함하여) 돈이 있는 사람을 설득해서 자본을 빌리고, 원료를 제공할 수 있는 사람을 설득해 원료를 안정적으로 확보하고, 자신과 함께 이를 가공할 사람을 설득해서 미리 급료를 주는 조건으로 모집했다. 이는 단지 자기가 가지고 있던 것이나 자신이 농사짓고 남은 것을 서로 바꾸는 유무상통(有無相通) 유형의 교환과는 크게 다른 것이다. 기업가는 시장을 염두에 두고 일정한 기획 하에 미리 생산을 했고 그것을 시장에 가져온 것이기 때문이다.

초기 기업가는 공장제 대량생산의 장점으로 인해 수공업자들에 비해 훨씬 더 고품질 저가격을 실현할 수 있었기에 기존의 수공업 생산자들의 제품과는 차별화됐다. 그래서 초기 기업가들은 농촌에서 많은 유휴 노동력을 끌어들였고, 이들이 월급을 받게 됨으로써 빈곤한 생활을 획기적으로 개선했다. 또 초기 기업가들의 대량생산으로 만들어진 제품들은 다수 빈민들이 필요로 하고 원하는 것이었다. 기업가들의 활동으로 인해 소비자인 다수 빈민들의 생활수준도 획기적으로 개선됐다. 인류가 비로소 수천 년의 가난에서 벗어날 수 있게 됐다.

그렇지만 초기 기업가들은 두 쪽으로부터 공격을 받았다. 하나는 시장에서 만나게 될 소비자에 대한 충성봉사를 하는 경쟁 과정에서 뒤처진 수공업 장인들 및 수공업 노동자들로부터였다. 이들은 기계파괴 운동(러다이트 운동)을 전개했다. 다른 하나는 빠져 나가는 농업노동력 때문에 골머리를 앓는 기존 봉건영주들로부터였다. 이들은 전원의 아름다운 생활과 공장의 비참한 생활을 대비시켜서 초기 기업가들을 공격했다. 공장의 어두컴컴하고 비위생적이며 장시간 노동과 같은 비참한 생활은 시장 지향적 생산의 초기에는 사실이었다. 그러나 이농하는 사람들이 실제로는 배를 곯는 '전원의 아름다운 생활'을 버리고 도시로 공장으로 향했다는 것이 더 역사적 진실에 부합한다. 일방적인 선전과는 달리 그들이 발로 한 선택은 도시가 그리고 공장이 상대적으로 더 좋은 환경이었기 때문이다. 미제스는 그의 책 『인간행동』에서 "공장으로의 피난만이, 말 그대로 굶어 죽을 처지에서 그들을 구해냈다."[6]고 쓰고 있다. 만일 초기 기업가들이 그들을 강제로 납치해갔다면 권력을 쥐고 있던 봉건영주들은 곧바로 총칼로 기업가들을 진압했을 것이기에 실제로도 어려운 현실의 공장에서 일하게 된 것은 미제스 말대로 노동자들이 발로 한 선택의 결과였다고 보아야 할 것이다.

봉건 세력들은 시장에서 대량생산을 통한 고품질 저가격으로 소비자에게 봉사함으로써 부를 일군 사람들이 학교를 짓고 자녀들을

6 Mises, Ludwig von., 민경국·박종운 옮김, *Human Action* 『인간행동』3, 지식을만드는지식, (2011), 21장 내의 '산업혁명'에 관한 통속적 해석에 대한 촌평 참조

교육시키며 교양을 갖추게 되자 이들을 시샘하게 된다. 그래서 초기 기업가들을 공격하게 되는데 그것은 공장의 비참한 현실을 지적하는 것이었다. 이 대열에 동참하게 된 것이 법률 귀족의 아들이자 봉건 귀족의 딸과 결혼한 마르크스였고 대규모 면방직 공장주의 상속자인 철없는 '강남좌파' 엥겔스였다. 이들의 공격과 상관없이 노동조건은 J 커브를 그리면서 향상되기 시작했다. 초기에는 마르크스와 엥겔스도 라살레의 말대로 '임금철칙설'을 이야기하며 기업가들이 노동자들에게 재생산이 불가능할 정도로 임금을 주기 때문에 노동자는 궁핍화될 수밖에 없다고 하였다.[7] 하지만 이내 노동조건과 생활조건이 J 커브를 그리며 향상되게 되자 어쩔 수 없이 최저생계수준의 기준을 최저생존수준이 아닌 '사회적으로 통용되고 있는 생활수준'으로 바꿨다. 최저생계비 기준 안에 식(食), 의(衣), 주(住) 비용 외에도 교육비, 문화생활비 등도 포함시키는 쪽으로 바뀌었던 것이다. 이런 기준 변화 자체가 마르크스 자신도 은연중에 노동자들의 생활수준 향상을 인정하게 됐음을 보여주고 있다.

마르크스가 활동하던 시기의 기업가들을 산업혁명 중기 기업가라고 하면 이 중기 기업가들부터 은행 대부를 통해 더 큰 자본을 동원했다.[8]

7 Marx·Engels, 『공산당선언문』 2절, (1848)

8 그래서 시장경제에 대해 굳이 마르크스 식으로 자본을 강조하는 별칭을 붙이더라도 그것은 자본주의(Capitalism)가 아니라 부채주의(Debtism)라고 할 수 있을 것이다. 즉, 자본을 가진 사람이 착취하는 것이 아니라, 자본을 빌린 기업가가 노동자와 함께 시장 지향적 생산을 하는 것이 시장경제 체제인 것이다.

일찍이 고전파 경제학자 장 바티스트 세(Jean Baptiste Say)는 "생산물이 창출되자마자, 그 순간 시장으로 하여금 다른 생산물들에 대해 그 자신의 가치를 충분히 가지도록 한다."[9]며 상품의 완전한 실현을 이야기한 바 있다. 그리고 발라(Walras) 이후의 경제학자들도 가격을 설명할 때 이러한 완전한 실현설을 전제로 가격에 대해서 이야기했다. 그러나 케인스의 지적대로 이것은 현실과 맞지 않는 것이다.[10] 당연히 소비자에 대한 충성봉사 과정에서 경쟁에 뒤처지는 부분이 생기고 소비자의 선택을 받지 못한 기업의 제품은 시장에서 교환이 '실현'되지 못한다. 개별 기업 차원을 벗어나 산업 전체로 보아도 생산을 준비하는데 걸리는 시간이 점점 길어지고, 또 그에 비해 소비자의 선호강도가 생산자에게 전달되는 속도는 상당히 느리다보니 자원의 쏠림현상이 일어나고, 그러다가 예상과 다르게 상품이 시장에서 선택되지 못하는 경우가 많아지면 갑자기 대출시장에 공포가 엄습한다. '실현'되지 못하는 것으로 소문난 기업에 대출해준 은행의 경우 뱅크런(bankrun)을 당하거나, 심지어는 파산에 이르게 된다. 관련 은행과 연결되어 있는 다른 은행들에게도 그 화가 번지게 된다. 이것이 경기변동의 마지막 국면, 즉 파국이다. 미제스 등 오스트리아 학파는 경기변동을 공황으로 몰고 가는 원인이 정부에 의한 과도한 신용팽창(화폐 남발, 부분 지급준비율의

9 Say, Jean Baptiste, 『정치경제학』, (1권 15장)

10 Keynes, John Maynard, 『고용 이자 화폐의 일반이론』, (1부 2장)

축소용인)에 의해 격화되었다고 하였다. 이런 모든 경우에 일시적으로는 어려움을 회피할 수 있으나 기업가들의 착각을 불러일으키게 되고 착오투자의 결과로 만들어진 붐(boom)도 결국 터지게 되어있다. 이처럼 '인플레가 언제나 화폐적 현상'[11]인 것처럼 불황을 넘어선 공황은 언제나 정부의 화폐와 이자율, 준비율에 대한 개입으로 인해 생겨난 것이다.

그렇지만 마르크스는 이 공황이 정부의 화폐에 대한 개입의 결과임을 보지 못했다. 그는 오직 주기적 공황이 무정부적 생산을 특징으로 하는 시장경제의 본성이라고 했다.[12] 무정부적 생산을 없애기 위해서는 하나의 컨트롤 타워에서 생산을 계획하는 것이 불가피하다는 것이다. 물론 그에게는 기업가들의 충성봉사 경쟁 속에서 소비자의 선호 변화에 따라 그것을 맞추느라 부단히 노력함으로써 생산물의 질이 끊임없이 향상되거나 전혀 생각도 못했던 발명품들이 나와서 소비자들을 만족시키게 되는 상황은 상상이 되지 않았다. 마르크스와 엥겔스에게는 (비록 무기에 대해서 말한 것이지만) 이미 발명될 것은 모두 다 발명되었고 더 발명될 것이 별로 없었던 것으로 보였다.[13] 슘페터가 말하는 혁신과 창조적 파괴는 그들에게는 상상할 수 없는 것이었기에 그들은 오로지 단일 컨트롤 타워로부터

11 미제스, 하이에크, 프리드먼 등이 이런 주장을 했다.

12 그는 시장경제에 '자본주의'라고 비난성 명칭을 붙였다.

13 엥겔스는 『오이겐 뒤링 씨의 과학혁명에 대해』, p.176에서 무기(武器)의 예를 들면서 진화의 시기는 본질적으로 종료되었다고 하였다.

의 계획생산만이 주기적 공황이라는 위기에서 노동자들을 구할 수 있다는 생각만 떠올렸고 이것만 강조했다. 그래서 그들에게는 바로 생산 수단 국유화와 계획생산이라는 사회주의만이 대안이었다. 그러나 시장에서의 혁신에 대한 이러한 무시와 계획생산에 대한 맹종으로 인해 레닌 이후 사회주의는 낙후성과 비효율성의 대명사가 되었고, 그래서 사회주의 체제가 스스로 붕괴되었다는 점은 현실의 역사가 잘 보여주고 있다.

이렇게 무정부주의적으로 고삐 풀린 생산과 그에 따른 미실현으로 인한 공황론을 전개했음에도 불구하고 모순적이게도 마르크스는 다른 쪽에서는 상품거래가 시장에서 완전히 실현되는 것을 전제하고 가치 이론을 전개하고 있다.

마르크스는 『자본』 제3권에서 수요공급 이야기를 많이 하고는 있지만, 그 원리에 대해서는 '다음 기회'에 다루겠다고 간단하게 언급했을 뿐 '편리하게도' 노동가치설로 되돌아 가버렸다. 그에게는 좋은 것들(goods, 재화)의 가치는 그것들을 만들어내는 데 투입된 노동가치인 것이고 따라서 노동량을 환산해 내면 그것이 가격인 것이다. 따라서 마르크스의 가치 가격론에서는 그것이 이미 생산단계에서 정해졌기 때문에 시장에서 소비자의 선호와 수요의 강도에 따라 그리고 공급자의 공급능력에 따라 가격이 등락하는 것은 단지 표면적 현상에 불과한 것이다. 그의 공황론 전개와는 전혀 다르게 마르크스는 여기서는 사실상 상품거래가 시장에서 완전히 실현될 것이라는 세(Say)의 고전파 경제학의 전제를 그대로 받아들이고 있는 것이다.

마르크스의 경제학에서는 사실상 시장의 의미가 거의 없다. 즉 시장은 생산과정이 완전히 실현되는 자동적인 과정에 불과하기 때문이다. 그래서 그의 경제학에서는 시장에서의 수요와 공급에 깊은 관심을 가질 이유가 없다. 그 결과 소비자의 선호를 알아내고 선호의 크기와 강도 그리고 지속성을 알아내는 등 시장조사를 할 동인(動因)도 없다. 기업가의 영역도 의미가 거의 없어졌다. 노동시간이 가격인 것과 마찬가지로 기업가는 관리노동을 하고, 노동자들이 생산한 노동가치를 나눠가지는 한낱 관리자(Manager)에 불과하다.

마르크스가 심취했던 아담 스미스의 경우도 『국부론』에서 가치는 노동이 창출하는 것이라고 했고 본래의 노동생산물은 모두 노동자에게 귀속된다고 했다. 그러나 토지의 전유(專有) 및 자재의 축적이 생기면서 노동생산물의 일부를 지주에 의해 지대로 공제(控除, deduction)당하며 또 다른 일부도 그의 고용주에게 이윤으로 재차 공제당한다고 했다.[14]

노동가치설에 관한 한 마르크스는 아담 스미스의 충실한 제자였고 결국 이를 착취론으로 정식화하였다. 마르크스는 자본가들이(실은 기업가들이) 노동자의 노동생산물을 모두 빼앗아가고 겨우 생존할 정도로 쥐꼬리만 한 임금을 줄 뿐이라고 보았다. 노동생산물을 모두 빼앗아가는 근거는 생산 수단의 소유권이었다. 그래서 기업가들

14 Smith, Adam, 최임환 옮김, 『국부론』, (1부 8장), 올재클래식스.

이 착취한 부분을 되찾기 위해서는 생산 수단을 탈취하여야 하고, 그 탈취행위가 지속적으로 인정될 수 있도록 '조직된 폭력'인 국가 권력도 노동자들이 장악해야 한다고 했다. 그 경우에만 아담 스미스가 이야기했던 대로 노동총생산물이 노동자에게 오로지 귀속되는 애초의 상황으로 돌아갈 수 있기 때문이다. 이제는 토지와 생산 수단 모두 노동자의 것이기에, 토지임대차료(지대)를 공제할 지주도 없어지고, 이윤을 공제할 생산 수단 소유자도 없어지며 결국 노동총생산물에서 공제당하는 부분이 아예 없어지기 때문이었다.

마르크스에게는 1688년 명예혁명에 따라 소유권이 제대로 확립됨으로써 시장에서 소비자에게 봉사한 결과로서의 그 대가가 자신에게 되돌아오고 빼앗기지 않게 되었으며 그로 인해 발명도 폭발적으로 일어나는 등 발전이 급속하게 이루어져 산업에서도 '혁명'이라고 할 만한 상황이 벌어지게 되었다는 점이 보이지 않았다. 봉건영주의 약탈로부터 평민들의 재산을 제대로 방어할 수 있게 된 소유권 확립이 산업혁명을 일으켰다고 보기는커녕, (봉건영주들의 시샘처럼) 새로 확립된 소유권을 역으로 모든 악의 근원으로 보았다. 아담 스미스에게서 노동총생산물이 오로지 노동자에게 귀속되어야 하는데 그렇지 못한 이유가 토지와 생산 수단에 대한 소유권 때문이라고 배웠기 때문이었다. 그가 신흥하는 개인들의 소유권 확립의 긍정적 측면을 외면한 결과는 엄청나게 끔찍한 것이었다. 소유권을 빼앗자는 그의 사회주의 혁명론에 따라 약탈을 실행하기 위한 혁명과 전쟁의 와중에 엄청난 인명의 희생, 현실 사회주의의 경제적 낙후를 낳았고, 또 혁명의 성공 이후에는(소련 중공 북한의 경우처럼) 토지와 생산 수단의 총(總) 소유권을 장악한 당(黨) 및 국가의 지도자가 전횡을 일삼았고, 생산 수단의 유일 소유권자인 '지도자 동지'와 '당 관료들'의 새로운 노예가 된 수백 수천만의 사람들을 처형하거나 희생시키는 결과를 낳았기 때문이다.

마르크스는 고전파 경제학자들의 예를 따라 상품거래의 실현을 '자동적인' 것으로 간주했기에 기업가들이 공장 내에서 공제하는(마르크스의 표현대로라면 '착취하는') 측면만 강조하고, 기업가들이 시장에서 실현되지 못할 위험(risk)과 불확실성(uncertainty)을 무릅썼고 실제로 그런 경우에 봉착했을 때 겪을 곤란에 대해서는 관심을 보이지 않았다. 그래서 마르크스의 선동에 휩쓸린 노동자들은 경제가 어떻게 돌아가는지, 그리고 자신이 만든 생산물이 시장에서 팔릴지에 대해서는 관심을 가질 필요가 없었다. 시장에서 상품거래의 실현이 이루어지지 못할 경우에 자금과 노동자들을 모집했던 기업가가 어떤 참혹한 지경에 이르게 될지 시장에서 소비자에 의해 선택받기 위해서 얼마나 노심초사하는지를 고려할 필요가 없었다. 심지어 기업가가 손실을 입어서 투자 규모를 조정하거나 사업체를 팔거나 하는 경우에도 그들에게는 아무 상관없는 일이고, 심지어 그 경우에도 노동자는 해고되어서는 안 되고 인수합병시라면 고용이 승계되어야 하는 것이었다. 노동자는 시장에 관심을 가지거나 책임질 필요가 없고, 노동자들이 기업가를 따라 시장의 명령에 반응할 필요도 없는 것이다. 또 그들에게는 수익을 얻게 되는 경우에는 '육체노동'을 하지 않는 기업가가 수익을 가져가서도 안 되고, 토지 사용료도, 자본 대출에 따른 이자도 공제되어서는 안 되는 것이었다.

노동가치설에 따른 경제의 운용을 위해서 프루동(Pierre Joseph Proudhon), 오웬(Robert Owen) 등 일부 사회주의자들은 노동화폐를 주장하기도 했다. 노동량을 표시하는 화폐로 상품 가격을 매기자는 것이다. 이런 생각은 공상적인 것으로 실제 실현은 되지 않았지만 현대에 이르기까지도 간헐적으로 그런 주장이 제기되기도 하고 실험이 이루어지기도 한다. 농촌에서의 '품앗이'는 비록 실물 화폐형태를 띠지는 않았지만 노동의 품질을 확인하고 신뢰하는 이웃 사이에서 오랜 세월 이어져왔던 노동교환의 예라고 할 수 있다.

그러나 소규모 사회에서 통용되는 품앗이 증서가 있다고 해도 그것이 커다란 사회에서는 보완적일 수 있어도 그대로 전면적으로 통용되기는 힘들다.[15] 농땡이 치는 사람의 노동과 열심히 하는 사람의 노동은 비록 노동시간이 같다고 해도 노동의 품질이나 생산성은 다르기 때문이다. 육안으로 확인 가능하거나 양해 가능한 범위를 벗어나 통용되기 힘든 것이다. 현실 사회에서는 이 두 부류에 화폐로 임금을 줄 적에 상이한 액수를 주게 된다. 그러나 노동시간 표

15 대한민국에서는 지금 "대전 한밭레츠의 '두루', 경기 과천 과천품앗이의 '아리', 서울 송파구 송파품앗이의 '송파머니', 경기 안산 고잔1동 고잔품앗이의 '고잔머니', 경기 광명 광명그루의 '그루', 대구 경북 늘품의 '품' 등 전국 10여 곳에서 지역화폐가 사용되고 있다."고 한다. http://blog.daum.net/woomooin/8889461 그런 품앗이 화폐를 뜻을 함께 하는 사람들이 사용하는 것은 자유이다. 그러나 문제는 이들이 지역화폐를 인간의 얼굴을 한 화폐라고 하고, 현실의 화폐를 그렇지 않다고 대립시키는데 있다. 현실의 화폐도 인간의 얼굴을 하고 상품화폐로부터 태어났다는 점을 그들은 무시하고 있다.

시 노동화폐에서는 이러한 식별이 불가능하다. 평균노동을 고려하겠지만 시간이 지날수록 평균노동의 수준은 계속 떨어질 것이다. 사회주의에서도 노동화폐는 사회를 퇴락시킬 것이다.

소비자에 의한 자유로운 선택과 차별화를 피하는 대신 생산자 스스로의 노력에 의해 질을 담보하기 위해서는 생산 지도자에 의한 획일적인 '의식개조' 운동 쪽으로 나갈 수밖에 없는데 현실 사회주의에서는 결국 이 의식개조의 이름 아래 사회주의 독재가 현실화되었고 숙청이 일상화됐다. 그럼에도 여전히 성과는 없었다. 그래서 사회주의 사회에서의 노동자의 노동능력이나 생산성과 시장경제 사회에서의 노동자의 노동능력이나 생산성에는 현격한 차이가 있었다. 비시장 노동거래는 현실적으로 존속 불가능한 것임이 사회주의 국가들의 붕괴로 역사적으로 확인된 바 있다.

노동가치설은 맞는 이론인가?
가치의 원천은 효용판단이며, 가치는 소비자가 결정한다.

노동자들이 노총의 마르크스주의 노동교육을 통해서 노동가치설을 받아들이는 순간 머리꼭지가 돌게 된다. 세계를 보는 새로운 눈이 열리기 때문이다. 자신이 가난한 이유가 오직 착취 때문이라고 확신하게 된다. 자신의 노동을 착취하는 고용주에 대한 분노가 치밀어 오른다. 사회주의 사회가 어떻게 가능하게 되는가에 대한 질문보다는 현재 자신의 노동을 착취하는 기관인 기업을 전복시킬 필요성에 적극 공감하게 된다. 그리고 그 착취 범죄를 자행하는 기업가 집단이 활동하도록 방치하거나 보호하고 있는 국가라는 배후 세력을 타도할 필요성도 느끼게 된다.

학생들도 반시장경제적인 책들을 통해서 노동가치설을 받아들이면 마찬가지로 머리꼭지가 돈다. 마찬가지의 과정을 거쳐서 좌파 지식인으로 거듭나며 시장경제 체제를 파괴할 길을 모색하게 된다. 영웅적인 지식인으로서 착취 체제를 종식시키는 역사에서 당당히 한 페이지를 장식하고 싶어 한다. 이 싸움에서 스스로 장렬히 산화할 수도 있다는 각오까지 한다. 혹은 그 정도는 아니더라도 그런 사람들에게 박수를 보내거나 마음의 성원을 한다. 시위에 나가기도 하지만 비록 나가지 않더라도 인터넷 블로그, 댓글 등의 활동을 하면서 줄기차게 성원을 보내기도 한다.

노동조합이나 학생 서클에서만 이런 교육이 행해지는 것은 아니다. 시민강좌 형태로도 열린다. 한 예로 도봉도서관에서는 2014년 '청춘과 함께 하는 인문학 대화'가 열린 바 있는데, 제레미 리프킨의 『노동의 종말』에 대해서 강의한 강사는 "화폐는 자기 증식하지 못하는 가치"이지만, "자본은 자기 증식(번식)하는 가치, 즉 잉여가치를 낳는 가치"라고 하면서 마르크스주의를 공공연하게 설파한다. 그러면서도 자본을 빌려 사업을 하는 기업가의 소비자에 대한 충성봉사 노력과 기여에 대해서는 어떠한 이야기도 하지 않는다. 그저 돈(자본)이 저절로 자기 증식하는 것처럼 표현한다. 게다가 리프킨이 말하고 있는 "시간은행 같은 경우는 성공할 확률이 거의 없고", 마르크스가 말하는 "각자의 필요에 따라, 즉 각자의 욕구에 따라 분배, 교환, 소통되는 방식"이 이상적인 듯이 말하고 있다. 허위 선동으로 결론이 났던 '광우뻥'이야기를 전하면서 광우병 소고기 수입반대 촛불집회에서 "서로가 서로에게 먹을 것과 담요, 음료수 등을 아무런 이해관계 없이 주고받았던" 일이 이미 현실에서 작게나마 일어나고 있기에 그 원리를 큰 사회 체제로도 확장시킬 수 있다고 사람들을 선동한다.[16]

그러면 이렇게 사람들의 머리꼭지를 확 돌게 만들고 시장경제 체제를 파괴하는 길로 나서게 만드는 노동가치설은 과연 맞는 이론인가?

마르크스가 받아들였던 노동가치설을 아담 스미스가 이야기하기 전에, 부의 원천에 대해 노동 이외의 다른 것도 종합적으로 언급한 사람이 있다. 그는 리샤르 캉티용이다. 캉티용은 그의 책 『경제 이론 논고(*An Essay on Economic Theory*)』에서 이렇게 말하고 있다.

> "토지는 모든 부가 생겨나는 원천 혹은 사물이다. 인간의 노동은 그 생산물에 형태를 제공한다. 그리고 부 자체는 음식, 편의품, 그리고 생활의 즐거움 이외의 아무것도 아니다.
>
> 토지는 풀, 뿌리, 열매, 아마(亞麻), 면(綿), 대마(大麻), 관목들 그리

16 http://ephilosophy.kr/han/46661/

고 과일, 나무껍질, 누에가 먹는 뽕나무의 잎과 같은 잎사귀를 가진 여러 종류의 나무들을 길러낸다. 그리고 토지는 광산과 광물질을 제공한다. 인간의 노동은 이것들로부터 부를 창출한다.

강들과 바다들은 인간의 음식용 물고기를 제공하고, 그의 즐거움을 위해 여러 다른 것들을 제공한다. 그러나 이 바다들과 강들은 인접한 토지들에 속해 있거나 모두에게 공유되어 있는 것이다. 인간의 노동은 그것들로부터 물고기와 기타 편익들을 뽑아낸다."[17]

한계효용혁명을 일으킨 사람 중 하나인 제본스는 캉티용에 대해 '정치 경제학을 키운 요람'이 된 '최초의 경제학 책'을 쓴 사람이라 했다. 로스바드는 그를 '현대 경제학의 창시자'라고 불렀다. 실제로 그는 프랑스의 중농주의자들 및 아담 스미스 등 고전파 경제학자들에게도 영향을 끼쳤다.[18] 캉티용은 부의 원천이 자연력(토지, 강, 바다)과 인간의 노동이라고 봤는데 이 중에서 자연력 쪽을 강조한 사람들이 자연력의 지배(Physiocracy)라 번역할 수 있는 케네 등 '중농(重農)주의자'들이고, 노동 쪽을 강조한 사람들이 노동가치설을 말

17 Cantillon, Richard,『경제이론 논고(*An Essay on Economic Theory*)』, (1부 1장), 부(富)

18 Holcombe, Randall G.,『15명의 위대한 오스트리아 학파 경제학자들(*15 Great Austrian Economists*)』, (1999)

하는 애덤 스미스, 마르크스 등 이른바 '중노(重勞)주의자'[19]들이다.

캉티용의 위대한 점은 자연력과 노동을 모두 강조했을 뿐 아니라, 어느 경제학자보다도 먼저 시장경제에서 시장지향적 인간의 기획(기업가)이 중요하다고 보았다는 점이다. 공업이 발달하지 않았던 시기에 살았기에 주로 농업을 예로 들었지만, 그는 시장에서 장날이 되면 기업가들(entrepreneurs)과 상인들(merchants)이 주로 활동하며, "유럽의 농부들과 장인(匠人)들은 망할 위험을 무릅쓰고 일한다는 점에서 모두 기업가들"이라고 말하고 있다.[20] 농부가 기업가인 이유에 대해서도 캉티용은 "그가 농기업에서 뽑아낼 이윤에 대한 어떠한 보장을 받은 바도 없지만 토지 소유자에게 일정액의 돈을 줄 것을 약속하고, 그의 농장이나 땅을 빌렸다는 점에서 불확실성(uncertainty)이라는 위험을 무릅쓴 사람이기 때문"이라는 것이다.[21]

캉티용의 기업가론에서 기업가의 노동은 일반적으로 통용되는 의미에서의 노동서비스와는 다르다. 기업가는 제품을 만드는 사람이 아니라 시장 소비자에 대한 봉사에서 자신의 흥망을 걸고 소비자들에게 제품을 제공하는 사람이다. 시장에서의 상품거래의 실현을 낙관하는 고전파 경제학이나 신고전파 경제학, 그리고 마르크

19 중노주의란, 필자가 중농주의란 호칭에 대응하여 만들어낸 용어다. 명칭을 이처럼 그 학파가 주로 강조하는 바에 따라서 붙일 때, 시장을 강조한 효용주의자들의 경우에는 시장주의자, 혹은 소비자주의자로 부를 수 있을 것이다.

20 Cantillon, Richard,『경제이론 논고(*An Essay on Economic Theory*)』, (1부 11장)

21 Cantillon, Richard,『경제이론 논고(*An Essay on Economic Theory*)』, (1부 13장)

스주의 경제학은 자본가를 기업가와 동일시한 채 설명할 뿐 기업가에 대해서 더 이상 파고들어 가지 않는다. 왜냐하면 시장에서 상품거래는 완전히 실현되고 가격은 쉽게 균형(equilibrium)을 찾는 등 자본을 가지고 있는 사람이라면 아무나 할 수 있는 일이기 때문이다. 이 실현과 균형이라는 전제가 있어야 '경제수학' 작업을 할 수 있다. 그런데 경제수학으로 들어가는 순간 소비자에 봉사하기 위해 소비자의 선호를 찾고 그에 맞추려고 애쓰는 기업가의 행태를 분석할 이유가 사라진다.

그래서 이 기업가를 중요하게 여기는 쪽은 균형을 강조하기보다는 혁신 등으로 인한 불균형을 더 강조하는 학파인 오스트리아 학파다. 오스트리아 학파의 일원인 미제스는 인간의 행동 자체가 목적을 달성하려는 것이고, 주관적인 것이며, 그렇기 때문에 기계적 인간을 염두에 두는 듯이 경제수학으로 다루어서는 안 된다고 하면서 소비자를 만족시키는 길을 끊임없이 추구하는 기업가야말로 시장경제의 원동력이라고 보았다.[22] 미제스가 볼 때 기업가에게 필요한 수단은 함수와 미분을 계산하는 수학이 아니라 이윤과 손실을 파악할 수 있는 산수일 뿐이며, 또 복식부기를 하고 대차대조표 및 현금흐름표를 해독하는 능력이다.

기업가는 경제수학자들이 수식에 의해 내린 경기예측을 참고하기는 하지만 이를 신뢰하지는 않고 본인이 끊임없이 소비자의 반

22 Mises, Ludwig von, 민경국·박종운 옮김, *Human Action*『인간행동』, 지식을 만드는 지식, (2011)

응을 탐색하고 자신의 기업 활동에 영향을 끼칠만한 뉴스를 검색한다. 인간 사회에 내재한 불확실성을 고려하기 때문에, 그는 기계적인 확률적 위험 계산에 안주하지 않는다. 경제학자가 그의 예측에 재산을 걸지 않는 반면, 기업가는 사업을 할 때 자신의 예측에 그의 재산과 타인으로부터의 신용(대출 등)을 실제로 걸고 있다. 따라서 기업가의 예측 능력은 그에게 운명을 좌우하는 중대한 문제다. 이처럼 그의 일은 위험을 떠맡는 것이자 소비자의 선호에 맞추려는 끊임없는 기획(企劃)이란 점에서 '주어진' 일을 하는 경우의 노동과는 다르다. 그 차이는 일반적으로 이해되고 있는 정신노동과도 다르다. 사무직노동도 정신노동이긴 하지만 '주어진' 일을 하는 그 자체로는 기획업(企劃業) 내지 목적지향적 조직화, 지휘 행위와 같은 것이라고 보기는 힘들다.

이런 점들을 살펴보면 가치를 창출하는 것은 자연력, 인간의 노동과 기획 모두임을 알 수 있다. 캉티용의 경제학에서 제대로 정립되었던 가치 이론은, 이후 애덤 스미스 및 마르크스 등 '중노(重勞)주의자'들의 왜곡으로 오도되다가 1871년~1874년에 걸쳐 한계효용혁명에 의해 비로소 정상으로 돌아왔다. 그리고 오스트리아 학파의 기업가 이론으로 다시 제대로 된 길을 걸어갈 수 있게 되었다.

'중노(重勞)주의' 노동가치설은 이처럼 가치의 원천에 대한 설명이란 점에서도 일면적이었지만 가치결정 및 가격형성이란 면에서도 그것은 시장에서의 거래현실과 동떨어져 있다. 시장에서의 거래현실에 가장 부합하는 설명은 노동가치설이 아닌 효용가치설이다.

시장에서의 거래는 교환하는 물건에 들어가 있는 노동량을 따져서 거래되는 것이 아니다. 시장에서의 거래는 자기가 상대에게 주는 것보다 상대에게서 얻는 것이 더 효용이 크기 때문에 성사되는 것이다. 쌀 10킬로그램을 팔고 2만~3만 원의 돈을 '사는' 사람은, 집에 먹을 쌀이 있기 때문에, 다른 것을 구하기 위해서 일단 돈을 '사두는' 것이 더 효용이 크다는 판단에서 쌀을 파는 것이다. 삼성이라는 기업이 스마트폰을 팔고 약 100만 원의 돈을 '사는' 것은 그들에게 돈이 더 효용이 크기 때문이다. 역으로 돈을 '팔고' 쌀을 사는 사람이나 돈을 '팔고' 스마트폰을 사는 사람은 그 당시에 그 돈보다 그것들이 더 가치가 있기 때문에 그렇게 하는 것이다.

시장에서 천연 진주의 가격이 높은데 그 이유는 진주조개를 캐는 노동량이 많이 들어서 가격이 높은 것이 아니라 천연 진주가 사람들에게 주는 장식물로의 효용이 크기 때문에 많은 노동을 들여서도 진주조개를 잡는 것이다. 또 미제스가 들었던 예처럼 무명인의 자서전은 쓰는 데 아무리 1년 혹은 그 이상이 걸리더라도 자서전 대필 작가가 한 달 만에 쓴 유명인의 자서전의 가격이나 판매량보다도 못하다. 이처럼 시장에서의 상품거래 기준은 들어간 노동량이 결정적인 것은 아니다.

효용가치에 대한 설명은 주로 배고픔과 빵의 관계로 설명된다. 배고플 때 빵 하나는 아주 효용이 크지만 빵 두 개째는 효용이 줄어들고, 포만감이 올 때 빵은 효용이 뚝 떨어진다는 것이다. 그래서 빵의 효용은 하나씩 추가될 때마다 한계적으로(marginally) 떨어진다. 이를 일러 '한계효용 체감의 법칙'이라고 한다. 사람들이 느끼는 효용의 정도에 따라 좋은 것들(goods)을 필요로 하거나 원하는 강도가 변화하기 때문에 수요(需要, demand)도 변화한다. 시장에서 자신이 포기하는 돈의 효용가치보다 자신이 필요로 하는 빵의 효용가치가 크지 않다면 구매가 이루어질 리 없다. 빵의 효용가치가 더 커야만 구매가 이루어진다. 이러한 가늠질, 그리고 외부적으로는 쌍방 간의 흥정(negotiation) 과정에서 빵의 화폐와의 교환 비율(화폐 가격)이 정해진다. 가치와 가격은 이처럼 효용가치론으로부터 정확하게 설명된다.

효용가치는 여러 좋은 것들 사이에서 '선택'할 때도 중요하게 작용한다. 특히 기술 개발이 이루어져 선택을 해야 할 때도 중요하게 작용한다. 휴대폰의 경우도, 피처폰이 스마트폰 보다 훨씬 저렴하지만, 다양한 기능을 할 수 있는 스마트폰이 더 효용이 많다고 보는 사람이 많아져서 사람들은 스마트폰을 선택한다. 오직 통화만 해야 한다고 생각하는 지도자가 있는 (북한과 같은) 사회주의 사회에서라면 소비자가 원하는 스마트폰과 같은 기술이 힘을 발휘하기 힘들지만, 시장에서는 소비자가 느끼는 효용의 변화 때문에 스마트폰과 같은 기술 개발이 대가를 얻게 된다. 반면 피처폰을 만드는 회사는 어려움을 겪게 된다. 한때 세계 1위 휴대폰(피처폰) 회사인 노키아가 애플과 삼성의 스마트폰 시대 앞에서 몰락했던 것도 소비자들의 효용판단에 따른 선택 이동 때문이다.

과학 기술 발전에 따른 효용판단 변화 그리고 선택의 이동은 어떤 법제도나 운동으로도 막지 못했다. 과거 산업혁명기 의류 제조의 경우에 러다이트 운동으로 막으려고 했지만 그 어느 조치도 방적, 방직 산업의 발달을 막지 못했다. 교통 수단 면에서도 '붉은 깃발 조례'로 자동차의 속도를 마차 수준으로 낮추도록 억제했었지만 자동차의 발달을 막지 못했다.

어느 경우에도 효용이 덜한 것을 만든 노동이 시장에서 제대로 대가를 받은 적이 없었다. 마차에 들인 노동도, 수공업적 실 짜기로 옷을 만든 노동도, 피처폰을 만드는 노동도 선택을 받지 못한 순간 아무런 가치가 없었다. 역사가 보여주듯이 혁신과 창조적 파괴 앞에서는 노동가치가 더더욱 그 자체로 실현될 수 없음이 분명하다.

그런데 효용가치를 기준으로 한 이때의 시장교환은 절대로 등가(等價)교환이 아니다. 서로가 이익을 더 많이 보는 호혜적(互惠的)인 부등가(不等價)교환이다. 저 옛날의 아리스토텔레스부터 근대의 애덤 스미스에 이르기까지 모두 시장에서의 거래가 등가교환이라고 했지만, 개인의 입장에서 보았을 때는 당연히 파는 것과 사는 것이 등가가 아니다. 등가(等價)라면 굳이 시간과 노력을 들여서 시장에 사러가고 팔러갈 리가 없기 때문이다. 등가교환이 현실이라면 현물 내지 서비스와 화폐의 상대 가격이 시간과 장소에 따라 수량적 비례를 넘어서 등락할 일도 없다. 그러나 수량적 비례 이상으로 상대 가격이 등락하는 경우가 많은 것이 현실이다. 이는 등가교환이 현실이 아님을 잘 보여주고 있다.

화폐가 있는 시장에서의 교환에서 화폐는 가장 시장성이 높은 상품이다. 또 화폐와 상품 혹은 서비스는 1대 1 대응이 아니다. 화폐는 거의 소모되지 않는 반면 상품과 서비스는 바로 혹은 일정 기간에 걸쳐 소비, 소모되기 때문이다. 인간의 새로운 필요와 욕구(needs and wants)가 화폐를 '팔고' 새로이 생산된 좋은 것들(goods)을 사게 한다. 이때 화폐상품을 가지고 있는 사람이 소비자가 되고, 소모성상품과 서비스를 제공하는 사람이 공급자가 되는데 화폐의 시장성 때문에 그리고 소모성상품 및 서비스가 이타(利他)적 목적을 위해 대기하는 현상 때문에 결국 소비자가 선택권을 가진 우월한 지위에 있게 된다. 그래서 소비자는 구매 혹은 불매를 통해서 생산자, 공급자를 통제한다. 미제스는 이런 현상을 두고 소비자 주권(Consumer Sovereignty)이 관철되고 있다고 했고, 따라서 시장경제 체제를 소비자 민주주의(Consumer Democracy) 체제라고 했다.

미제스의 말대로 이러한 효용가치론이 나오고 이것이 경제학에서 한계효용혁명으로 자리를 잡자 노동가치설 신봉자였던 마르크스는 매우 당혹스러워했으며 도저히 『자본』 2권, 3권을 출간할 수 없었다. 마르크스가 출간을 할 수 없었던 이유는 그가 효용가치론을 반박할 수도, 수요공급 이론을 반박할 능력도 없었기 때문이다. 3권에서 시장에서의 수요공급에 대해 비록 많은 언급을 하긴 했지만, 그 힘의 원리에 대해서는 다른 기회에 다루겠다고 하고는 다루지 않은 것만 보아도 그가 이 문제를 해결하지 못하여 얼마나 골머리를 썩였는지를 잘 알 수 있다. 『자본』 1권을 내고 사회주의를 '과학화'했다고 호언장담했던 당사자가 『자본』이라는 구조물의 벽돌에 해당하는 노동가치설을 허물어버린 '한계효용혁명'의 수요공급 이론, 특히 수요 중심 이론 앞에서는 어쩔 줄 몰라했다.[23]

시장에서의 거래 기준을 소비자 측에서의 효용이 아닌 생산자 측에서의 투입노동으로 잘못 설명하면서 시장경제를(소비자가 왕이 아니라, 생산자가 왕이라며) 생산자의 보스(boss)로 만든 자본이 독식하는 '자본주의'라고 비난했던 것은 마르크스의 치명적인 오류였다. 기업가들이 사용하는 자본의 대부분은 지금 이미, 은행 대출 혹은 주식발행 형태로 일반 국민들의 저축이 큰 부분을 차지하고 있다. 삼성전자의 경우에도 이건희의 주식 지분은 4퍼센트에 불과할 정도다. 국민연금이 8퍼센트나 차지하고 있다. 국민의 돈을 모아서 운용하고 있는 국민연금의 경우도 실제로는 국민들의 저축인 것이다. 저축 내지 자본이 중요한 것은 사실이지만 그럼에도 불구하고 진정으로 중요한 것은 기업가의 소비자에 대한 봉사다. 그것이 시장경제 체제의 핵심이다. 따라서 기왕에 시장경제에 별칭을 붙이려면 자본주의라는 비난성 용어 대신 봉사주의라는 본질이 잘 드러나는 용어를 쓰는 것이 맞지 않을까?[24]

마르크스주의적 자본의 지배 논리에 맞게 지금 시장에서 통용되는 용어 중의 하나가 '시장 점유율'(Market Share)이라는 말이다. 그

23 우리가 알고 있는 『자본』 2권, 3권은 마르크스가 출간하지 않았던 원고를 그의 친구 엥겔스가 정리해서 출간한 것이지, 마르크스가 출간했던 것이 아니다.

24 박종운, 「시장경제의 본질을 가장 잘 드러내는 말은 봉사주의가 아닐까?」, 자유경제원, (2014.10.20.), http://www.cfe.org/20141020_134109

러나 기업가는 소비자의 선택을 지배하지도 점유하지도 못한다. 기업가들이 광고에 엄청나게 신경을 쓰는 것도 기업가 자신이 제공하는 좋은 것들(goods)에 대해 소비자의 눈길을 끌고 선택을 받아보려는 것이지, 돈이 남아돌아서 지배력을 과시하려고 하는 것이 아니다. 따라서 시장 점유율(Market Share)은 실제로는 소비자 선택률(Consumer Choice, Market Choice)인 것이다. 소비자의 선택임을 애써 감추려고 하는 공급자 지배적 용어는 시장을 바로 보게 하는데 장애물일 뿐이다. 미제스 말대로, '초콜릿 왕'은 초콜릿을 먹는 소비자들을 지배하지 않는다. 소비자들에게 봉사할 뿐인 것이다.

육체노동도 사무노동도 '시장'이 전제된 '기업가적' 판매 행위이고, 투자가 선행된 것이다.

노동가치설에 현혹되지 않고 노동을 제대로 보면 노동자의 노동서비스 판매도 본질적으로 시장에서 소비자의 가치판단과 선택에 따를 수밖에 없다는 것, 따라서 더 싸고 더 좋게 제시해야 하는 것이 분명하다. 나아가 어떤 노동서비스가 선택될지 모르는 불확실성 속에 위험을 안고 시장에서 필요하게 될 것이라고 여겨지는 노동서비스 능력을 확보하려 노력한다는 점에서 노동 판매 및 그에 선행하는 투자(교육훈련)도 '기업가적' 성격을 가지고 있음을 알 수 있다.

미제스 말대로 "노동자가 수행할 수 있는 일의 종류에 대해 노동자의 임금이 시장이 허용하는 가격에 의해서 결정되는 한 노동자는 기업가다. 이 가격은 다른 모든 생산요소의 가격이 변하는 것과 똑같은 방식으로 조건의 변화에 따라서 변하기 때문"이다.[25] 노동자는 실업자가 넘쳐나는 한, 그리고 자신의 노동서비스를 쉽게 타인의 노동서비스로 대체할 수 있는 한 노동서비스에 대한 가격이 하락하는 것을 참을 수밖에 없다. 이를 막기 위해 노동법으로 임금하한선(최저임금제)을 정해놓거나 노동조합의 투쟁에 의해 임금을 올리면 취업할 수 있는 사람 수가 늘어나기 힘들고 불경기가 더욱 오래 간다. 그렇지만 노동자는 여건이 허락하는 한 자신의 노동서비스를 가능한 한 높게 판매할 수 있는 쪽으로 옮겨 간다. 개발도상국에서 농촌을 떠나 도시로 사람들이 몰려드는 것도 그 전형적인 사례고 후진국의 노동자가 선진국으로 이주해가는 것도 그 사례라고 할 수 있다. 글로벌한 차원에서 보면 외국 이주도 일종의 이촌향도인 셈이다.

노동서비스 판매가 시장중심적으로 움직인다는 사실은 교육에 대한 엄청난 투자에서도 잘 보여진다. 노동자는 취업을 하기 위해서도 긴 기간 초중고 교육 나아가 대학교육에 엄청난 투자를 해왔다. 고등학교만 마치고 취직을 하는 경우에는 고등학교 때까지의 공부에 들어간 돈과 시간 그리고 노력이 투자였다. 그래서 미제스는 "노동자가 어떤 노동을 수행하기 위해 필요한 기술을 습득했다

25 Mises, Ludwig von, 민경국·박종운 옮김, *Human Action*『인간행동』, 지식을 만드는 지식, (2011), p.508.

면 이 훈련에 소비된 시간과 물질적인 지출과 관련해서 그는 투자자의 입장에 있다. 그리고 그는 적당한 산출로 보상받으리라는 기대 속에서 투입을 해 왔다."[26] 국가도 능력 있는 노동자를 양성하기 위하여 학교를 세우고 교육비를 지원하는 등 엄청난 세금을 재정투자로 쏟아 부었다. 개발도상국 시절 대한민국은 기계공고, 전자공고, 전문대학을 세우는 등 경제성장에 필요한 노동능력을 맞추기 위하여 노력했다. 선진국으로 접어들자 대학교 진학률이 비약적으로 높아졌다. 미국의 오바마 대통령도 부러워할 만큼 대한민국의 교육수준은 높다. 이것도 더 높은 수익을 얻기 위한 투자였다. 이처럼 개인으로서도 국민으로서도 노동능력 함양을 위한 투자가 있었다. 따라서 개인으로서도 국민으로서도 노동자가 취직하기 전까지 시장을 염두에 둔 투자자였음을 잊어서는 안 된다. 시장에서 노동소비자에게서 더 높은 대가를 받기 위한 생각에서.

노동자들은 이미 현실에서는 이처럼 시장중심으로 노동능력을 함양하기 위한 투자도 하고, 노동서비스 가액이 높은 쪽으로 직장 선택도 거주지 선택도 했다. 그러나 왜곡된 노동교육 앞에서 자신이 해왔던 일을 갑자기 잊어버리는 것 같다. 하지만 분명하게 필요한 것은 노동서비스의 질을 높이는 것이 더 높은 생활수준을 달성하는 것이지, 기업가를 압박하여 임금을 올리는 것을 통해서는 한계가 있다는 현실을 명확히 직시하는 것이다.

26 Mises, Ludwig von, 민경국·박종운 옮김, *Human Action*『인간행동』, 지식을 만드는 지식, (2011), p.508.

자유시장경제에서는 창업과 취업 사이에도 어떤 신분적 학력 장벽도 없다. 취업했다가 창업하기도 하고, 창업했다가 실패해서 취업하기도 하고, 아예 취업을 해서 정년까지 가는 경우도 있다. 창업 실패로 인한 취업처럼 불가피한 경우를 제외하고는 어느 길을 가는가는 선택과 노력 주체인 개인에게 달렸다. '금수저·은수저·흙수저' 이야기처럼 부모를 잘 만났는가를 두고 한탄하고 질시하는 사람들도 있지만 '타인자본'을 잘 활용할 기획능력과 신뢰가 있으면 누구나 성공할 수 있다.

예컨대 현대 정주영의 경우도 초등학교밖에 못 나온 사람이었지만 쌀집 배달원부터 시작해서 자동차 정비소를 차리기도 하고 건설회사도 만들었으며 결국에는 현대자동차는 물론 굴지의 현대그룹을 만들었다. 필자는 전에 김윤규 현대아산 부회장에게서 정주영 회장이 했다는 말을 들은 바 있다. 어떤 사람이 정주영에게 찾아와 "당신이 대한민국에서 돈이 가장 많으니 돈을 빌려달라."고 하자, 정주영이 그에게 "그러면 대한민국에서 빚이 가장 많은 사람이 누군지 아시오?"라고 물었다는 것이다. "잘 모르겠소."라는 대답에 "그게 바로 나요!"라고 했다는 것이다. 그만큼 정주영은 타인자본을 동원할 수 있었기에 사업규모를 키워왔고 시장에서 더 큰 봉사를 할 수 있었던 것이다. 정주영은 노동자에서 시작해서 특유의 신뢰, 기획력, 추진력을 가지고 '타인자본'을 잘 활용하여 사업을 키워왔다. 역사는 하루아침에 이루어진 것이 아니었던 것이다. 정주영의 사례에서도 알 수 있듯이 자기자본으로 사업을 해야 한다는 관념을 깬 제도들이 은행제도와 주식회사제도이기 때문에 이를 적극 활용하여야 한다. 소비자에 대한 봉사정신이 투철하고 신뢰 기획력 추진력만 있다면 이러한 제도들을 잘 활용할 수 있는 자유 시장경제에서는 지금은 노동서비스를 판매하는 노동자라 할지라도 성공적인 기업가가 될 수 있다. 최근에는 더 이상 개천에서 용이 나는 사례가 없다고 한다면, 최근에 이루어진 성공 사례를 더 들 수 있다. IT 시대가 되자 커다란 기업을 일군 이해진 네이버(Naver) 의장이나 김범수 카카오 의장 모두 애초에는 삼성SDS 직원인 노동자로부터 출발했고 이제 대규모 IT기업을 만들었다는 점이다. 미리부터 "나는 안돼!" 하고 포기할 일이 아니다.

따라서 우리는 시대에 맞지 않게 시장거래에 대한 설명도 제대로 못하고, 아울러 노동서비스에 대한 설명도 제대로 못하는 마르크스주의 이론을 마치 금과옥조처럼 외고 투쟁에 매달리고 시장경제를 파괴하려는 현실을 하루 빨리 극복해야 한다. 대신 시장중심의 노동, 시장중심의 기업에 대한 사고가 우리 머릿속에 확실히 자리 잡도록 해야 한다. 어느 길을 가느냐에 따라 내 자신의 미래가 달라지고, 대한민국의 미래가 달라질 것이다.

•• 제5장 ••

인생에 의미를 부여해 주는 노동

최승노
하이에크소사이어티 회장

우리는 흔히 골치 아픈 일이 있을 때마다 "무인도에나 가서 살면 좋겠다."고 한다. 바쁜 일상과 복잡한 인간관계에서 벗어나 유유자적 한가롭고 여유로운 시간을 보내고 싶은 마음이리라. 여기서 떠올리는 무인도는 사람 손이 닿지 않은 자연 그 자체가 아니라 이미 모든 것을 완비한 자연 속의 휴양지나 다름없다. 하지만 로빈슨 크루소가 표착한 무인도는 말 그대로 아무것도 없는 자연 그 자체다. 헐벗고 궁핍하다는 뜻이다. 생활에 필요한 모든 의식주를 혼자 다 마련해야 했고 그 과정 역시 처음부터 끝까지 혼자 해야 했다.

사람은 혼자서 살 수 없어[1]

비바람과 동물의 습격에서 자신을 보호할 오두막집을 짓고, 수렵과 채집을 통해 먹을거리를 구하며 염소를 기르고 농사를 짓는 등 자급자족적 경제생활을 꾸려나갔다. 그야말로 과거로 돌아간 원시적인 생활이었다. 하나에서 열까지 혼자 힘으로 하려니 시간이 턱없이 부족했고 하루하루 생계를 유지하기에도 빠듯했다.

요즘 우리의 삶과 비교하면 상상할 수 없을 정도로 고달프고 궁핍한 생활이었다. 오로지 생존에만 집중할 뿐 문명이라고는 전혀 찾을 수 없는 무인도의 삶이 동물의 그것과 무엇이 다르겠으며 과연 인간다운 삶이라고 할 수 있겠는가. 우리는 로빈슨 크루소의 외롭고도 궁색한 생활을 통해 자급자족 1인 경제의 한계를 명확하게 확인할 수 있다.

오늘날 인류가 높은 수준의 문명을 이룩할 수 있었던 데에는 수많은 사람이 모여 이루는 교환 경제가 있었던 덕분이다. 각자가 생산한 재화와 서비스를 다른 사람과 교환하며 풍요와 번영을 이끌어냈고, 이같은 경제적 발전을 토대로 문명이 발달하지 않았는가. 그리고 문명이 발달하고 개개인의 생산 능력이 향상되면서 경제 규모는 더욱 확대되고 개인의 삶 역시 윤택해질 수 있었다. 이처럼 경제와 문명은 서로 앞서거니 뒤서거니 하며 함께 발전을 이끌어

1 최승노, 『시장경제란 무엇인가』, 프리이코노미스쿨, (2014), pp.18~20.

왔고, 그 밑바탕에는 수많은 사람이 모여 함께하는 사회가 있었다.

단적으로 로빈슨 크루소가 무인도에서 탈출하기 위해 뗏목을 만드는 것을 생각해 보자. 로빈슨 크루소는 혼자 나무를 자르고 다듬고 못질하며 무려 42일이라는 시간이 걸려서야 겨우 뗏목을 완성할 수 있었다. 만약 힘이 세고 손재주가 좋은 사람들이 더 있었더라면? 로빈슨 크루소와 함께 뗏목을 만들었다면 훨씬 수월하고 빠르게 뗏목을 완성할 수 있었을 터. 혼자 끙끙거리며 간신히 뗏목을 만들고, 다시 인간 사회를 향해 무인도를 탈출하는 로빈슨 크루소는 '인간은 결코 혼자서 인간답게 살 수 없다'는 절박한 메시지의 표상이나 다름없다.

> "그렇기에 이런 발전을 물질문명이라고 부르면서 산업혁명 이전의 원시적 삶을 정신적인 것으로 동경하는 것은 많은 문제를 안고 있다. 사실 물질문명에 대한 비판은 다양한 차원에서 제기되지만 이런 주장의 실제적 내용은 결국 노동 분업을 철폐하라고 요구하는 셈이 된다. 노동 분업의 철폐 주장은 단순히 지금보다 약간 낮은 수준의 생활을 누리면서 노동 분업에서 야기되는 부정적 측면을 제거하자는 정도의 주장이 될 수 밖에 없다. 그것은 지금 인구의 절반 이상을 없애자는 것과 같은 과격한 주장과 다를 바 없다는 사실을 잘 이해할 필요가 있다. 그런 점에서 루소식으로 '자연으로 돌아가라.'고 외치는 것은 실은 비인간적인 것이다. 실제로 사람들은 지금의 문명과 인구를 가능하게 한 부분이

무엇인지를 잘 생각하지 않은 채 이런 '낭만적인' 철없는 주장을 펴기도 한다."[2]

"우리가 무엇인가를 생산하는 이유는 소비를 하기 위함이다. 로빈슨 크루소처럼 자급자족 할 때 이 사실이 가장 분명해진다. 그가 식량을 만들건 집을 짓건 배를 만들 건 궁극적 목적은 소비에 있다. 물론 쓸모도 없는 데 일하는 것 자체가 즐거워서 땅도 파고 나무도 벨 수 있을 테지만 대부분의 경우 생산은 소비를 위한 것이고, 그것이 당연하다. 쓰지도 않을 것을 만들어낸다면 시간과 노력과 자원의 낭비일 뿐이다. 그만큼 몸은 힘들고 다른 유용한 것을 만들 수 있는 기회를 상실하게 된다. 그런 일을 되풀이하다 보면 생활은 점점 더 피폐해진다."[3]

잘하는 일을 할 것인가, 좋아하는 일을 할 것인가

좋아하는 일을 하는 것은 즐겁다. 보통 좋아하는 일은 취미가 되기도 하고 직업이 되기도 한다. 경제적으로 보면 사회에서 잘 한다고 평가 받을 수 있는 일이 지속 가능하다. 그 대가가 있기 때문이다.

2 안재욱, 『격차, 그 지극한 자연스러움』, 백년동안, (2015), p.76.
3 김정호, 『누가 소비자를 가두는가』, 교보문고, (2007), p.30

서로 잘 하는 분야에 집중하고 시장을 통해 거래하다 보면 자연히 더 많은 것을 만들 수 있고 소비할 수 있는 것이 늘어난다. 자본주의가 발달한다는 것은 이러한 거래가 활성화되고 더 많은 분업이 일어나면서 생산성이 올라간 결과인 셈이다.

이러한 분업은 누가 어떤 분야에서 더 잘 할 수 있느냐를 알려주는 경쟁을 불가피하게 불러온다. 추신수, 오승환 선수는 미국 메이저리그에서 활약한다. 치열한 주전경쟁을 통해 최고의 자리에 올랐다. 만약 이들이 조선 시대에 태어났다면 공을 던지고 치는 것으로 좋은 평가를 받지는 못했을 것이다. 그 시대에 잘 할 수 있는 일을 찾는 노력은 개인의 성공뿐만 아니라 사회의 이익까지 가져다준다.

생산한 것 보다 더 많이 소비할 수는 없다. 자동차를 생산한 범위 내에서 소비자가 살 수 있다. 쌀을 생산했으면 그만큼을 소비할 수 있다. 똑같은 상황이라면 이왕이면 더 많이 생산하면 할수록 더 많이 쓸 수 있기 때문에 생산을 늘리기 위한 노력을 하게 된다.

만약 누군가 혼자서 연필을 만들려고 한다면 너무도 많은 일을 해야 한다. 나무도 심어서 길러야 하고, 흑연을 캐러 광산도 개발해야 한다. 연필 끝에 붙일 지우개를 만들어야 하고, 지우개를 감쌀 철을 생산해야 한다. 하지만 시장에서 분업을 하면 간단히 해결된다. 어떤 사람들은 나무가 잘 자라는 곳에서 나무를 잘 길러 공급하면 된다. 어떤 사람들은 어떻게 광산에서 양질의 흑연을 캘 것인가를 고민하면 된다. 지우개와 철도 그 분야에서 잘할 수 있는 사람들이 경쟁하면서 더 좋은 품질의 연필을 만드는 것에 기여하게 된다.

서로 돕고 사는 세상

사람은 서로 돕는 과정을 통해 삶을 윤택하게 만들었고 문명을 발전시켜 왔다. 일을 하면서 서로 돕고 자신의 시간을 들여 만들어낸 성과물을 교환하는 행위를 통해 서로 돕고 하는 것이 경제성장의 과정이었다. 자급자족처럼 단순히 나만을 위한 일을 하는 것보다 남을 위해 일하는 것이 더 나은 결과를 도출한다는 믿음이 바탕을 이뤘다. 그래서 사람들이 함께 살아가는 사회는 협업의 공동체이며 협력체라고 불렸다.

자신의 생존과 번영을 위한 일을 하고 또한 남을 위해 일하는 과정에서 사람들은 점차 노동 방식을 개선해 나갔고 그 가치를 높였다. 노예노동이나 권력에 종속된 노동의 방식에서 벗어나 계약노동, 자유노동으로 변화했다. 즉, 노동은 점차 자발적이고 자기 주도적 형태로 발전했다. 단순한 노동투입방식에서 자존감과 인센티브를 중심으로 노동의 질적 내용이 개선된 것이다.

제조업이 발달하면서 노동은 세분화되었고 본격적인 분업의 시대가 열렸다. 실제로 대규모 공장에서 규모의 경제를 실현하면서 분업화된 노동을 통해 생산성은 크게 증가했다. 미국으로 옮겨간 산업혁명의 물결은 대량생산에 의한 대량소비 시대를 열었다. 이 시기에 노동의 생산성은 급격히 높아졌고 대규모 공장과 대도시의 출현, 다양한 직업, 풍요로운 소비 등이 현실화 됐다.

포드는 그런 흐름을 상징적으로 보여주는 대표적인 인물이다.

자동화를 실시하려면 공정에서 조립하는 데 문제가 없어야 하고, 그러려면 부품의 표준화가 요구된다. 서로 다른 부품을 나누어 생산하는 분업화도 필요하다. 그는 표준화, 분업화 및 자동화 적용으로 대량생산 체제를 확립하였다.

포디즘과 노동 소외[4]

사회주의의 창시자 마르크스는 '노동 소외'라는 개념을 즐겨 썼다. 이 개념은 노동자가 자신의 노동 과정을 통제할 수 없고, 더 나아가 자신이 받는 경제적 보상으로는 자신이 생산한 생산물을 소유할 수 없는 상태를 가리킨다. 노동자가 자신의 노동이 투여된 생산물로부터 소외된다는 말이다. 자신의 벌이로 자신이 만든 물건을 갖지 못한다고 할 때 느껴지는 박탈감은 매우 클 것이다. 사회주의가 그렇게 많은 이들에게서 공감을 얻어낸 이유인지도 모른다.

미국의 자동차 왕 헨리 포드가 마르크스의 노동 소외 개념을 알았는지 모르지만, 좌우간 그는 자기 회사의 자동차를 자기 회사의 노동자들이 갖게 되길 바랐다. 그리고 그는 훗날 자신의 이름을 따 '포디즘'이라고 불리게 될, 매우 혁신적인 생산 체계를 고안했다. 포디즘은 간단히 말하면 컨베이어 벨트로 길게 이어진 대규모

4 최승노, 『노동의 가치』, 프리이코노미스쿨, (2015), pp.22~25.

의 자동차 조립, 생산 라인이다. 효율적인 생산 체계를 구현하기 위해 고심하던 포드는 당시 미국 최대의 우편 회사에서 물류 체계를, 시카고의 거대한 도축장에서 라인 생산이라는 아이디어를 얻었다고 한다. 포디즘은 포드 공장의 노동생산성을 비약적으로 향상시켰다. 완성된 자동차가 공장 안에서 밖으로 그야말로 물 흐르듯 튀어나왔다. 포드의 대표작인 'T형 자동차'는 한 대를 만드는 데 원래 750분이 걸렸으나 컨베이어 벨트에 올린 뒤부터 93분으로 제작 기간이 크게 단축됐다. 이러한 놀라운 변화를 가져온 컨베이어 벨트는 지금은 전 세계 어느 공장을 가도 쉽게 찾아볼 수 있게 되었지만 당시에는 매우 획기적인 장치였다.

자동차가 대량 생산되기 시작하자 차의 가격도 그만큼 낮아졌다. 포드가 1908년 최초의 T형 자동차를 세상에 내놓을 무렵 다른 회사의 자동차 값은 평균 2,000달러였다. 포드는 이때 T형 자동차를 불과 825달러에 내놨다. 그 뒤에도 T형 모델은 생산성이 올라가 가격이 계속 떨어졌고 1913년에는 550달러, 1920년에는 255달러에 판매됐다. 값싸고 질 좋은 자동차가 시장에서 무섭게 팔려 나갔음은 물론이다. 포드의 혁신은 여기서 그치지 않았다. 포드는 차의 값은 낮추면서 이에 반비례해 임금은 올렸다.

1910년대 미국의 철강 노동자들은 평균적으로 하루 12시간을 일하고 1달러를 받았는데, 포드는 자신의 노동자들에게 하루 8시간 일을 시키고 5달러를 줬다. 1910년대 하루 8시간 노동은 마르크스조차 상상하지 못했던 것이다. 높은 임금을 받게 된 포드 공장의 노동자들은 돈을 모아 자신이 생산한 자동차를 구매할 수 있었다. 당시 미국의 어느 노동운동가는 "노동자들에게 왜 직장을 다니느냐고 물어보면, 생활비 마련이라는 답변이 25퍼센트이고 주택 구입을 위해서라는 답변은 10퍼센트에 불과하다. 나머지 65퍼센트는 자동차를 사기 위해 일한다고 답한다."라고 말했다. 마르크스가 말한 노동 소외는 적어도 포드 공장의 노동자들에게는 남의 나라 이야기가 된 것이다.

헨리 포드의 인기는 바다 건너 유럽에서도 대단했다. 마르크스의 고향인 독일에서는 『포드냐 마르크스냐』라는 흥미로운 제목의 책이 출간되기도 했다. 마르크스는 초기 자본주의 체제가 안고 있던 문제를 노동 소외라는 개념을 사용해 날카롭게 비판했다. 하지만 그에 대한 해결책은 폭력적인 공산주의의 혁명이 아닌 마르크스가 그토록 비판했던 이기적인 자본가의 머릿속에서 나왔다. 혁신을 향한 기업가의 끊임없는 노력이 기업과 사회, 노동자 모두에게 긍정적인 영향을 끼친 것이다.

자본과 기업은 노동자의 친구

사회주의나 공산주의 체제 국가들은 흔히 자신들을 가리켜 '노동자 천국'이라고 주장한다. 하지만 지상에 진정한 의미의 노동자 천국이 있다면 그건 자본주의 국가들일 것이다. 어떤 국가나 사회가 노동자 천국을 주장한다면 당연히 그곳에서는 노동자들의 자유와 권리가 지켜져야 한다. 노동과 직업 선택의 자유와 같은 개념들 말이다. 자본주의 국가에서 이런 것들은 노동자들이 당연하게 누리는 권리다. 하지만 사회주의나 공산주의 국가에서는 그러하지 못하다.

예컨대 대한민국에서 직업 선택의 자유는 헌법으로 보장되는 노동자의 자연권이다. 초등학교 학생들에게 장래 희망이 무엇이냐고 물어 보라. 대통령에서부터 과학자, 군인, 운동선수, 연예인에 이르기까지 정말 다양한 대답이 나올 것이다. 어린 학생들조차 미래에 자신이 할 일은 스스로 정할 수 있다는 걸 알고 있다. 학자가 되고 싶은 아이에게 연예인이 되라거나, 경찰이 되고 싶은 아이에게 과학자를 강요하는 건 곤란한 일일 것이다. 그러한 강제는 개인의 선택권을 빼앗는 것은 물론이고 숱한 인적자원을 사장시켜 사회 전체적으로도 비효율을 낳는다.

노동은 가치를 만드는 데 시간을 쓰고 공을 들이는 행위다. 사람들은 어떻게 하면 효과적으로 일을 할 수 있을지에 대한 방안들을 찾아냈다. 도구를 활용하고 일을 나누어 하고 일하는 공정을 과학화했다. 과학이 발전하고 기계화, 자동화 등 혁신이 일어나면서 직업은 더욱 다양화되고 분업화되었다.

무엇이 노동자를 이롭게 할까? 노동의 효율성을 높이는 것들이다. 바로 자본과 기업이다. 이들을 통해 노동은 더 나은 대가를 받을 수 있게 됐다. 자본과 기업은 노동자의 친구라고 할 수 있다.

사람들은 일을 통해 인생을 풍요롭게 하고 의미 있게 만든다. 나이든 사람들도 예외가 아니다. 고령층의 일자리도 늘어가고 있다. 이민자에게도 일자리를 제공하는 나라들이 늘어나고 있다. 노동력 부족을 겪는 나라들은 해외 이주자를 받아들이고 있다. 개방성을 유지하는 사회는 이민자들을 받아들여 활동성을 유지한다.

기업의 일자리는 소비자가 결정[5]

사람들은 평생 어떤 일을 해야 할지 고민하면서 살아간다. 기업도 흥망성쇠가 있기 마련이라 평생직장을 제공하지 않는다. 사업이 기울면 그 일자리는 불안해지기 마련이다. 경제가 어려워지고 불황이 찾아들 때 기업은 정리해고와 구조 조정이라는 어려운 선택을 한다. 정리해고가 있을 때마다 자본가들은 무자비하다는 비판을 듣는다. 일자리 하나에 한 가구의 생계가 달렸는데 어떻게 그리도 냉정하게 사람을 자를 수 있느냐는 것이다.

해고하기를 좋아하는 자본가는 없다. 무엇보다 해고는 자본가가 하지 않는다. 고용과 해고는 형식적으로 자본가의 손을 거칠 뿐, 실질적으로 결정하는 이는 소비자다. 이를 경제학 용어로 말하면 '고용은 생산에 따른 파생 수요'인 셈이다. 빵이 잘 팔리면 가게 주인은 종업원을 늘릴 테고 가게가 파리나 날리면 종업원 숫자를 줄일

5 최승노, 『노동의 가치』, 프리이코노미스쿨, (2015), pp.79~81.

텐데 이때 빵을 사는 주체는 누구인가? 빵 가게 주인이 종업원을 뽑느냐 마느냐의 의사 결정은 전적으로 소비자가 빵을 사느냐 마느냐의 의사 결정에 종속돼 있다.

사람들은 잘 깨닫지 못하지만 우리는 일상생활에서 어떤 형태로든 항상 고용과 해고를 한다. 단골이던 동네 미용실이나 음식점에 더는 가지 않게 됐는가? 그러면 당신이 평소 해고에 대해 어떤 생각을 갖고 있는지와 상관없이 실제로는 해고를 한 것이다. 경제학이 때로 차갑게 느껴지는 건 경영자나 경제학자들이 이해 타산적이고 계산적이어서가 아니라 소비자가 냉정하기 때문이다. 빵 가게를 가지 않는다는 말은 경제학적으로 소비자가 그 가게를 해고했다는 의미다. 실력 없는 빵 가게가 망하는 건 개인의 불행을 생각하면 가슴 아픈 일이지만 소비자와 대중은 언제나 그 길을 선택한다.

흔히 노사관계를 갑을관계인 것처럼 이야기하는 경우가 있다. 자본가는 노동자에 비해 강자이고, 노동자는 자본가에 비해 약자이니 노사관계도 갑을관계가 아니냐는 것이다. 이런 주장을 하는 이들은 대개 자본가가 갑의 위치에서 을인 노동자를 너무 함부로 다룬다며 분통을 터뜨린다.

하지만 자본가 역시 냉정한 소비자의 선택을 받아 생존한다는 점에서 노동자와 처지가 별반 다르지 않다. 시장경제에서 사회관계를 굳이 갑을이라는 이분법으로 나눠야겠다면 여기서 갑은 소비자이고 노사는 둘 다 을이라고 할 수 있다. 시장이라는 거대한 바다에서 기업이라는 작은 배를 탄 자본가와 노동자는 운명을 함께하는 존재다. 그런 노사는 당연히 친구여야 하고 친구일 수밖에 없다. 고용은 소비자가 결정하는 것이지만 노동시장 안에서의 각 개인의 가치는 서로 다르게 결정된다.

임금은 노동수요와 공급이 만나서 결정되는 시장가격

노동을 필요로 하는 수요와 노동을 제공하는 공급이 만나 균형을 이루면서 임금이라는 시장가격을 결정한다. 노동과 임금에 대한 설명도 경제학 원리에 따라 설명하는 것이 가장 분명하고 합리적이다. 현실에서 임금 결정이 시장의 원리에서 벗어나면 그만큼 시장 기능의 작동이 다른 요인에 의해 방해를 받아 노동시장의 효율성이 떨어질 가능성이 크다.

일반적으로 가격변동에 대한 거부감을 갖는 경향이 있다. 노동에 대해서도 임금의 변동에 대한 거부감이 크며, 그러다보니 임금 결정과정에서 하방 경직적 현상이 발생하는 것이 보통이다. 또한 임금에 대해 최저임금이나 최고임금이라는 형태로 제한을 두어 가격결정 원리를 제한하기도 한다. 이처럼 노동시장에서 임금이라는 가격의 유연성이 제약받는 것이 현실이다.

그렇다고 해도 임금은 본질적으로 시장의 수요와 공급에 의해 결정된다. 현실적 제약이 있더라도 서서히 시간을 두고 반영된다. 노동에 대한 수요는 한계효용의 법칙이 작동하는 효용의 가치를 반영한다. 공급도 시장의 원리에 따라 공급된다. 다만 노동의 공급은 사람의 노동시간이라는 제약을 갖는다. 또한 노동의 생산성을 높이기 위해선 경험, 교육 등 장기적 투자를 필요로 하기에 사람들은 초년기에 교육비용을 감수하고 경험을 얻기 위한 노력을 한다.

노동은 다른 생산요소와 대체관계에 있다. 대체 가능성이 높은 분야의 임금은 다른 요소의 비용에 따라 영향을 받는다. 예를 들어 쉽게 기계로 대체될 수 있는 일자리의 임금은 오르기 어렵다는 말이다. 대체 가능성이 낮은 분야에서는 매우 높은 임금이 가능해지기도 한다. 꼭 필요한 분야의 유일한 1인자 또는 인기 스포츠 선수와 연예인의 수입은 계속 높아지고 있다.

동일노동, 동일임금은 잘못[6]

같은 노동을 했으니 같은 임금을 받아야 한다는 건 언뜻 생각하면 맞는 말 같지만 결코 그렇지 않다. 임금은 이런 저런 이유로 인해 경직성을 갖기는 하지만 시장에서 결정되는 가격의 한 가지이다. 보상은 투입량이 아니라 산출량과 성과에 따라 변화한다. 우등상이 공부량이 아닌 성적에 따라 주어지는 것과 마찬가지다. 열심히 노력했는데도 성과가 없다면 인지상정으로 안타까운 마음이 들겠지

6 최승노, 『노동의 가치』, 프리이코노미스쿨, (2015), pp.35~38.

만, 그렇다고 모든 경우에 보상을 제공한다면 우리 사회의 성과 평가 체계가 무너질 것이다.

그런데도 노동계에서는 동일노동, 동일임금 논리가 금과옥조인 양 얘기된다. 공부량이 같다고 해서 똑같이 보상하지 않는 교육 현장보다 노동계의 사고방식이 더 퇴행적이란 게 놀랍다. 학교 교육이야 교육의 목적상 결과만큼 과정도 중시하니까 그럴 수도 있다지만 생존을 위해 치열하게 경쟁하는 비즈니스의 세계에서 대체 왜 그런 안이한 이야기가 오간단 말인가?

프로야구에서는 3할 타자와 2할 5푼 타자의 연봉이 같지 않다. 두 선수가 똑같이 동계 훈련을 소화하고 출장한 경기 수도 같고 심지어 타석에 들어선 횟수까지 모두 똑같다고 해도 그렇다. 두 선수가 동일한 노동을 했는지는 몰라도 팀과 팬들에게 동일한 가치와 효용을 가져다주지는 않았기 때문이다. 오래 공부하고 오래 운동했다고 더 큰 보상을 준다면 학생은 시험을 잘 보려고 노력하지 않고 운동선수는 경기에서 이기려고 노력하지 않을 것이다. 단지 교실에서, 운동장에서 오래 머물러 있기만 할 것이다. 거기서 그냥 버티고만 있어도 보상이 저절로 올라갈 테니 말이다.

생각해 보면 우리 사회는 평등주의적 관념에 지나치게 물들어 있는 것 같다. '사촌이 땅을 사면 배가 아프다.'라는 고약한 속담도 그런 인식에서 나온 건지 모른다. 사촌이 열심히 노력해 재산을 늘렸다면 친척으로서 축하할 일이지 배가 아프다니, 심보 사나운 일 아닌가? 반만 년 동안 좁은 땅에서 옹기종기 모여 살다 보니 나와

뭔가 다른 걸 인정하지 못하게 된 듯하다. 그런 사고방식이 비판 없이 대중에게 받아들여지다 보니 이젠 사촌이 명문대에 들어가도 배가 아프고 사촌의 월급이 올라도 배 아픈 이들이 늘었다.

하지만 이 시점에서 스스로에게 반문할 일이다. 똑같이 초·중·고교 과정을 마쳤다고 다 같은 대학에 가는 게 맞는가? 근속 연수나 노동시간이 같다고 모두 똑같은 임금을 받고 다 같이 승진하는 게 맞는가? 보상의 공평성을 논하기 위해서라면 동일노동, 동일임금보다 '동일성과, 동일임금'을 이야기하는 것이 더 옳을 것이다.

왜 급여 차이가 발생할까

비슷한 능력을 갖고 있어도 어느 기업과 나라에서 직업을 구하느냐에 따라 급여 격차가 발생한다. 기업과 나라마다 급여 수준이 다른 것은 그 사회에 쌓인 자본의 양이 다르기 때문이다. 자본에 따른 생산성 격차는 소득으로 연결된다. 그렇다 보니 빈곤국의 근로자는 잘사는 나라에 가서 직장을 구하려 애쓴다. 취업이민을 가기도 하고 심지어 불법체류를 감내하면서 높은 급여를 받으려 한다. 우리나라에서 산업연수생으로 일하고 싶어 하는 외국인 근로자가 많은 것은 그만큼 우리 사회 급여 수준이 상대적으로 높다는 뜻이다.

우리나라 산업 간에도 자본축적의 정도가 다양해 생산성 격차와 급여 격차가 발생한다. 제조업에는 생산노하우와 자본축적이 비교적 원활하게 진행돼 온 반면, 농업이나 서비스업은 자본축적 과정이 거의 이뤄지지 않았다. 농업과 서비스업의 생산성이 선진국에 비해 워낙 뒤처진 상태이다 보니 이 분야의 급여 수준도 높지 않다. 이들 분야가 계속 노동집약적인 상태에 머문다면 생산성 향상을 기대하기가 어렵다. 농업과 서비스 분야에 자본을 축적하고 부가가치 높은 산업으로 발전해 나갈 수 있도록 규제를 완화하는 노력이 필요하다. 그래야 급여 수준도 함께 높아질 수 있을 것이다.

산업 간 급여 차이가 있듯이 기업 간 급여 차이도 크다. 오랜 기간 자본이 축적된 기업, 기술력과 지적 노하우가 쌓인 기업은 생산성이 높고 급여도 높게 마련이다. 반면 신생기업이나 기업 내에 축적된 자본이 없는 기업은 생산성이 낮고 급여도 낮을 수밖에 없다. 근로자에게 급여를 많이 주는 기업이 되려면 보다 적극적으로 사내에 자본과 지식을 축적해 나가야 한다. 많은 부가가치를 창출해 수익을 내서 그 이익을 회사 내에 축적해야 생산성을 높일 수 있고 직원들에게 나눠줄 몫이 커지기 때문이다.

기업 내에도 근로자 간에 급여 격차가 존재한다. 다양한 경험을 토대로 숙련된 근로자와 경험이 없는 비숙련 근로자 간 급여 차이가 크다. 숙련도가 높아져 다른 사람으로 대체 가능하지 않다면 그 사람의 급여는 매우 높아질 것이다. 극단적으로 세계적으로 유명한 최고 경영자, 가수, 운동선수처럼 다른 사람으로 대체할 수 없는 그 분야의 1인자가 됐을 때 그 사람의 소득은 상상하기 어려운 수준으로 높아진다.

어떻게 하면 급여를 높일 수 있을까? 장기적으로 생산성이 높아져야 한다. 물적자본과 지적자본을 축적하고 일할 의욕과 창의력을 높이는 일이다. 기술이 발전하면서 인적자원의 중요성은 점차 높아지고 있다.

한국이 자원 빈국이라고?[7]

자원의 저주는 나라에 자원이 풍부할수록 경제성장은 둔해지는 현상을 일컫는다. 풍부한 자연자원에 비해 국민소득이 낮은 브라질, 러시아, 나이지리아 등이 좋은 예다. 자원의 저주는 개발도상국이나 저개발국은 물론 선진국에서도 발생한다. 1950년대 말 네덜란드는 북해에서 천연가스 유전이 발견돼 막대한 수입을 올렸는데 그 바람에 통화 가치가 상승해 자국의 제조업이 붕괴해 버렸다. 이를 회복하는 데는 30년 가까이 걸렸다. 이른바 '네덜란드 병'이다.

베네수엘라도 이와 비슷한 경우다. 오일머니로 너무 쉽게 돈을 버는 탓에 석유를 파는 것 말고는 특별히 내놓을 만한 산업이 없다. 기업들은 기술 개발이나 혁신의 의지가 없고 국민들은 노동 의욕이 없어 국가는 돈을 벌지만 정작 국민들은 가난한 삶에서 벗어나지 못하는 것이다.

7 최승노, 『노동의 가치』, 프리이코노미스쿨, (2015), pp.89~94.

반면 한국은 자원이 부족한 나라라고 한다. 석유와 같은 자연자원이 풍부한 국가들과 비교할 때 더욱 자주 나오는 말이다. 하지만 우리는 식민 지배와 한국전쟁으로 아무것도 남아 있지 않은 상황에서 '한강의 기적'을 이뤘다. 중동의 몇몇 나라들은 지금도 우리보다 국민소득이 높다. 하지만 그 어떤 중동 국가도 지금의 우리처럼 최첨단의 다양한 산업군을 보유하지 못했다.

불과 반세기를 조금 넘는 시간 동안 우리는 석유와 같은 자연자원의 도움 없이 선진국이 되었다. 이는 수백 년간 식민지를 경영하며 부를 축적한 유럽이나, 애초 광활한 영토에 인구와 자원이 많았던 미국조차 이루지 못한 일이다. 과연 우리에겐 정말 아무것도 없었을까?

그렇지 않다. 비록 눈에 보이는 자원이나 산업 시설은 없었지만 우리에게는 성실하고 근면한 인적자원이 있었고, 전 세계에서 유례를 찾아볼 수 없을 만큼 높은 수준의 교육열이라는 무형의 자산이 있었다. 공부를 유난히 강조하는 유교 문화의 영향으로 먹을 것이 없을 만큼 가난한 집에서도 자기 자식은 잘 가르치려고 했던 게 우리 민족이다. 과거의 우리 국민은 교육을 통해 지금의 곤궁한 처지에서 벗어날 수 있다는 희망을 다 함께 공유했다. 비록 자기 세대에서는 어려워도 자녀 세대에서는 교육을 통해 계층 상승을 이룰 수 있다고 믿은 것이다.

아프리카나 남미의 저개발국에서는 세대가 바뀌어도 빈곤의 늪에서 헤어나지 못하는 경우가 많다. 그들에게는 교육을 통해 다른 삶이 가능하다는 문화 자산이 없다. 석유가 많이 나는 중동의 부국들도 사정은 비슷하다. 돈이 많은 만큼 이들은 초등학교부터 대학교, 대학원까지 이른바 무상 교육이다. 하지만 학업 성취도는 형편없다. 공부하지 않아도 잘 먹고 잘사는 이들에게 힘들여 공부하고 자기계발 할 인센티브가 부족한 것이다.

높은 교육열과 계층 상승이라는 무형의 욕망은 인적자원이라는 유형의 자산을 낳았다. 세계가 부러워하는 세계 최저 수준의 문맹률, 국제 올림피아드에서 입증되는 세계 최고 수준의 학업 성취도, 세계 최고 수준의 대학 진학률 등은 모두 남다른 교육열의 산물이다. 그 결과 우리는 개인 수준은 물론 국가 수준에서도 계층 상승을 이뤄냈다. 원조를 받는 나라에서 원조를 주는 나라로 탈바꿈한 세계 유일의 나라, 경제협력개발기구(OECD)의 당당한 회원국이 바로 지금 우리의 모습이다.

미국의 저명한 경제학자 토드 부크홀츠는 "풍부한 석유 때문에 오히려 경제적 낙후와 독재 정치에서 벗어나지 못하는 베네수엘라와 교육에 대한 투자와 근면함으로 서유럽 수준으로 뛰어오른 한국이 잘 대비된다."라고 설명한 바 있다. 더 열심히 교육하고, 더 열심히 연구 개발하여 더 많은 사업거리들을 만들어내는 것은 오로지 무한한 가능성을 지닌 사람만이 할 수 있는 일이다.

자신의 이름을 사랑받는 브랜드로 만들어라[8]

한국의 이런 우수한 인적자원은 결국 경제에서 사람 자체의 경쟁력이 중요하다는 것을 일깨워주는 좋은 본보기다. 또한 인적자원의 경쟁력은 자신이 종사하는 직업의 가치를 증명할 수도 있다. '직업에 귀천이 없다.'라는 말이 있다. 격언을 다시 곱씹어 보면 결국 직업의 귀천은 일하는 사람의 마음가짐에 달려 있다는 의미로 생각된다. 어떤 마음가짐으로 일하느냐에 따라 세상의 평가도 달라진다는 것이다. 자신이 맡은 일에 사명감과 진정성이 없다면 귀한 직업도 천한 것이 된다.

지금은 1인 기업 시대라고 할 만큼 지식이 중요한 시대다. 1인 기업이 아니라 하더라도 한 사람 한 사람이 개인으로서 자신을 브랜드로 가꾸어야 하는 시대인 것이다. 좋은 브랜드는 모든 이에게 사랑받는다. 스타벅스의 커피는 동네 커피 가게의 커피보다 훨씬 비싸지만 사람들은 스타벅스에서 커피를 마신다. 아이폰은 비슷한 성능의 다른 스마트폰에 비해 비싸지만 사람들은 아이폰을 즐겨 사용한다. 사람들은 커피를 마시고 스마트폰을 사용한다고 생각하지만 실은 스타벅스와 아이폰이라고 불리는 무형의 브랜드를 소비하는 것이다.

오프라 윈프리는 자신의 이름에 투자하는 일이 황금알을 낳는

8 최승노, 『노동의 가치』, 프리이코노미스쿨, (2015), pp.164~167.

거위임을 일찍부터 알았다. 오프라가 자신의 이름을 내건 토크쇼를 시작한 건 그녀의 나이 서른세 살일 때다. 자신의 이름이 걸린 프로그램을 진행하면서 그녀의 지명도는 점점 올라갔고 언제부터인가 그녀는 대체 불가능한 방송인이 됐다. 그녀가 진행한 토크쇼의 이름이 여전히 〈에이엠 시카고〉였다면 그녀의 성공은 불가능했거나 한참 지체됐을 것이다.

노동을 필요로 하는 기업도 마찬가지다. 기업도 스토리가 있는 사람, 브랜드가 있는 사람을 쓰고 싶어 한다. 그게 매력적이기 때문이다. 스타벅스에서 느껴지는 뉴요커의 세련된 분위기, 아이폰에 스민 스티브 잡스의 혁신정신, 오프라 윈프리의 인생담과 극적인 성공 스토리는 대중에게 매력적이다.

1988년의 어느 날, 오프라 윈프리는 자신의 토크쇼에서 다이어트에 도전할 것이라는 선언을 했다. 그리고 4개월 만에 무려 30킬로그램이나 감량한 모습으로 대중에게 돌아왔다. 그녀가 4개월간 다이어트에 쏟아 부은 돈은 10억 원에 가깝다고 한다. 오프라는 다이어트를 위해 전담 트레이너, 전담 요리사와 영양사 등 오직 그녀만을 위한 다이어트 프로젝트 팀을 구성했다. 산책을 할 때는 캘리포니아의 최고급 온천을 장소로 섭외했고, 조깅을 하기 위해 비행기를 타고 하와이까지 날아가기도 했다. 미국 대중지 『인콰이어러』가 그녀의 다이어트 비용을 추정했는데 1킬로그램에 적어도 1만 달러 이상은 쓴 것 같다고 했다.

일반인의 눈으로 보기에는 실로 물 쓰듯 돈을 쓴 셈인데 그녀가 여기에서 멈췄다면 오프라가 아니다. 그녀는 자신의 다이어트 성공담을 책으로 만들어 베스트셀러에 올려놔 다시 엄청난 수익을 얻었다. 그녀의 다이어트 프로젝트 역시 오프라 윈프리라는 브랜드를 위해 사전에 면밀히 설계된 투자였던 것이다.

오프라 윈프리는 자신의 인생을 하나의 명품브랜드로 만들었다. 그 결과 그녀는 가난한 흑인 미혼모의 딸에서 현재 보유 자산이 30억 달러에 이르는 세계적인 부호가 됐다. 그녀의 삶은 '인생의 성공 여부는 온전히 개인에게 달렸다.'는 이른바 '오프라이즘'을 낳았다.

자선보다 자립[9]

복지도 일방적인 시혜성에서 벗어나 스스로 노동을 통해 삶을 실현하도록 하는 복지가 더 나은 방식이라 할 수 있다. 번화가의 지하철역 입구에서 빨간 조끼와 모자를 착용하고 '빅이슈'라는 잡지를 판매하는 사람을 본 적이 있는가? 이들은 모두 빅이슈 판매원이자 노숙자다. 빅이슈는 잡지인 동시에 노숙자의 자활을 돕는 일종의 자립 도우미로, 수익 전액을 빅이슈 판매원으로 일하는 노숙자들을 위해 사용한다. 실제로 '빅이슈' 판매원의 기본조건은 노숙자다.

1991년 영국에서 처음 창간된 '빅이슈'는 10여 개국에서 14종에

9 최승노, 『복지의 재발견』, 프리이코노미스쿨, (2014), pp.138~146.

이른다. 여기에 빅이슈를 본떠 창간하거나 기사제휴를 맺은 세계 길거리 매체만도 40개국 120여 종에 달한다. 영국에서만 빅이슈는 매주 13만~15만 부가 팔린다.

이를 통해 2010년 기준으로 5,000명 이상의 영국 노숙자들이 자립에 성공했다. 세계적 명사들이 무료로 빅이슈의 표지 모델이 되는 이유도 빅이슈의 공익적 성격 때문이다. 현재 빅이슈는 세계에서 가장 성공적인 사회적 기업으로 손꼽힌다. 이 빅이슈를 창간한 존 버드는 본래 노숙자 출신이었다.

런던 노팅힐의 슬럼가에서 태어나 자란 존 버드는 이미 5세 때부터 노숙 생활을 시작했다. 부모가 경제적 어려움으로 집세를 내지 못했기 때문이다. 그 뒤로도 불안정한 생활 여건으로 어려운 삶을 살아야 했다. 자연스레 범죄에도 손을 댔다. 13세에는 좀도둑질을 하다 잡혀 감옥 생활을 해야 했을 정도다. 하지만 존 버드는 20대에 이르러 과거의 삶을 청산하고 공부를 시작했다. 이후 안정적으로 자립에 성공했고 40대에 세계적인 화장품 브랜드 '더바디숍'의 공동 창업자인 고든 로딕의 제안으로 사회적 이슈와 비즈니스를 결합한 빅이슈를 창간하게 됐다.

존 버드는 빅이슈를 창간할 때부터 '공짜는 없다'는 생각을 하고 있었다. 자선 위주의 노숙자 관리 방식에 불만이 많던 존 버드는 노숙자가 자립할 기회를 제공해야 한다고 생각했다. 그 기회를 통해 자기 삶의 주도권을 되찾는 일을 돕고 싶어 했다.

실제 영국의 유명 언론인 '데일리 메일'과의 인터뷰에서 존 버드는 "정부나 각종 단체의 자선은 찔끔찔끔 먹이를 줌으로써 그 덫에 영원히 걸리게 하는 것"이라며 자선 위주의 노숙자 정책을 비판했다. 하지만 이미 자선의 덫에 빠져든 노숙자들은 존 버드의 생각에 강하게 반발했다. 노숙자들은 존 버드가 자신들을 착취하려 한다고 생각했다.

그러나 존 버드는 결코 뜻을 굽히지 않았다. 오히려 빅이슈의 판매원이 되기 위해 지켜야 할 행동 수칙을 정했다. 판매 중 금주는 물론이고 구매자에게 당당하고 친절한 행동을 보여야 한다는 등의 내용이 지켜야 할 수칙의 주요 골자였다. 존 버드는 판매원의 행동 수칙을 통해 노숙자들이 스스로 자신의 존엄성과 자긍심을 되찾길 바랐다. 또한 빅이슈의 판매 수익에 대한 정확한 기준을 제시했다. 처음 10권의 잡지를 무료로 제공하고 이를 팔아 생긴 수익으로 다시금 10권의 잡지를 정가의 절반 값에 살 수 있도록 했다. 간단히 얘기하면, 판매 수익의 절반을 판매원인 노숙자가 가져갈 수 있게 한 것이다.

이러한 존 버드와 빅이슈의 행보에 곱지 않은 시선도 있다. '시장'과 '자립'을 강조해 정부의 복지 책임을 희석한다는 비판도 있다. 하지만 존 버드는 무조건적이고 획일적인 복지 정책이 실효를 거두지 못하는 부분도 많다고 생각했다. 따라서 자선보다는 자립이 가능한 기회를 제공하겠다는 의지를 꺾지 않았다. 그 결과 스스로의 힘으로 자립에 성공한 노숙자들의 만족도는 자선으로 겨우 생활하던 시절과 비교할 수 없으리만치 높다.

자수성가가 가능한 사회

세상은 여전히 자수성가가 가능하다. 정부가 복지를 위해 더 많은 일을 해야 한다는 주장이 있다. 주요 언론들은 이제 더는 젊은 세대들이 계층이동을 하는 일이 불가능하다는 기사를 쏟아낸다. 참으로 걱정스러운 이야기가 아닐 수 없다. 더욱 우려되는 것은 부정적인 내용도 문제지만 하나같이 남 탓을 하고 있다는 점이다. 대통령 탓, 재벌 탓, 부자 탓. 자신이 잘되고 못 되는 일을 스스로 책임지기보다는 애꿎은 남 탓으로 돌리며 자신을 합리화시킨다. 그리고 자기 스스로 성공을 거둘 수 없다고 지레 판단하고 체념해버린다.

젊은 세대들이 스스로 더는 자수성가할 수 없는 시대로 규정해버리기 시작하는 순간 불행과 불만이 쌓이기 시작한다. 이러한 생각은 정말 위험하다. 스스로 가능성을 제한하고 그 틀 안에 갇힌 삶을 살게 되기 때문이다. 정말로 그들이 성공할 기회는 전혀 없을까.

단언컨대, 기회는 여전히 존재한다. 예전 세대나 지금 세대나 처음 사회생활을 시작할 때 불안감과 불확실성은 똑같이 따라다닌다. 매월 월급으로 생활을 꾸려야 하는 직장인들은 여전히 '쥐꼬리만 한 월급'과 씨름하고 있다. 불안감과 불확실성은 결코 지금의 젊은 세대만 느끼는 감정이 아니다.

지금의 젊은 세대는 풍족했던 만큼 가난함에 고통 받는 시간을 보낸 경험은 없다. 밥을 쫄쫄 굶거나 교육을 전혀 받지 못하는 젊은 세대는 손에 꼽을 만큼 적지 않은가. 이처럼 과거 한국의 젊은이들보다 훨씬 많은 혜택을 누리며 살아온 젊은 세대의 경우, 자기 생각이 뚜렷하게 정립되지 않아 문제의 원인을 자신의 내부가 아니라 외부에서 찾으려는 경향이 나타날 수도 있다.

우리는 현재 사회 시스템이 잘못되었기에 자수성가할 수 없는 시대에 살고 있을까? 선불리 고개를 끄덕일 수 없는 까닭은 실제 우리 주변에 자수성가한 사람들이 꽤 많이 있고 방송과 언론에도 자주 오르내리고 있기 때문이리라.

얼마 전 국내 굴지의 패션 기업으로 연 1조 원의 매출을 돌파해 언론의 조명을 받은 패션그룹 형지의 최병오 회장도 자수성가의 대표 인물이다. 최병오 회장은 29세의 나이에 동대문 시장에서 1평짜리 의류 매장으로 패션업을 시작했다. 아침 7시부터 새벽 2시까지 이를 악물고 일했다고 한다. 그가 밝힌 성공비결은 '성실'과 '친절'이다. 몸을 부지런히 움직이면 창의적 아이디어가 떠오르고 남들보다 1퍼센트만 친절해도 상대방에게 깊은 인상을 남길 수 있다고 전한다. 또 그는 세상에 '운칠기삼'이라는 말이 있지만, 운은 1퍼센트일 뿐, 나머지는 모두 노력이 좌우한다는 믿음을 가지고 있다.

물론 우리 사회는 급격히 선진화되면서 과거만큼 이례적인 성공을 이룰 수 있는 기회가 줄어들기는 했다. 하지만 그렇다고 기회의 문이 완전히 닫힌 것은 아니다. 지금도 여전히 기회의 문은 변함없이 열려 있다.

자수성가는 결국 개개인의 문제다. 자수성가의 가능성을 탓할 이유가 없다. 이미 과거보다 훨씬 높은 질의 삶을 더 많은 사람이 누리고 있다. 지금도 세상은 빠르게 변하고 발전하고 있으며, 과거에 비해 촘촘해지고 있다. 그 촘촘한 틈 사이로 새로운 기회는 계속해 생겨나고 있다. 누군가 이미 찾아낸 틈은 모두가 알고 있는 기회다. 지금의 젊은 세대는 지금 시대에 맞는 자신만의 새로운 틈을 찾아야 한다.

자유로운 노동의 시대

안타깝게도 노동에 관한 우리 사회의 관행과 의식은 빠르게 변화하는 오늘날의 산업구조에 어울리지 않는다. 정규직 고용이 갖는 가장 큰 시대착오적 특징은 따로 정해진 계약 기간 없이 누구에게나 정년을 보장한다는 것이다.

그런데 우리의 미래 먹거리 산업인 지식창조 분야에서는 종신고용은커녕 장기근속 노동자도 찾아보기 어려운 게 현실이다. 영화사를 예로 들어 보자. 영화가 촬영 중일 땐 적게는 수십 명에서 많게는 수백, 수천 명까지도 인력이 필요하다. 영화사가 직접 고용하는 스태프나 보조 출연자는 물론이고, 연기자들과 함께하는 매니저나 코디네이터 등 많은 인원이 요구된다. 영화 촬영 현장이 대개 얼마나 북적이는지 떠올려 보라.

하지만 촬영이 아닌 시나리오 작업 중이거나 촬영 후 편집 작업 중일 때는 사무실에서 전화를 받는 직원 한 명만 있어도 충분하다.

영화 산업만 그런 게 아니다. 방송국 주변의 숱한 외주 프로그램 제작업체들의 사정도 비슷하다. 게임 업계도 타이틀을 한창 만들 때와 그렇지 않을 때 필요한 인력 차이가 크다. 관광 업계도 마찬가지다. 이른바 관광 성수기와 비수기에 필요한 인력 차이가 크다.

영화, 게임, 관광업과 같은 업종의 프로젝트형 조직에서 정년을 보장받는 노동자나 노조는 존재하기 어렵다. 매출과 수익구조의 변동폭은 큰데 비용구조만 경직돼서는 산업이 유지되기 어렵기 때문이다. 인력 수요가 변화무쌍한 분야에서 정규직 고용은 기업에게나 노동자에게 맞지 않는 옷일 수밖에 없다. 기업은 매출이 없는 시기에도 인건비가 꾸준히 발생하니 부담이 크고, 노동자 입장에서도 할 일 없이 일터를 오가는 건 고약한 노릇일 테니 말이다.

지식창조 경제에서 기업과 노동자가 모두 사는 길은 프로젝트별로 계약 기간을 다양화하는 것이다. 프로젝트가 진행되는 기간에 따라 1년 또는 다년 계약을 맺을 수도 있다. 일, 주, 월 단위의 계약도 가능하다. 기업은 필요할 때 인력을 쓸 수 있고, 노동자는 특정 기업에 종속돼 일하는 게 아닌 담당하는 프로젝트에 맞춰 여러 기업과 협업하는 경제 주체가 된다. 21세기에 주류가 될 고용 형태는 평생 고용이 아닌 이런 프로젝트형 고용이라고 할 수 있다.

우리나라도 이제 지식창조형 경제로 급속히 옮겨가고 있다. 지식창조 사회는 농·광업이나 공업과 같은 1·2차 산업이 아니라, 3차 산업인 지식창조업이 부가가치 창출의 70퍼센트 이상을 담당하는 사회다. 지식창조 경제가 확산되면서 게임, 공연, 관광, 영상, 의료,

출판, 학술 등의 여러 분야에서 프로젝트별 노동 계약이 고용의 표준이 될 것이다. 우리 사회가 지식 산업으로의 구조 조정 필요성을 느낀다면 그전에 정규직과 정년 보장을 고집하는 고용 문화에 대한 반성이 우선되어야 한다. 평생직장, 평생고용은 구시대의 유물이다. 앞으로 다가올 고용의 노마드 시대를 대비해야 한다.

> "드러커는 1950년대 중반을 넘어서면서 어렴풋이 '지식 근로자'라는 개념을 제시하기 시작했는데 고등교육을 받은 사람이 노동력의 중심이 될 것이고 그런 사회는 '지식 사회'가 될 것으로 내다보았다. 드러커는 자유와 평등을 실현하는 인간의 모델과 그들이 자유와 평등을 실현하는 사회의 모델로서, 과거의 '경제인' 대신 '지식 근로자'를, '경제인 사회' 대신 '지식 사회'를 염두에 두었는지도 모른다."[10]

사람들은 일을 통해 자신의 삶을 더 가치있게 만들어간다. 지금처럼 일자리가 없다고 느끼는 시대에는 더욱 그렇다. 미래를 낙관적으로 보는 것이 좋다. 어떻게 하면 될까? 답은 분명하다. 더 자유롭게 해줘라. 일하고 싶은 사람과 사람을 쓰고 싶어 하는 사회적 협력이 쉽게 이루어질 수 있도록 하여야 한다. 임금과 고용이 유연해질수록 더 다양하고 많은 일자리가 가능해 질 것이다.

10 이재규, 『무엇이 당신을 만드는가』, 위즈덤하우스, (2010), p.179.

•• 제6장 ••

한국 노동법의 노동자 편향성의 문제점과 과제

조영길
법무법인 I&S 대표변호사

서론

노동법은 개별 및 집단 노사관계를 규율하는 법률로서 어느 한편에 치우치지 않는 보편타당한 가치와 공정한 기준을 가져야 한다. 그런데 노사관계에서 기업과 근로자들의 이익은 본질적으로 상호 충돌할 수밖에 없다는 관점을 가지고, 근로자의 이익만을 최우선시하는 노동편향적 입장에서 만들어진 노동법제도들이 우리나라에는 많이 있다. 이렇게 만들어진 노동편향적 법제도들은 우리나라의 수많은 노사관계 악화현상들의 원인이 되고 있고, 관련한 수많은 법적 소송들을 일으키는 원인이 되고 있다. 또한 해외 경쟁 선진국들에는 찾아볼 수 없는 이러한 노동편향적 법제도들은 우리나라 기업들에게 막대한 부담을 지우는 것들이어서 국제 사회에서 우리나라 기업들의 시장 경쟁력을 저하시켜 국가 전체적인 경쟁력과 성장 동력을 약화키는 주된 원인으로도 작용한다. 이러한 노동편향적 법제도들은 대표적으로 해외 경쟁선진국에서는 이미 오래전부터 자유롭게 활용하고 있는 파견근로를 과도하게 제한하고 있는 문제, 우리나라를 제외한 OECD 회원국 전체가 허용하고 있는 쟁의행위 중 대체근로를 우리나라만 법률로 금지하고 있는 문제, 주요 경쟁선진국에서 자유롭게 활용하고 있는 사내도급의 활용을 판례로 과도하게 제한하고, 통상임금의 범위를 확대시켜 산업 전체에 수십조 이상의 막대한 경제적 부담을 지우는 문제 등을 들 수 있다.

이러한 노동편향적 법제도들을 개선하기 위해 현 정부 들어 이른바 '5대 노동개혁법안'을 마련해 법 개정을 추진하였으나 19대 국회에서 야당의 강력한 반대에 부딪쳐 폐기된 바 있다. 정부 여당은 20대 국회에서 노동개혁법안의 처리 의지를 강력히 밝히면서 20대 국회 시작과 함께 기간제법을 제외한 '4대 노동개혁법안'을 발의했으나[1], 정치환경이 여소야대의 형국으로 바뀐 데다 특히 정부의 노동개혁법안에 반대 입장을 밝힌 야당 의원들이 환경노동위의 다수를 구성하고 있어 노동개혁법안의 처리 전망은 밝지 않다.

1 기간제법 개정안에 대해서는 대통령이 야당 및 노동계의 반발로 입법추진을 유예하면서 중장기적 검토과제로 넘겨 법안처리 대상에서 제외된 바 있다.

정부 여당이 추진하는 노동개혁의 내용은 '4대 노동개혁법안'과 '양대지침'으로 구분된다. 먼저 '4대 노동개혁법안'의 주요 내용은 다음과 같다. ① 휴일근로를 연장근로시간에 포함하는 근로시간 단축 및 통상임금 범위를 명확하게 하는 내용의 근로기준법 개정안, ② 파견 허용 업무의 범위를 일부 확대(뿌리산업)하는 내용의 파견법 개정안, ③ 실업급여제도 개선을 위한 고용보험법 개정안, ④ 출퇴근재해 도입을 위한 산재보험법 개정안 등이 그것이다. 다음으로, '양대지침'은 2016.1.22. 가이드라인 형태로 발표한 것으로, '9·15 노사정 합의문'에서 언급된 근로계약해지 기준 명확화 및 임금피크제와 관련한 취업규칙 개정 요건 명확화에 대한 것으로서 '공정인사지침' 및 '취업규칙 해석 및 운영 지침'이다.

그런데 법률적 관점에서 현 정부 여당이 추진하고 있는 노동개혁안에는 실제로 개혁의 효과가 미미하거나 정작 반드시 필요한 법적 과제들이 누락되어 있는 등의 문제로 인해 보완해야 할 점이 상당히 많다고 판단된다. 이 글에서는 이러한 점들에 대해 검토하고, 아울러 우리나라에서 노동법 개선이 제대로 되고 있지 않는 근본 원인과 그 대책은 무엇인지에 대해 살펴보고자 한다.

한편 노동법은 일반적으로 종속적 노동을 제공하는 근로자에 대한 보호법이라고 정의되고 있다. 세계적으로 초기 노동법의 생성 과정인 19세기에는 노동법의 보호대상이 되었던 근로자들은 기능이 없는 빈곤한 단순 근로자들이었기 때문이다.[2] 그러나 오늘날의 근로자들은 노동법이 그 보호의 대상으로 삼았던 근로자와는 달리 보다 전문적인 기술과 능력을 갖추고 있고 매우 다양한 모습으로 변모하면서 노동의 모습도 단순한 종속노동에서 독립노동, 지휘노동 등으로 다양화되고 있다. 이러한 고도의 기능과 기술 및 창의력을 가지고 근로를 제공하는 근로자들의 수는 급격히 증가하고 있으며 이 숫자는 사회가 발전할수록 더욱 확대될 것이다. 이러한 상황에서 초기 노동법의 구조와 내용을 거의 그대로 가지고 있는 현행 노동법이 과연 현대 노사관계에 적합한 것인가에 대하여 많은 의문과 비판도 제기되고 있는 가운데 이른바 노동법의 패러다임 전환은 모든 산업국가들이 풀어야 할 공통의 과제로 등장하고 있다.[3] 다만, 이 글에서는 종속노동자를 보호 대상으로 예정하고 있는 현행 노동법을 토대로 검토하고자 한다.

박근혜 정부의 노동개혁에 대한 평가

(1) 평가기준상 문제점

노사관계 관련 법률이 마땅히 가져야 할 핵심 내용은 당사자인 누

2 김형배, 『노동법』, (24판), 박영사, (2015), p.10; 임종률, 『노동법』, (13판), 박영사, (2015), p.3.

3 김형배, 『노동법』, (24판), 박영사, (2015), p.12.

구에도 치우치지 않는 공정성과 타당성이다. 타당한 법률만이 노동시장의 효율성과 안정성을 동시에 높일 수 있는 것이다. 노동법이 노사관계 당사자 일방을 편향적으로 과보호하는 불공정하고 부당한 내용을 가지게 되는 경우 필연적으로 다른 당사자 일방은 불의한 법률로 인해 자신의 정당한 이익을 침해 받게 되고 노사 당사자 공동의 발전을 어렵게 하기 마련이다. 정부는 노동관련 법률제도를 면밀히 연구하여 특히 주요 경쟁 선진국에서 검증된 내용을 기초로 선진국 수준의 공정성과 타당성을 가지도록 지속적으로 개선해 나가야 할 책임을 진다. 선진국 수준의 검증된 공정한 노동법적 관점에서 현 정부의 노동법 개정 과정을 보면 심각한 수준의 문제점이 발견된다.

⑵ 법률 개정 절차상 문제점

공정한 법률은 이해관계 당사자의 의견을 청취하되, 이해관계로부터 벗어난 국가기관(국회, 정부, 법원)이 공정하고 타당한 내용을 이에 반대하는 당사자들의 저항에 맞서서라도 수립, 시행하는 것이 마땅하다. 특히 기존의 불공정하거나 부당한 법률에 의한 이익을 누리는 당사자들 스스로가 부당한 기득 이익을 침해하는 공정한 법률 개정을 하는 것은 거의 불가능에 가깝다. 또한 법률 제정의 책임은 집권당이 책임지고 추진하고 선거를 통하여 국민들로부터 판단을 받아야 한다. 이것이 대의제의 책임정치 원리이다. 그런데 김대중 정부가 노사정위 제도를 도입한 이래 노동관련 법률안에 대하여 역대 모든 정부는 노사정위를 통해 합의안을 먼저 마련하게 하고, 국회에서는 노사정위 합의안을 반영하는 법률을 제정하는 방법을 택해왔다. 현 정부 역시 동일한 법률제정 방식을 고수하고 있다.

'9·15 노사정 합의문'에도 "정부는 일방적으로 시행하지 않으며 노사와 충분한 협의를 거친다."라는 표현의 합의가 곳곳에서 발견된다. 헌법이 국회, 정부에게 부여한 입법권을 사실상 포기하였을 뿐 아니라 대의민주주의 원칙에도 반하는 내용이라고 하지 않을 수 없다.[4] 노동개혁을 성공한 대부분의 국가들이 택한 방법인, 집권정부가 부당한 기득권 세력의 반대를 무릅쓰고 책임 있게 추진하는 방법을 택하지 않고 있는 중대한 문제점을 가지고 있다.

(3) 효과 및 내용상 문제점

노동개혁의 대표적 내용으로 거론되는 임금피크제는 현 정부가 정년을 60세로 의무화하는 법률을 제정할 때 채용급감 대책으로 마땅히 포함시켜야 할 내용을 누락시킨 오류를 범하고, 이제와 구속력 있는 법률이 아닌 가이드라인 등으로 다소 완화시키려 하는 것이므로 개혁이라기보다는 현 정부 입법 하자에 대한 일부 보완이라고 보아야 한다.

해고나 취업규칙의 불리한 개정 기준 완화는 노동법 대원칙상

4 박기성, 「노동개혁, 무엇을 어떻게 할 것인가」, 바른사회시민회의, (2015. 9. 17.), p.18.; 김인영, 「노동개혁을 위해 국회 환노위도 바뀌어야 한다」, 바른사회시민회의, (2015. 9. 17.), pp.37~38.

입법적으로 완화하는 것은 한계가 있다. 모든 근로자들의 고용을 불안하게 하고 근로조건 안정성을 심리적으로 중대하게 위협하여 노동계의 강력한 저항과 반발을 유발하는 반면, 성공하더라도 고용 창출이나 과도한 근로조건 개선 완화 효과는 미미할 것으로 보인다. 이와 같은 방법을 통해 노동시장의 효율화를 의미 있게 높이고 많은 고용을 창출했다는 선진국의 검증결과가 제시되지 않고 있다.

기간제 근로자를 단지 1회 연장하여 4년까지 완화하는 것은 주요 경쟁국의 제한(독일 2년, 3회 갱신 6년까지 가능, 영국 4년 이후 정당사유 있으면 반복 갱신 가능, 일본 5년 한도 이후 갱신 가능, 미국 제한 없음)에 비해 완화 정도가 미미할 뿐 아니라 여객운송업에 사용금지를 하는 방안은 유례가 없는 과도한 제한이다. 그런데 이러한 수준의 기간제법 개정안도 야당 및 노동계의 강력한 반발로 대통령이 일단 입법 추진을 중장기 과제로 미룬 상태다.

파견법 개정안 역시 주요 경쟁 선진국(미국, 영국, 독일, 일본)은 제조업까지 완전히 자유화한 것에 비하여 뿌리산업(주조, 금형, 소성가공, 용접, 표면처리, 열처리)이라는 6개 업무에 대해서만 파견 허용 범위를 확대하는 안에 불과하다. 그런데 이러한 수준의 파견법 개정안도 야당 및 노동계의 강력한 반발로 대기업 사내협력업체는 뿌리산업이더라도 파견을 금지하는 방향으로 논의가 되고 있는 실정이다.

통상임금 기준 명확화라는 것은 대법원 전원합의체 판결의 내용을 그대로 법률로 만든다는 것이니 개혁이라고 부르는 것은 적절치 않다.

요컨대 노동시장 효율화나 새로운 고용창출에 대한 기여 효과가 충분히 기대되지 않는 내용들이 대부분이다. 특히 야당과 노동계의 강력한 반발로 기간제법 개정안을 사실상 거둔 데 이어 파견법 개정안마저 원안 대비 후퇴하려는 논의가 진행되고 있어 전체적으로 노동개혁이라고 평가하기 어렵다.

(4) 중대한 부담을 주는 위험한 내용들

휴일근로를 연장근로에 강제로 편입시켜 연장근로 한도를 대폭 축소하는 것은 경쟁국인 일본에서도 하지 않는 규제이다. 일본은 휴일근로를 연장근로로 보지 않는다. 휴일근로를 빈번하게 해야 경쟁력을 유지할 수 있는 수많은 중소, 중견 한계 기업에게 과중한 부담을 줄 것이기 때문이다. 휴일근로를 연장근로에 포함시키면 휴일근로에 대한 가산임금은 중복할증해야 한다는 것이 논리적 귀결이 될 수 있다. 노동계는 이를 통해 휴일근로 할증을 50퍼센트에서 100퍼센트가 되도록 해야 한다고 강력하게 주장하고 있는바, 국회 심의과정에서 중복할증을 하지 않는다는 정부안이 후퇴될 가능성이 상당히 있다. 연장근로 할증이 ILO 권고안이나 일본 등 25퍼센트에 비하여 과중한 50퍼센트인데 휴일근로 중복할증으로 100퍼센트 할증이 의무화되면 모든 제조업, 특히 중소 중견 기업에게 주는 부담은 심각하다.

한국경제연구원 조사결과에 의하면 중복할증이 의무화되면 매년 12조 3,000억 원 이상의 부담이 늘어나고 그중 70퍼센트인 8조

6,000억 원이 300인 이하 중소사업장에 집중될 것이라고 분석한바 있다.[5]

한편, '9·15 노사정 합의문'은 상시 지속업무는 가급적 정규직으로 고용하고 비정규직 남용은 억제하기로 합의하고, 근로시간 특례업종은 26개 업종에서 10개 업종으로 축소하기로 하는 내용을 포함하고 있는바, 이는 전 세계 유례없는 규제일 뿐 아니라 노동시장을 더욱 경직되게 만드는 안이다.[6]

노사정 협의대상이 아닌 공공조달계약의 종합심사낙찰제 적용대상을 단계적으로 확대시키고, 특수형태업무종사자에 대한 사회적 보호를 단계적으로 확대하며, 최저임금제도를 단계적으로 인상하기로 하는 등 협상 범위를 일반 공공조달업무, 자영업자, 최저임금위원회 영역 등까지 과도하게 확장시키고 있다.[7]

특히, 노사정협의체가 법률에도 없는 영역, 즉 노사정 협의를 통한 입법 기능(청년·비정규직의 참여를 확대하고, 업종별 운영을 활성화하고, 고용정책을 수립하는 데 참여하는 등) 확대까지 가능하게 하는 합의를 포함하고 있다. 이는 노사정협의체가 의미 있는 개혁은 전혀 하지 못하고, 오히려 가동될수록 노동시장에 부담만 주는 꼴이니, 노사정위 확대방침은 참으로 우려스러운 대목이다.

5 변양규·우광호, 「근로시간 단축의 비용 추정」, 한국경제연구원, (2015. 9.), pp.13~15.
6 남성일, 『노동개혁과 거리가 먼 노사정합의』, 자유경제원, (2015. 9. 17.), p.8.
7 남성일, 『노동개혁과 거리가 먼 노사정합의』, 자유경제원, (2015. 9. 17.), pp.8~9.

⑸ 누락된 진정한 노동개혁의 핵심 내용들

반면 선진국가에서 채택돼 노동시장의 효율화를 높이고, 고용창출에 의미 있게 기여한 핵심적인 개혁적 제도들은 거의 빠져 있다. 노동개혁의 대표적인 제도들은 파업 등 쟁의행위 중의 대체근로 자유와 파견 근로자의 제조업 등 모든 사업의 자유화, 기간제근로의 사용 기간 및 사용 사유의 자유 확대, 근로시간 규제 없는 면제 근로자의 허용 확대 등은 의제들에서 완전 빠져 있거나 핵심내용들은 누락돼 있다. 보완돼야 할 이유는 다음 항에서 살펴보기로 한다.

⑹ 종합 평가

현 정부의 노동개혁은 내용에서 주요 노동개혁에 성공한 선진국에서 검증한 중요한 내용들은 대부분 빠지고, 효과가 미미하거나 의심스러운 내용들이 많이 들어가 있고, 오히려 노동시장의 공정화를 통한 효율화에 중대한 부담을 주는 내용들이 대거 포함되어 있는 것이 정확한 모습이다.

그 근본적인 이유는 현 정부가 노동개혁을 추진하되 노동계의 강한 반발 없이 합의나 묵시적 동의, 낮은 저항 속에서 추진하는 것이 정치적으로 유리하다고 판단해 노사정위라는 이해관계 당사자들의 합의 방법에 의존하기 때문이다. 정부로서는 노사정위에서 합의 하기 어려운 의제들은 마땅히 해야 할 내용도 외면해 처음부터 의제화시키지 않는 것이다. 이 이유로 노사정위 합의과정에서 개혁의 효과를 대거 후퇴시키는 내용도 들어갈 수밖에 없는 것이다.

'9·15 노사정 합의문'은 정부와 국회가 헌법이 부여해준 입법 권한과 국민에 대한 참된 책임을 외면하고 이를 노사정위라는 이해관계 당사자에게 떠넘기는 방법으로 만들어 낸 것이고, 이를 바탕으로 정부 여당이 발의한 '5대 노동개혁법안'과 '양대지침'은 실제로는 개혁이라고 할 수 없는 내용들을 담고 있다. 진정한 노동개혁이 결코 아니다. 노동개혁의 외양만 있고, 진정한 노동개혁의 내용은 거의 없다는 평가를 내릴 수밖에 없다.

보완되어야 할 내용

(1) 고용창출이 검증된 제조업을 포함한 모든 업종의 파견 완전 자유화 도입

파견고용을 원칙적으로 금지했던 독일, 일본 등은 파견고용을 원칙적으로 자유롭게 허용했던 영국, 미국 등을 본 받아 파견법을 제정하고 2003년도 초에는 파견근로의 규제를 대폭 완화하는 법제도를 도입했다. 제조업을 포함한 모든 업종에 파견근로를 가능하게 하고 그 사용 기간의 제한을 없애는 법과 제도를 도입했다. 그 결과 기존 고용형태들에 큰 변화가 없는 가운데 파견 근로자들의 수가 급증하며 많은 실업자들을 실업상태에서 해소시켰다. 파견 근로자들의 고용증가 숫자가 독일, 일본 각각 50여만, 70여만 명이 넘게 급증하며 실업자들에게 새로운 고용을 제공한 것으로 집계되고 있는 바[8], 이 제도의 실제 효과를 명백히 보여주고 있다.

이에 반해 우리나라는 독일, 일본이 파견근로를 제조업종까지 완전 자유화한지 12년 이상이 지나고 있는 지금에도 여전히 파견근로를 원칙적으로 금지하는 낡은 규제를 계속 가지고 있다. 허용되지 않는 업종의 파견근로에 대하여는 불법파견으로 규정해 사용자에게 기간의 제한 없는 근로자로 채용의무를 부담시키는 등 민형사상의 제재를 가하고 있다. 뿐만 아니라 근래의 대법원도 적법도급과 불법파견의 구별문제에 대한 사내하도급 근로자들의 근로자성 인정여부에 대한 소송들에서 불법파견의 범위를 계속 확대하고 적법한 도급의 범위는 계속 축소하는 방향으로 판례 법리를 변화시켰다. 독일 등 주요 경쟁 선진국에서 불법파견을 축소하고 적법 도급을 확대해온 법원의 태도와 정반대의 길을 걸어 왔다. 그 결과 우리나라에서는 수많은 사내 수급인 회사소속 근로자들이 도급인 회사의 근로자로 확인을 구하는 민사, 형사 소송들이 전국적으로 제기되고 있는데, 이렇게 법적 분쟁이 많이 제기되는 경우는 경쟁국가들에서 거의 발견되지 않는다고 볼 수 있다.

파견근로를 경쟁 선진국 수준으로 자유화하는 방향으로 법과 제

8 파견근로가 자유화된 2003년 이후 독일과 일본에서의 파견 근로자는 빠른 속도로 증가했다. 독일의 경우 2003년 32만 명에서 2013년에는 81만 명으로 증가하였고, 일본의 경우 2003년 50만 명에서 2013년 127만 명으로 증가했다. 이에 반해 현재 우리나라의 파견 근로자의 수는 2014년 기준 13만 명 수준으로서 파견법 시행 직전인 1997년 노동부 조사결과 22만 5,000명 수준보다 오히려 감소된 것으로 나타났다. 따라서 파견자유화로 신규고용을 이끌어 낸 독일과 일본의 사례를 볼 때 우리나라도 파견자유화에 따른 고용창출 여력이 수십만에 이를 것으로 보인다.

도가 개선되면 주요 경쟁국가에는 거의 없는 불법파견 소송들로 인한 부담도 줄여들게 될 것이다. 이른바 독일 하르츠 개혁에서 고용창출 효과를 가장 크게 거둔 제도의 하나이고, 이미 경쟁국에서는 12년 전에 도입한 제조업을 포함한 파견의 완전자유화는 노동개혁 과제에서 누락되어 있고, 단지 제조업금지는 유지한 채 파견허용업종만을 부분적으로 확대하는 것만 논의하고 있는 것은 안타깝다. 제조업 등의 파견자유화는 노동개혁의 과제로 시급하게 추가되어 지금 시행되더라도 많이 늦은 상황이다.

(2) 통상임금 분쟁의 근원적 해소를 위해 시간적 한도(1개월)의 명확한 설정과 휴일근로와 연장근로의 중복시 중복할증 없다는 법적 기준 명확화

지금 우리나라의 수많은 사업장들은 전국적으로 막대한 경제적 규모의 통상임금 분쟁에 휘말려 있다. 정기상여금 등 특정임금 항목을 통상임금에 추가하라는 소송들인데 거의 모든 사업장에서 법적 분쟁중이거나 임금 협상의 합의가 어려운 난제가 되고 있다. 세계에서 유례가 없는 분쟁 사례다. 그 원인은 연장, 야간, 휴일 근로수당의 기준인 통상임금에 대해 근로기준법 시행령이 일본과 같이 1개월이라는 시간적 한도를 명시하지 않은 입법상의 미비점을 근거로 노동계가 소송을 제기하여 1996년부터 대법원이 갑자기 1개월이라는 시간적 한도를 없애며 통상임금 산입의 확대를 추진해왔기 때문이다. 가장 명백하고 근본적인 해결책은 법률이나 시행령에서 일본처럼 통상임금은 1개월의 지급기 내에서 지급된 임금만 해당한다는 것을 명시하는 것이다. 대법원이 시행령을 해석하여 통상임금에 관한 1개월 제한을 해소했어도 시행령 입법권자인 정부나 법률 입법권자인 국회는 통상임금에 대한 전 국가적 임금 분쟁 해소를 위해서 외국 사례를 참고하여 시행령과 법률로 기간적 제한을 1개월로 타당하게 설정할 수 있고, 또한 그렇게 해야 마땅하다. 통상임금에 대한 시간적 제한을 1개월로 제한하는 방안 역시 노동개혁 방안에서 빠져있는데 추가로 설정되어야 한다.

또한 휴일근로를 연장근로로 보아 법으로 중복할증을 강제하는 것 역시 주요 경쟁국에서 발견하기 어렵다. 휴일근로와 연장근로는 중복할증되지 않는다는 지난 60여 년간 노사의 공동인식과 관행을 깨고 일부 하급심 법원들이 중복할증을 인정하는 새로운 판결들을 선고하고 있다. 관계법령으로 휴일근로와 연장근로는 중복할증되지 않는다는 점을 명시할 필요가 있는데 새누리당의 법률안에서 이 부분이 삭제되지 않도록 하는 것이 중요하다. 현재의 50퍼센트라는 과도한 수준의 할증률을 경쟁국 수준인 25퍼센트 내외라는 합리적 수준으로 저하하는 방안도 누락돼 있는데 보완되어야 한다.

(3) 대기업 강성 정규직 노조의 과보호 완화를 위한 쟁의행위 중 대체근로의 금지를 선진국 수준으로 자유화

우리나라는 현행법상 노조의 합법적 파업이 남용될 때 기업이 대항할 수 있는 합법적 대항 내지 억제장치가 없다. 현행 노동조합 및 노동관계조정법(이하 '노조법') 제43조에서는 "사용자는 쟁의행위 기간 중 그 쟁의행위로 중단된 업무의 수행을 위해 당해 사업과 관계 없는 자를 채용 또는 대체할 수 없다(제1항), 사용자는 쟁의행위 기간 중 그 쟁의행위로 중단된 업무를 도급 또는 하도급 줄 수 없다(제2항)"고 규정하고 있고 이를 위반하면 형사처벌을 받게 된다(제91조). 또한 파견 근로자 보호 등에 관한 법률(이하 '파견법') 제16조에서는 "파견 사업주는 쟁의행위 중인 사업장에 그 쟁의행위로 중단된 업무의 수행을 위하여 근로자를 파견하여서는 아니 된다."고 규정하고 있다.

이와 같은 쟁의행위 중 대체근로 금지 규정이 제정된 것은 노동법 제정 당시(1953년)부터였다.[9] 그러나 헌법상 근로자의 쟁의권을 실질적으로 보장하기 위한다는 위 규정의 취지에도 불구하고 위 규정은 다른 나라에서는 찾아볼 수 없는 이례적인 입법례이고 사용자에게 보장된 자유와 조업 내지 영업의 자유의 기본권을 침해할 소지가 있어 그 타당성에 관한 논란이 입법 당시부터 계속 제기되어 왔다.[10] 즉 선진국에서는 근로자의 쟁의권과 사용자의 경영권을 대등하게 보장해주기 위해 파업 중 대체근로를 허용하고 있으나[11] 우리나라의 위 규정은 헌법상 보장된 사용자의 경영권을 크게

9 1953년 3월 제정된 노동쟁의조정법 제11조는 "사용자는 쟁의 기간 중 쟁의에 관계없는 자를 채용할 수 없다"고 규정하였다. 노동법이 제정된 당시는 한국전쟁 중 이념갈등 및 공산화위협이 고조되던 시기로서 근로자들을 지나치게 의식하지 않을 수 없는 특수한 시대적 배경이 법률 규정에 반영된 것으로 보인다.

10 김희성, 「쟁의행위기간 중 대체근로제한에 관한 연구」, 『노동법학(제34호)』, 한국노동법학회, (2010. 6.), pp.229~230.

11 박기성, 「파업 중 대체근로 인정과 직장점거파업 금지」, 『노동쟁의 행위의 문제점 진단과 개선방안』, 바른사회시민회의, (2015. 10.), p.8.

침해한다는 것이다.

근로자의 쟁의권 행사는 마찬가지로 헌법상 기본권인 사용자의 경영권과 조화를 이루면서 행사되어야 한다. 헌법상 기본권이 충돌할 경우 양자가 모두 기능과 효력을 나타낼 수 있도록 조화롭게 보호되어야 하며, 일방의 기본권을 일방적으로 침해해서는 안 된다. 그러나 우리나라의 파업 중 대체근로 금지 규정은 노조의 합법 파업에 대한 권리만 보장하고 이로 인해 침해되는 사용자의 경영권에 대한 보호는 빠져 있어, 사실상 노조의 파업을 무제한적으로 보장하고 있다. 거의 100퍼센트에 가까운 근로자들이 전면파업을 하게 되면 사업장내 인력만으로 대체인력을 사용하는 것이 불가능하므로 사용자의 영업의 자유 및 직업의 자유 등 헌법상 기본권을 침해하게 되는 것이다. 따라서 노사 간의 무기대등의 원칙에 따라 근로자의 쟁의권이 보장되면 사용자 또한 이에 대항할 수 있는 대체인력 투입권이 보장되어야 한다.

OECD 주요 경쟁 선진국가들 중 파업 중 대체근로를 금지하고 있는 국가가 없다는 점에서도 유독 파업 중 대체근로를 금지하는 우리나라의 규정은 부당하다. 주요 선진국의 경우 사용자가 노조의 파업권 남용에 대항할 수 있는 제도적 장치를 가지고 있는 데 반해 오히려 우리나라는 노조법 입법 시부터 노조의 파업권을 무제한적으로 남용될 소지가 있는 규정을 도입했다는 점에서 잘못된 입법이라 할 수 있다. 노동조합의 권리가 충분히 보장되어 있어서 노동계에서조차 우리나라가 배워야 한다고 주장하는 영국, 프랑스, 독일, 이탈리아, 스웨덴 등 어느 국가를 살펴보아도 파업 시에 대체근로를 불허하는 제도를 가진 나라는 없다.[12]

미국에서는 파업 중 대체근로와 관련한 직접적인 규정은 없으나 판례로 사용자가 파업 중인 근로자를 대신하여 얼마든지 대체 인력을 사용할 수 있다. 특히 근로자의 근로조건 개선 요구를 위하여 행하는 통상적인 경제적 파업인 경우 사용자는 파업 중인 근로자를 영구적으로 대체할 수 있다. 독일에서는 파업 기간 중 신규채용, 하도급 등 대체근로에 관한 금지 규정이 없고 원칙적으로 파업참가 근로자에 대한 대체근로가 자유로이 허용된다. 일본에서도 일반적으로 파업 시 사업 내 인력을 이용한 대체근로 및 외부로부터 근로자를 신규 채용하는 것도 허용되는 것으로 해석, 운용되고 있다. 프랑스에서도 원칙적으로 파업시 대체근로가 허용되나, 다만 파견근로나 기간제근로에 의한 대체근로는 금지된다. 즉 무기근로계약자를 채용하거나 도급에 의한 대체인력 투입은 가능하다.[13]

이처럼 OECD의 모든 국가들의 경우 노조의 과도한 수준의 근로조건 향상을 위한 쟁의행위 압박을 거절할 수 있는 제도적 장치인 쟁의행위 대체허용제도를 가지고 있는데 우리나라는 쟁의행위 중 대체근로(신규채용, 파견활용, 하도급 등)를 금지시키고 있다. 그 결과 강성 노조가 합법쟁의권을 과도하게 사용하는 경우 기업들이 강성

12 조영길, 『노사관계 개선의 바른 길(I)』, 비봉출판사, (2012), p.192.

13 이상희, 「파업시 대체근로금지 규정의 법리적 및 비교법적 검토」, 자유경제원, (2015. 6. 18.), pp.2~5.

노조의 과도한 근로조건을 수용하지 않을 수 없게 되고 기업은 이로 인한 부담을 보전하기 위해 강성 노조가 대변하지 않는 근로자들인 기간제, 파견 근로자, 사내 및 사외 도급내지 협력회사의 근로자들의 근로조건들에게 강성 노조에게 빼앗긴 부담을 전가시킨다. 이로 인해 근로자들 사이의 근로조건 격차가 더욱더 커지고 있는 결과를 초래하고 있는 것이다. 대기업 강성 노조 소속 근로자들의 부당하고 과도한 근로조건은 대화를 통해 자발적으로 양보하는 방법으로 개선되는 전례를 발견하기는 대단히 어렵다. 개별 사업장에서 사용자들이 과도한 근로조건을 수용하지 않고도 임금 및 단체협약을 종결시킬 수 있는 제도적 수단인 쟁의행위 중 대체근로허용이 시급히 인정돼야 한다.[14] 본래 사용자에게 당연히 인정되는 권리로서 주요 경쟁국가, OECD국가를 통틀어 우리나라만 금지되고 있는 제도이다. 이 낡은 제도를 개선하는 것이 이른바 노동시장 양극화 현상, 강성 노조 사업장의 근로조건의 과도화를 억제할 수 있는 검증된 유효한 제도적 방안이다.

(4) 경영상해고의 엄격한 요건 완화 필요

그동안 우리나라 기업들은 정규직 근로자에 대한 엄격한 해고요건으로 인해 시장경쟁력 유지를 위해 필요한 고용유연성을 확보하고자 근로계약의 해지가 상대적으로 용이한 계약직 등 비정규직이나

14 조영길, 『노사관계 개선의 바른길(Ⅰ)』, 비봉출판사, (2012), p.193.

도급 및 파견 근로자들을 널리 활용해오고 있었다. 이러한 정규직 근로자들에 대한 과보호는 다양한 비정규 근로자들의 증가를 불러왔고, 이로 인해 양자 간의 임금격차가 더욱 확대되는 노동시장의 양극화현상이 가속화되었다. 결국 엄격한 해고법제는 노동시장 이중구조의 골이 깊어지는 주된 원인으로 작용했다.

이러한 상황에서 금번 정부가 내놓은 '공정인사지침'은 법적 공백상태에 있던 통상해고의 유형과 정당성이 인정될 수 있는 개괄적인 범위에 대한 가이드라인을 제시함으로써 그동안 불확실했던 통상해고 기준을 보다 명확히 했다고 평가된다. 향후 관련 법령의 개정을 추진하는 것이 바람직해 보인다.[15]

그런데 경영상해고와 관련하여 우리나라는 여전히 주요 선진국에 비해 엄격성을 갖고 있다고 평가된다. 우리나라는 현행법상 경영상 이유에 의한 해고에 관해 정당한 사유와 절차 등의 요건 등을 규정하고 있고, 법원의 태도도 엄격해서 이러한 요건들을 충족하지 못하는 경영상해고를 무효라고 본다. 이에 반해 미국이나 영국, 일본 등은 우리나라보다 훨씬 유연성을 가지고 있다. 미국은 기본적으로 임의고용원칙에 따라 일반적인 해고제한 법률을 두고 있지 않으며 경영상 이유에 의한 해고에 있어서는 사후에 대체 일자리를 구할 수 있도록 직업훈련 조치 등을 통해 부정적 영향을 최소화

15 김희성, 「해고법제의 개선방향」, 『규제연구』(제24권 제1호), 한국경제연구원, (2015. 6.), p.102.

하는 프로그램을 두고 있다. 영국이나 일본도 판례로 경영상해고를 규율하고 있으며 우리나라와 유사한 사유 및 절차 등의 기준들이 있지만 각각의 기준들을 충족하지 못하더라도 해고의 효력을 부정하지 않으며 기업의 경영합리화나 경쟁력 강화를 위한 해고의 필요성을 인정하는 판례가 증가하고 있다.[16] 우리나라도 주요 선진국처럼 경영상 어려움이 있는 기업들에 부담을 가중시키는 엄격한 해고요건들을 유지하기보다는 사회적인 안전망을 확충하고 해고자들이 고용시장에서 재취업할 수 있도록 훈련할 수 있는 방안을 마련하여 현재의 엄격한 해고 요건들을 완화시킬 필요가 있다.

(5) 노동개혁 추진의 절차에 대한 제언 – 전문가 위원회 구성 및 정부의 책임 있는 추진 필요

노동관련법과 제도 개혁을 추진해야 할 책임을 진 정부와 국회가 그 추진 과정에서 당사자들의 강한 저항과 반발을 피하려는 정치적 이유 때문에 부당한 기득권을 누리고 있는 이해당사자와의 협상을 통해 추진하려는 자세가 잘못된 것이다. 집권 정부는 사명감을 가지고 전문적인 연구를 통해 마땅한 안을 마련한 후 국회 입법 과정을 통하여 책임감 있게 추진하는 것이 더 효과적인 방법이라고 할 수 있다. 노동개혁을 이루어낸 거의 대부분 국가들은 노사 당

16 한국노동연구원, 「경영상 이유에 의한 해고 관련 국제적 흐름」, 『고용노동부 연구용역보고서』, (2013. 7.), pp.160~163.

사자들의 합의 과정을 통해 이룬 것이 아니라 집권 정부가 국가의 장래를 위해 반대하는 기득권을 놓지 않으려는 당사자들의 격렬한 저항을 뚫고 타당한 법과 제도를 과감하게 제정 시행한 경우가 훨씬 많다. 정부는 노동개혁의 추진 절차에 대한 부당한 저항을 감수하는 집권당의 책임 있는 입법추진이라는 검증된 방법을 택해야 할 것이다.

이른바 노동개혁을 성공적으로 추진해 진정한 노동개혁사례로 평가받고 있는 대표적 선진국인 독일의 사례가 참조할 만하다. 2000년대 초 저성장과 고실업으로 유럽의 병자라고 불렸던 독일도 노사정위원회 성격의 단체를 통해 노동개혁안에 대한 합의를 시도했지만 실패했던 경험을 가지고 있다. 슈뢰더 총리는 노동개혁안의 결정을 노사 이해당사자들에게 주어서는 안 된다고 보고 2002년 각계를 대표하는 전문가들 15명으로 이루어진 위원회를 구성하여 면밀한 연구·조사를 통해 전문적인 보고서를 만들어내게 했고, 이를 집권 정부가 강력하게 입법을 관철시켜 정책에 반영시켰다.[17] 이러한 독일의 사례는 정부가 합법적인 권한을 갖고 있고, 개혁의 당위성이 충분하다면 집권 정부가 책임 있게 추진해야 진정한 노동개혁이 가능하다는 시사점을 준다.[18] 따라서 우리나라도 노사 이

17 경제사회발전노사정위원회, "페터 하르츠 박사 초청 강연회", (2015. 5. 21.)

18 이른바 하르츠개혁을 성공적으로 이끈 독일 게르하르트 슈뢰더 전 총리는 2015.5.21. 한국경제연구원 초청 특별좌담회에서, 노동개혁안의 최종 결정은 정당성을 가진 정부가 하는 것이 효율적이고 민주적이라고 하면서, 합의가 이뤄지지 않으면 정부가 직접 방안을 만들어 개혁을 밀어 붙여야 한다고 했다(「노동개혁 정권걸고 하라는 하르츠개혁의 두 주역」, 문화일보, (2015. 5. 22.) 사설).

해당사자들의 영향을 받지 않는 공정한 전문가 위원회를 구성해서 전문적인 보고서를 제출하게 하고, 이를 집권 정부가 책임감을 가지고 강력히 추진해야 한다.

노동편향적 법제도의 유지 및 양산의 근본원인과 대책

국내 노동관련법과 제도는 주요 경쟁선진국들인 미국, 일본, 독일, 영국 등과 비교해 보면 현저할 정도로 노동편향성이 강하다고 할 수 있고, 새로 제·개정되는 법률들도 전체적으로 보면 노동을 과보호하는 경향에서 벗어나지 못하고 있다. 최근 국내에서 수십 년간 노동관련법과 제도에서 노동편향성이 강화되는 주된 원인들을 살펴보면 노동법학의 노동편향성 심화와 국회의 노동편향성 심화를 들지 않을 수 없다.

80년대 이후 노동자 등 사회적 약자 계급의 이익을 최우선시하는 계급투쟁주의 이념을 따르는 세력들이 대학의 학생운동의 주도권을 장기간 잡아옴에 따라 노동관련 법학, 경제학 등에서도 노동자의 이익을 최우선시 하는 관점을 가진 학자들이 노동법학계에서 다수를 점한 지 오래되었다. 또한 계급투쟁주의를 지향한 학생운동권 출신 세대들이 대거 국회에 진출함에 따라 국회에서(특히 환경노동위에서) 노동편향성이 심화된 지도 오래되었다.

그 결과 국내 노동법이 주요 경쟁 선진국의 타당한 법률과 제도에서 크게 벗어난 지 오래되었지만 이를 선진국 수준으로 개정해야 한다는 견해들이 학계와 정치계의 다수 의견으로 형성되지 못하고 있다. 노동법학계와 국회 상황이 이러한 상태에서 정부가 정치적 부담을 고려하여 당사자들의 저항과 반발이 덜한 방법만을 택하려 하기 때문에 노동법 개정을 추진하려고 할 때마다 정작 마땅히 포함되어야 할 핵심적, 개혁적 내용들은 합의가 어렵다는 이유로 대거 누락되고, 더 편향성이 심화되는 법제도들을 만들어 내고 있는 것이다.

따라서 노동법적 관점에서 대한민국의 지속 가능한 발전을 마련해야 한다는 의식을 가진 세력들이 노동법학과 노동관련 정치계의 편향성 극복을 위한 인적·물적 지원과 투자를 집중 확대하는 것을 서두르지 않으면 노동법 제도의 편향성 때문에 대한민국의 지속 성장은 중대한 장애에 직면할 가능성이 대단히 높다.

특히 편향적인 노동법 제도로 인하여 가장 큰 피해를 입고 있는 경영계, 그중에서도 중소기업 업계는 노동법학 및 노동관련 정치계가 선진국 수준으로 공정화·타당화 되도록 필요한 인적·물적 지원 조직을 구성하고 지속적인 투자를 해나가야 한다. 불공정한 법제도의 피해자 자신들이 절박한 목소리를 전문적인 근거를 가지고 강하고 명확하게 내지 않으면 그만큼 개선은 늦어질 수밖에 없는 것이다. 자신들의 이익을 위해서 뿐만 아니라 대한민국의 지속적 성장과 발전을 위해서 경영계가 노동법학 공정화를 위한 대대적인 투자를 위한 큰 각성이 있어야 할 것이다.

결론

우리나라의 노사관계법제도는 근로자의 이익을 최대한 보호하려는 노동편향적 내용들이 상당해 수많은 노사 분쟁과 법적 분쟁의 원인이 되고 있다. 그런데 이런 노동편향적 법제도들을 개혁한다는 취지에서 현 정부가 추진하고 있는 노동개혁은 진정으로 개혁이라 평가할 만한 핵심적 내용이 대부분 빠졌다. 또한 그 절차도 이해관계당사자들의 합의에 의존하고 있으므로 성과를 거두지 못할 것이다. 오히려 적지 않은 새로운 부당한 부담을 노동시장에 지우게 될 것이다. 그 결과 노동 분야와 관련해 대한민국의 노동시장은 효율성의 악화로 성장 동력이 심각하게 약해질 것이 분명해 보인다.

노동관련법과 제도 개선에 있어서 집권 정부와 정치계가 국가의 장기적인 미래를 위해 부당한 기득권을 누리는 세력들의 반발을 무릅쓰고 마땅히 해야 할 선진국 수준의 타당한 법제도 개선을 추진하겠다는 책임 있는 자세를 가져야 할 것이다. 지혜롭고 책임감과 용기를 가진 애국적인 정치인들이 많아지기를 소망한다.

또한 노동법학과 관련해 특정한 당사자의 이익을 편향적으로 보호하려는 당파적 자세에서 벗어나 국가의 장기적 미래를 보며 공정한 노동법 개정 방향을 용기 있게 제시하는 노동법 학자들이 많아지기를 바란다. 이런 전문성 있고 용기 있는 학자들이 많아지도록 정부차원의 지원과 무엇보다도 가장 큰 피해당사자들인 경영계, 특히 대기업 및 중소기업의 각성과 분발이 있기를 소망한다.

제3부

자유노동의 미래

·· 제7장 ··

디지털경제와 노동의 미래

남성일
서강대학교 경제학부 교수

서론: 노동시장의 글로벌 트렌드

일의 모습이 변하고 있다. 흔히 말하는 '9 to 6'의 정형화된 패턴으로 일하는 모습은 점차 줄어드는 반면 정해진 근로시간을 자기 재량으로 조정하는 유연한 근무패턴이 늘어나고 있다. 또 정규직 상용근로는 줄어드는 반면 파트타임이나 임시직이 늘어나고 있다. 그리고 고용관계에 매이지 않는 프리랜서의 일자리가 늘어나고 있다. 또한 연중 내내 일하는 것이 아니라 특정한 기간 중에 집중적으로 일하고 나머지 몇 달 동안은 쉬는 식의 단속적인 형태의 일도 늘어나고 있다.

그러다 보니 한 직장에서 근무하는 근속 기간이 짧아지고 있다. 이제 같은 지역에서 일어나는 직장 간 이동은 물론 지역을 바꾸어 이동하는 지역 간 이동도 늘어나고 있다. 노동시장의 이동성이 늘어나고 있는 것이다. 더욱이 인터넷상에서 일하는 이른바 디지털 노동(digital work) 또는 온라인 노동(online work)의 경우 일하는 실체적 장소가 무의미하여 일자리의 초 국경화가 이루어지고 있다.

일하는 모습의 변화와 더불어 고용관계에도 변화가 일어나고 있다. 근로자들이 집단적으로 조직되어 고용주와 단체교섭으로 임금과 근로조건을 정하던 모습이 점차 줄어들고 있다. 무엇보다 노동조합 조직률이 전 세계적으로 하락하고 있다. 노조조직률의 범세계적 하락에 대해서는 ILO에서 이미 1997년에 보고서를 낸 바 있다. 그 이후로도 추세는 계속되어서 2004년에 발행된 EIRO 보고서에 따르면 1993년~2003년까지 자료입수가 가능한 20개국 중에서 몰타(Malta) 한 나라를 제외하고는 모든 국가에서 조직률이 하락하였다.

이러한 변화는 일시적인 것이 아니고 이미 지난 20년~30년간 일관되게 나타나고 있으며 앞으로도 지속될 것으로 예상되는 글로벌 트렌드다. 궁금한 점은 무엇이 이러한 변화를 가져오는 동인이며 그 변화의 궁극적인 모습은 어떻게 될 것인가 하는 점이다. 일하는 모습과 고용관계의 변화를 가져오는 요인으로는 여러 가지가 거론되고 있다. 산업구조의 변화, 세계화 및 기술의 변화 등을 들 수 있다. 본 연구에서는 그중에서 기술의 변화에 초점을 맞추어 현재 일어나고 있는 디지털 기술혁명이 어떻게 일(노동)의 형태와 고용관계에 영향을 주는지, 그에 따라 미래의 일은 어떤 모습을 보일 것인지, 미래의 일이 가져오는 새로운 기회와 도전은 무엇인지에 대해 살펴보고자 한다.

조직 구성의 경제적 원리

현재 우리가 주로 일하는 방식인 고용-피고용관계는 역사가 불과 200년이 채 되지 않는다. 1800년대 초반까지만 해도 대부분의 일은 자영업 방식으로 이루어졌다. 따라서 어떻게 해서 자영업 방식으로부터 고용-피고용관계로 변화하였는지, 그리고 이제 다시 고용-피고용관계로부터 탈피하는 추세로 바뀌는지를 이해하려면 일하는 조직의 경제적 원리를 이해하는 것이 중요하다.

인간은 특정한 재화나 서비스를 창출할 때 기본적으로 두 가지 방법을 사용한다. 하나는 스스로 만드는 것(To make)이고 다른 하나는 외부에서 사들이는 것(To buy)이다.[1] 예컨대 실을 만들고자 하는 사람이 있다면 실의 원료가 되는 면화는 농가로부터 사서(to buy) 자신의 기술과 장비를 사용하여 실을 만든다(to make). 그런데 필요하면 농부와 실 만드는 사람은 서로의 행위를 하나의 동일한 조직으로 묶을 수 있다. 그러면 이제 농부와 실 제조공은 각자 일을 분담하

1 외부에서 사들이는 것은 공짜로 얻는 것을 포함한다. 이 경우는 거의 제로의 가격으로 사들이는 것과 같다.

고 연결하여 최종 아웃풋을 만들게 된다. 만일 이 조직이 상업적 목적을 띤다면 이는 다름 아닌 기업이 되는 것이다. 따라서 기업은 각기 다른 경제주체들이 시장에서 거래하는 것(to buy)을 하나의 울타리 안으로 내부화하여 함께 만드는(to make) 조직이라 할 수 있다.

그렇다면 to make 와 to buy 중 어떤 것을 선택하는 것이 좋은가? 바꿔 말해서 무엇이 조직화를 결정하는가? 만일 두 방식이 동일한 아웃풋을 가져온다면 어느 방식이 더 적은 비용이 드는가가 중요할 것이다. 경제학에서는 이를 거래비용(transcation cost)이라는 개념으로 설명한다. 즉 to make냐 to buy냐는 두 방식의 거래비용에 의해 결정된다는 것이다(Coase, 1937). 기업은 목적하는 과업을 수행하기 위해 자본, 노동 등의 생산요소를 결합하는데 거래비용 최소화의 원리에 따라 일부는 외부에서 사들이는 방식(to buy)으로 그리고 일부는 내부자원을 동원하여 직접 만드는(to make) 방식을 사용하고 있으며 그 방식들이 어떻게 결합되는가에 따라 조직의 형태가 달라진다. 예컨대 과거의 IBM은 컴퓨터를 만드는 데 내부자원을 동원하여 직접 만드는 것(to make)들이 많았으므로 거대한 기업조직이 되었지만 델(Dell)은 제품 기획 등 극히 일부만을 제외하고는 대부분을 외주에 의거하므로(to buy) 매우 작은 조직의 형태를 가지고 있다.

거래비용에는 크게 조정비용(Cordination Cost)과 동기부여비용(Motivation Cost)의 두 가지가 있다(Milgrom and Roberts, 1992). 시장거래에 있어서의 조정비용으로는 예컨대 공급자가 소비자의 기호를 알기 위해 지출하는 시장조사비, 광고비 및 마케팅비, 가격결정을 내리는 의사결정의 시간비용 등이 있다. 수요자 입장에서는 최고의 제품과 가격을 찾는 데 드는 탐색비용, 가격을 협상하는 비용 등이 있다. 한편 위계조직의 조정비용 중 첫 번째는 조직의 목적에 맞는 활동을 하는 데 필요한 다양한 정보를 조직 곳곳에 원활하게 전달하는 데 드는 비용이다. 그리고 완벽한 의사소통은 없기 때문에 불충분한 또는 부정확한 정보로 인한 조정실패의 거래비용도 포함된다.

다음으로 동기부여비용(Motivation Cost)에 해당되는 것들로는 정보의 불완전성 혹은 비대칭성에 따른 비용 그리고 불완전한 약속(Imperfect Commitment)에 따른 비용이 있다. 정보의 불완전성 혹은 비대칭성에 따른 비용은 예컨대 경영자 입장에서 영업직 사원이 회사를 위해 열심히 일하는지 아니면 일하는 척만 하는지를 정확하게 알 수 없는 데 따르는 비용이다. 불완전한 약속에 따른 비용은 거래 쌍방이 서로 그렇게 하겠다고 약속한 바를 지키도록 강제할 수 없는 데 따르는 비용을 말한다.

거래비용 이론에 따르면 거래를 조직화하는 방법이 여럿 있는 까닭은 거래의 속성(요인)에 따라 거래비용이 달라지기 때문이다. 거래비용에 영향을 미치는 요인으로는 다음 다섯 가지가 있다.

① 거래에 소요되는 자원의 특정성 (specificity)

② 거래가 이루어지는 빈도(freqency)와 기간(duration)

③ 거래의 복잡성(complexity)과 결과의 불확실성(uncertainty)

④ 성과 측정(performance measurement)의 어려움

⑤ 다른 거래와의 연결도(connectedness to other transactions)

개별 소비자나 제과점이 빵을 사고 팔 때는 그 거래에 유의할만한 특정성이 없다. 그러나 현대자동차와 같은 완성차 회사에게 전조등을 공급하는 부품회사의 경우 현대자동차의 특정 브랜드에 맞는 전조등을 공급해야 하므로 거래에 소요되는 자원의 특정성(specificity)이 있다. 이처럼 소요되는 자원의 특정성이 강할 경우 그 거래는 시장에서 사기 어려우며 내부적으로 만들어진다.

다음으로 고용관계에 있어서 일이 반복적이며 장기적으로 이루어지면 장기고용이 이루어지는 것이 유리하다. 또 거래가 단순하고 불확실성이 작다면 시장에서 필요할 때마다 사고파는 것이 비용이 적게 들 것이다. 그러나 생산 공정이 매우 복잡하고 완성품의 성능이 불확실한 경우 시장거래에 의해 만들기는 어렵고 생산 조직을 통해 만드는 것이 거래비용을 최소화하는 것이다.

일의 성과 측정이 쉽다면 보상은 성과에 근거하면 된다. 그러나 성과의 측정이 어려워질 경우 사람들이 쓰는 해결책은 성과 측정이 쉽도록 절차를 바꾸거나 성과 측정이 별로 중요하지 않도록 하는 것(예컨대 감독을 강화하는 것 등)이다.

거래(일)들이 서로 연결고리가 약하다면 각각의 일들을 독립적으로 처리할 수 있다. 그러나 일들이 서로 연결되어 있다면 독립적으로 처리하기가 어렵다. 이런 경우 중앙의 조정기능이 강화되는

방식으로 조직이 만들어진다.

이상을 요약하면 자원의 특정성이 강할수록, 일이 이루어지는 빈도가 잦을수록, 기간이 길수록, 일이 복잡할수록 그리고 불확실할수록, 다른 일과의 연결도가 높을수록, 시장기구(To buy)를 이용하는 거래비용은 상대적으로 높은 반면 위계조직(To make)을 이용하는 거래비용은 상대적으로 낮아지는 경향이 있다.

디지털 기술이 거래비용과 조직화에 미치는 영향

말론(Malone, 2004)은 조정비용의 하나인 커뮤니케이션비용(communication cost)의 개념을 이용하여 조직의 변화를 설명, 예측하고 있다. 조직 사회는 다양한 주체들 간의 원활한 의사소통이 매우 중요하다. 개인 간의 커뮤니케이션비용이 매우 높다면 대규모 조직 사회로의 결합은 어려울 것이다. 그런데 커뮤니케이션비용은 한 사회가 갖는 기술구조에 따라 달라질 수 있다. 즉 기술의 변화가 커뮤니케이션비용의 변화를 가져오고 이는 다시 조직의 변화로 이어진다. 요컨대 조직은 커뮤니케이션비용이 절감되는 방향으로 바뀌어 왔다는 것이다.

1800년 무렵까지는 어디서나 비즈니스는 소규모의 가업(家業)에 지나지 않았다 한다. 산업종사자의 90퍼센트 이상이 농업에 종사하고 있었고 상업의 대부분은 가내기업과 소규모 상사에 의지하고 있었다. 중앙 집중화된 기업구조를 처음으로 갖게 된 것은 19세기 중엽의 철도산업이다. 철도산업은 대규모의 자본과 인력이 필요한 산업이다. 또한 좋건 싫건 지역적으로 서로 연결되어야 하는 속성을 갖는다. 따라서 조직은 이제까지와는 비교할 수 없게 커지게 됐다. 엄청나게 커진 조직의 효율적 커뮤니케이션을 위해서는 중앙 집중화된 계층구조를 가질 수밖에 없었음은 당연하다.

정부형태의 중앙 집중화가 대규모화 및 커뮤니케이션비용의 저하라는 두 가지 원인에 의해서 촉발된 것처럼 기업조직의 중앙 집중화도 대규모화와 커뮤니케이션비용의 저하에 의해서 촉진됐다. 1850년대 등장한 철도와 전보, 그리고 전화 같은 새로운 전달 수단의 등장은 커뮤니케이션비용을 획기적으로 낮췄다. 그리고 이는 대규모 조직화됨에 따르는 커뮤니케이션비용의 부담을 줄였음은 물론이다. 아울러 기업들은 보다 효율적인 의사결정을 위해서 중앙 집중화된 계층구조를 갖게 됐다.

이러한 기업조직의 중앙 집중화는 20세기에 들어와 가속화됐다. 1990년대까지만 해도 대규모의 기업합병이 줄을 이었다. 그러나 새로운 트렌드가 지난 20년~30년 사이 조용히 진행되고 있다. 디지털 기술의 발달과 함께 일어나는 이른바 탈 중심화(Decentralization)가 그것이다. 디지털 기술은 처리 기술(computing technology)과 소통 기술(communication technology)의 결합으로 성격지울 수 있다. 처리 기술(computing technology)은 정보의 대량처리, 그리고 빠른 처리를 가능하게 한다. 한편 소통 기술(communication technology)은 한마디로 동시성(contemporaneity)을 가능하게 한다. 즉 근로자와 조직간, 혹은 조직과 조직 간에 복잡한 정보가 순식간에 이동하게 함으로써 동시적인 정보공유가 가능하게 한다. 따라서 지리적 제약이 극복된다.

디지털 기술이 발달함에 따라 정보의 대량 축적, 전달 및 처리가 과거와는 비교할 수 없을 정도로 낮은 비용으로 가능해졌다. 그리고 이는 거래비용의 두 항목인 조정비용과 동기비용을 모두 획기적으로 낮췄다. 이로 인해 시장거래(To buy)와 위계조직(To make) 모두 거래비용이 낮아지게 되는데 특히 시장거래의 거래비용이 더 낮아지는 것으로 나타난다. 예컨대 플랫폼경제 또는 공유경제는 인터넷 플랫폼을 통하여 전 세계의 공급자와 수요자가 쉽게 연결되게 함으로써 앞에서 논의한 조정비용을 크게 낮추었다. 뿐만 아니라 정보의 불완전성 또는 약속의 불완전성에 기인한 동기비용도 인터넷 플랫폼 상에서의 상호평가 또는 사용 후기 등 정보의 공개화를 통하여 기회주의적 행동의 가능성을 최소화하고 있다.

보다 구체적으로 보자면 디지털 기술은 거래에 소요되는 자원의 특정성(specificity)을 약화시키는데 기여했다. 또한 거래가 이루어지는 기간이 과거보다 훨씬 단기간으로 축소됐다. 디지털경제의 특징 중 하나가 필요한 때 필요한 만큼만 거래하는 온디멘드(on demand) 경제다. 일의 복잡성 또한 줄어들었다. 디지털경제는 하나의 일을 여러 개의 작은 업무(micro tasks)로 쪼개는 것이 가능하도록 하였다. 그리고 이 작은 업무들은 특정한 알고리즘으로 정형화(routine)되었다. 그리고 이렇게 정형화된 업무들은 그 완수 여부로 성과를 측정할 수 있게 됐다. 또 전술한 바와 같이 플랫폼경제에서는 상호평가 및 만족도 조사 등을 통해 성과측정이 가능하도록 됐다.

이상 살펴본 바와 같이 디지털 기술은 거래비용의 결정요인의 대부분에 영향을 주는데 특히 시장거래(To buy)의 거래비용이 낮아지는 쪽으로 영향을 주고 있다. 그러나 디지털 기술로 인한 거래비용의 감소는 또한 위계조직(To make)의 거래비용이 낮아지는 결과도 가져온다. 즉 기업은 전에는 시장거래의 거래비용이 높아서 스스로 만들어오던 생산과정의 일부를 이제 시장으로부터 사올 수 있게 됐다. 아웃소싱의 확산이 대표적인 예이다. 그리고 디지털 기술에 의한 일의 여러 개의 작은 업무(micro task)화는 조직 내 일의 특정성을 현저하게 줄이도록 했으며 이에 따라 과거 정규직이 하던 일들이 이제는 도급 또는 프리랜서에 의해 수행할 수 있게 됨으로써 정규직의 수요를 갈수록 줄이고 있다.

〈그림 1〉은 기술의 변화에 따른 고용형태의 변화를 보여주고 있는데 20세기에는 자원의 특정성과 일의 복잡성으로 인하여 정규직이 해야 할 분야가 넓었음을 보여준다. 그러나 디지털경제로 이전하는 21세기에는 자원의 특정성과 일의 복잡성이 현저하게 줄어듦에 따라 반드시 정규직이 해야 할 분야는 줄어드는 반면 외주, 프리랜서, 파견 등 유연한 고용형태로 처리할 분야가 늘어남을 보여준다.

〈그림 1〉 기술의 변화와 고용의 변화

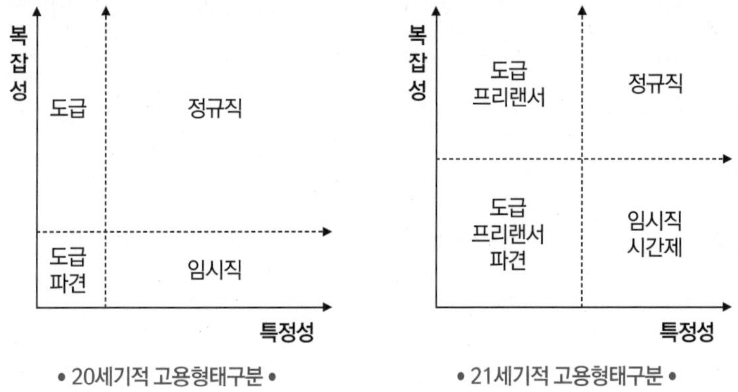

일의 미래에 대한 세 가지 이슈

디지털경제로 인한 일자리의 미래에 대해 여러 가지 측면을 전망할 수 있는데 세 가지로 압축될 수 있다. 즉 일자리 숫자는 전체적으로 늘어날 것인가? 어떤 성격의 일자리가 줄어들고 어떤 성격의 일자리가 늘어날 것인가? 마지막으로 일자리의 고용관계는 어떻게 변화할 것인가? 이다. 이하에서는 이들을 하나씩 살펴보기로 한다.

가. 일자리 숫자는 늘어날 것인가? 줄어들 것인가?

디지털경제로의 이전으로 인하여 일자리가 전체적으로 줄어들지 늘어날지에 대해서는 두 가지 전망이 팽팽하게 맞서 있다. 첫째는 앞으로 일자리가 줄어들 것이라는 전망이다. 이를 비관론이라 하자. 둘째는 일자리가 결코 줄어들지 않을 것이라는 전망이다. 이를 낙관론이라 하자.

일자리가 줄어들 것이라는 비관적 전망은 기본적으로 디지털경제의 다양한 도구들, 예컨대 딥러닝(deep learning) 또는 다른 인공지능을 이용한 로봇 및 각종 애플리케이션 등이 인간의 노동을 대체한다는 '노동력 대체 가설' 위에 세워져 있다. 그래서 노동시장은 디지털 기술에 의한 '기술적 실업(technological unemployment)'으로 채워질 것이라고 전망한다. 리프킨(Rifkin, 1995) 이래 이런 입장에서 최근 가장 많이 인용되는 것은 프레이-오스븐(Frey and Osborne, 2013)인데 이들은 주로 테크놀로지의 관점에서 컴퓨터가 일자리를 대체할 가능성을 분석했다. 그리하여 미국의 일자리 중 약 47퍼센트가 10년 내지 20년 이내에 컴퓨터로 대체(computerization)될 위험에 처해 있다고 발표했다. 당장 수송 분야, 일반사무 및 행정보조 분야, 그리고 생산직 분야의 일자리가 대체될 가능성이 높다고 보았다. 그래서 앞으로 제조업 분야에서는 일자리가 거의 사라질 것으로 보았다. 또 서비스, 판매 및 건설 분야 일자리도 대체될 것으로 보았다. 그리고 이후 연구에서는 영국의 경우 35퍼센트, 일본의 경우 49퍼센트의 일자리가 대체될 위험에 있는 것으로 나타났다.

기술발전과 고용의 관계는 오래된 이슈이며 지금까지의 경험으로 보건대 일자리를 줄이지 않았다는 반론이 있다. 이에 대하여 브린욜프손-매카피(Brynjolfsson and McAfee, 2014)는 『제2의 기계시대

(*The Second Machine Age*)』에서 지금 겪고 있는 디지털 혁명은 그 영향력 면에서 이제까지와 차원이 다르다고 주장한다. 컴퓨터는 단순한 일뿐 아니라 비인지적 지능을 필요로 하는 일까지 할 수 있다고 한다. 그리고 기술혁신이 2의 제곱으로 나타나는 지수함태의 형태를 띠고 있으며 따라서 이제까지는 우리가 알 수 있는 속도로 진전되었지만 이제부터는 우리의 인지력을 뛰어넘는 속도로 전개될 것이며 따라서 고용을 포함한 사회 전반적인 변화가 기하급수적으로 일어나게 된다고 주장한다.

이 같은 논리의 연장선상에서 카플란(Kaplan, 2015)은 고용감소는 고급지식을 필요로 하는 직업에서도 일어날 것이라고 전망한다. 예컨대 변호사 직업은 머지않아 법인서류작성 로봇(FairDocument) 또는 주디카타(Judicata)와 같은 온라인 법률서비스에 의해 대체될 것이라고 전망한다. 포드(Ford, 2015)는 한 발 더 나아가 이제 인간의 노동은 화이트칼라나 블루칼라와 관계없이 사라지게 될 것이고 결국 대량실업 사태를 일으킬 것이라고 전망한다.

이에 반하여 디지털경제의 눈부신 발전에도 불구하고 인간의 일자리는 별로 줄어들지 않거나 오히려 늘어날 수도 있다는 낙관론도 만만치 않다. 우선 낙관론자들은 비관론이 기술의 대체효과만을 주장하며 기술적 대체가능성만 가지고 마치 실제로 대체가 이루어질 것처럼 전망하는 것은 잘못이라고 비판한다.

비관론자들이 주로 엔지니어 배경을 가진 기업가들인데 반해 낙관론자들은 주로 경제학자들이다. 오토(Autor, 2015)는 기술발전에 따른 자동화가 인력을 대체하는 대체효과를 갖는 것도 사실이지만 저널리즘을 비롯한 일부에서 대체효과만을 지나치게 강조하고 있다고 지적하며 대체효과보다는 새로운 인력수요를 창출하는 보완효과가 매우 크다고 강조한다.

베센(Bessen, 2015)은 기술이 가져온 노동수요의 보완효과에 대하여 여러 사례를 제시한다. 산업혁명 시기에 직물기 자동화로 직공의 수작업은 98퍼센트나 기계로 대체되었지만 그 대신 직물의 가격이 매우 낮아짐에 따라 직물의 수요가 폭발적으로 증가하여 직공의 고용은 1830년부터 1900년 사이에 4배나 증가했다고 한다.

베센(2015)이 제시한 보다 흥미로운 최근의 사례는 ATM의 등장과 창구담당직원(teller)의 고용이다. ATM이 등장하면서 은행창구에서 일하는 창구담당직원(teller)의 업무를 대체함에 따라 창구직원은 감소할 것으로 예측되었다. 그러나 1995년부터 2000년 사이에 ATM의 숫자는 10만 개에서 40만 개로 급격히 증가하였음에도 불구하고 창구담당직원의 고용은 줄지 않고 오히려 매년 2퍼센트씩 증가하여 미국의 전체 고용증가율을 능가하였다. 〈그림 2 참조〉

왜 고용이 줄지 않고 늘었는가? ATM으로 인해 창구담당직원의 수요가 감소한 것은 사실이지만 동시에 지점의 유지비가 이전보다 훨씬 싸졌다. 따라서 은행들은 더 많은 지점을 설립하게 되었다. 지점당 창구담당직원의 숫자는 줄었지만 지점 숫자의 증가율이 이보다 높았다. 이에 따라 창구담당직원의 전체 고용은 늘어나게 되었다는 것이다. 또한 창구담당직원들이 이제는 단순한 출납업무만 하

〈그림2〉 ATM의 증가와 은행 teller 숫자의 변화

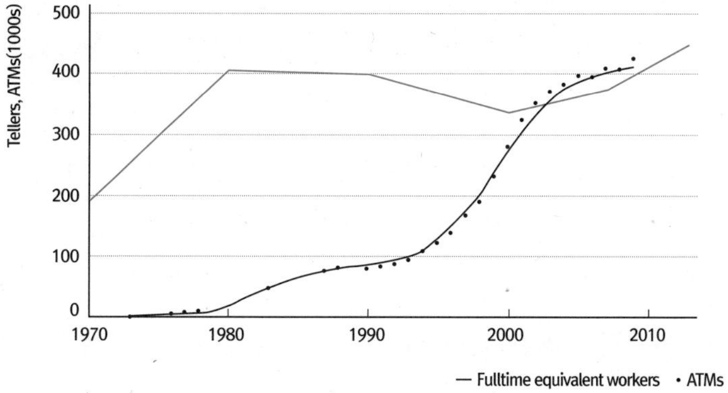

지 않고 금융상품 마케팅 등 비정형화된 일들을 함으로써 일의 내용이 바뀌었다고 한다.

오토(Autor, 2015)는 기술이 특정 일자리를 없애는지는 그 일자리에서 이뤄지는 업무(task)들이 기술과 전부 대체되는지, 일부는 대체되더라도 일부는 보완되는지에 달렸다고 한다. 즉 일자리의 업무들이 기술에 의해 모두 대체된다면 그 일자리는 없어질 것이다. 그러나 보완되는 업무가 있다면 기술이 업무의 일부를 대체함으로써 보완관계에 있는 업무의 생산성은 오히려 올라간다는 것이다. 따라서 그 일자리는 없어지지 않고 오히려 수요가 늘 수 있다고 한다.

오토(2015)는 또 기술이 가져오는 고용보완 효과와 함께 새로운 제품수요가 창출되는 시장창출 효과가 있다고 주장한다. 역사적인

사례로 그는 1920년대에 승용차가 많아짐에 따라 마차의 수요는 줄었지만 이제 승용차로 여행하는 사람들을 위해 도로를 따라 수많은 모텔 및 식당이 생겼으며 이로 인해 많은 고용이 창출되었음을 들고 있다. 이와 관련하여 세계은행그룹(World Bank Group, 2015)은 정보통신산업에서 하나의 일자리가 만들어지면 이는 다른 산업에서 2개~4개의 일자리를 창출한다고 보고하고 있다.

나. 어떤 성격의 일자리가 줄어들고 어떤 성격의 일자리가 늘어날 것인가?

디지털경제의 발달로 인하여 일자리가 전체적으로 줄어들지 늘어날지에 대해서는 상반된 전망이 팽팽히 맞서 있다. 그러나 어떤 일자리가 줄어들고 어떤 일자리는 영향을 받지 않거나 늘어날지에 대해서는 공통적인 의견이 모아진다.

먼저 줄어드는 일자리들은 업무가 정형화(routine)된 것들이다. 즉 어떤 조건에서는 어떻게 처리한다는 식으로 일 처리의 알고리즘을 만들 수 있는 업무들은 디지털 기술에 의해 코드화할 수 있으므로 대체가 가능하다. 그리고 이렇게 정형화된 업무가 주된 업무인 일자리들은 기계 또는 프로그램으로 대체되어 없어질 것이다. 프레이-오스본(Frey and Osborne, 2013)은 수송 분야에서 예컨대 택시기사 또는 화물차기사의 고용이 줄어들 것으로 예상한다. 이는 운전업무가 정형화된 업무이고 갈수록 센서의 기술은 발달하고 비용은 싸지기 때문이다. 또 사무지원 분야에서는 안내요원 또는 보안요원의 업무가 정형화되어 있으므로 로봇으로 대체될 것이라고 본다. 또 영업 및 서비스 분야 예컨대 출납원, 렌털데스크 요원, 텔레마케터, 및 회계요원 등도 대체 가능성이 높은 것으로 나타났다. 영업 및 서비스 분야의 일자리는 고객 등과 상호접촉(interaction)이 필요하여 컴퓨터나 로봇으로의 대체가 어려울 것으로 생각될 수도 있으나 이 업무가 필요로 하는 사회적 지성(social intelligence)이 비교적 단순하므로 대체될 가능성이 높다는 것이다.

이상에서 설명한 대체는 단순한 일자리가 기계로 대체되고 복잡하고 지식을 요하는 일자리는 대체되기 어렵다는 것을 의미하지 않는다. 아세모쿨루-오토(Acemoglu and Autor, 2010)는 육체노동이나 지식노동 여부와 상관없이 정형적 노동의 수요가 빠르게 감소하였음을 밝혔다. 다시 말해서 지식노동이라도 정형화된 일자리는 수요가 감소한 반면 육체노동이라도 비정형적인 노동은 수요가 유지되었다는 것이다. 예컨대 회계담당자의 일이 청소원의 일보다 자동화하기기 훨씬 쉽다는 것이다.

그러면 어떤 성격의 일자리들은 기계화에 영향을 받지 않거나 오히려 수요가 늘어날까? 프레이-오스본(Frey and Osborne, 2013)은 '더 복잡한 통찰력과 조정력'이 요구되는 일에서 인간은 기계에 비해 우위에 있을 것으로 본다. 그래서 인간적 체험이 요구되는 일반직 또는 창의력이나 예술성이 요구되는 전문직 등이 수요가 유지된다는 것이다. 예컨대 '협상하고, 설득하고, 조정하는 등' 사회적 통찰력을 필요로 하는 기업경영 또는 금융 분야의 매니저 직업을 들 수 있다. 또 인간적 관심과 애정이 필요한 교육, 보건, 미디어, 연에 분야의 직업도 들어간다. 전문직의 경우 높은 수준의 창의적 지성이 요구되는 엔지니어링 및 과학 분야의 직업이 들어간다.

한편 OECD(2016)는 국가 간 비교를 통해 면대면 상호접촉(face to face interaction)이 많은 일자리는 상대적으로 기계로의 대체가 어렵다고 했다. 반면 전술한 바와 같이 프레이-오스본(2013)은 상호접촉보다는 사회적 지성(social intelligence)을 필요로 하는 일자리일수록 더 대체되기 어렵다고 했다.

오토(2015)는 일자리의 평균적 성격보다는 일자리를 구성하는 업무(task)의 성격을 분석하는 것이 일자리 수요의 증감 여부를 판단하는 데 더 도움이 된다고 주장한다. 일자리라는 것은 단 하나의 업무로만 이루어진 것이 아니라 몇 가지의 업무가 묶여있는 경우가 대부분이다. 예컨대 은행 창구담당직원은 현금출납과 같은 정형화된 업무도 하지만 신용카드를 고객에게 권하는 것과 같은 관계적 은행 업무(relational banking)도 한다는 것이다. 이런 경우 전술한 바와 같은 ATM의 도입은 창구담당직원의 일 중 현금출납 업무는 대체하지만 관계적 업무는 대체하지 못하므로 일자리 자체를 대체하지 못한다. 그 대신 창구담당직원의 업무내용이 이제 관계적 은행 업무를 주로 하는 것으로 바뀐다는 것이다. OECD(2016)는 이렇게 업무 기준으로 대체 여부를 조사한 결과 OECD국가의 일자리 중 일자리 자체의 자동화의 위험이 높은 비중은 평균 9퍼센트에 불과한 반면 업무의 변화가 예상되는 비중은 이보다 훨씬 높은 것으로 나타났다.

다. 일자리의 고용관계는 어떻게 변화할 것인가?

디지털경제가 일자리에 미치는 영향이 가장 심대하면서도 아직까지 깊이 논의되지 않고 있는 이슈는 일자리의 고용관계가 어떻게 변화하는가이다. 디지털경제의 진전 결과 일자리는 점점 더 일시적(temporary)이며 독립적(independent)으로 변하고 있다. 그래서 최근에는 디지털경제는 이른바 긱경제(Gig economy)라 불리기도 한다.[2]

노동시장에서 임시직 일자리가 늘어나는 것은 세계화 이후 일관되게 관찰되고 있는 시대적 추세다. 즉 주어진 일을 보다 낮은 비용으로 할 수 있는 지역 또는 집단으로 이전하는 아웃소싱(outsourcing)의 발달과 함께 증가해 왔다. 여기에 디지털 기술의 발달로 인터넷 망을 이용한 새로운 비즈니스(우버, 에어비엔비 등)가 생기고, 또한 기존의 생산도 새로운 방식으로 이루어지면서 일자리의 성격은 더욱 일시적이며, 독립적으로 바뀌게 되었다.

대표적인 사례가 공유경제(sharing economy)의 일자리로서 예컨대 우버의 경우 독립적인 위치에 있는 개인이 자신이 원하는 장소에서 원하는 시간만큼 서비스를 제공한다. 에어비엔비 또한 독립적인 개인이 자신의 장소를 원하는 시간만큼 숙소로 제공한다. 기존의 택시회사 또는 호텔이 시간적, 장소적 제약 아래 비즈니스를 하

2 긱(Gig)이란 본래 공연장을 뜻한다고 한다. 연예인들이 어떤 도시에서 공연을 하기로 하면 공연에 필요한 연주자, 스태프들을 그 도시에서 모아 공연기간 동안 일시적으로 같이 일하다가 공연이 끝나고 다른 도시로 이동하게 되면 다 흩어져 각자 다른 길을 가는데 디지털경제의 일하는 모습이 이와 비슷하다 하여 긱경제로 불린다.

던 것에서 벗어나 시간적, 장소적 제약이 없어졌다. 이에 따라 근로 또한 시간적, 장소적 제약을 벗어나게 되었다. 이는 고용관계에서 혁명적 변화를 일으키는 데 전통적인 위계질서(hierrachy)를 갖는 고용-피고용관계가 적용되기 어렵기 때문에 프리랜서 또는 독립 계약자(independent contractor)로서 활동하게 된다. 그리고 일에 대한 보상은 투입(input)이 측정되기 어려우므로 산출(output)에 근거해서 이뤄지기 쉽다.

디지털 기술은 또 하나의 일이 많은 작은 업무들(micro tasks)로 쪼개지도록 만들었다. 그리고 이 작은 업무들 중 정형화된 업무(routine task)들은 기계 또는 프로그램으로 대체시킴으로써 어떤 일에 걸리는 시간을 단축하거나 노력을 단순화하게 하였다. 이는 일자리의 임시직화, 또는 시간제화를 가능하게 하였다. 그래서 이전에는 정규직이 하던 일도 이제는 임시직 또는 파트타임직이 할 수 있게 되었다. 회계업무 또는 세무업무 등이 전문 소프트웨어의 사용으로 단순해진 것이 대표적 예이다.

프리랜서의 증가 및 임시직의 증가로 나타나는 고용관계의 변화는 다른 측면에서 보면 이른바 정규직 중심으로 이루어지는 고용관계로부터 이제는 정규직은 갈수록 줄어들고 프리랜서와 임시직이 주류를 이루는 이른바 '프로젝트 고용관계'로 바뀌고 있다는 것을 의미한다.

고용관계의 변화 내용

가. 플랫폼경제의 발전과 프리랜서의 확산

디지털경제가 고용관계에 영향을 주는 것 중 가장 눈에 띄는 것은 이른바 플랫폼경제(platform economy) 또는 공유경제의 등장으로 인한 프리랜서 또는 독립 근로자의 확산일 것이다. 우선 플랫폼경제의 성격과 형태에 대해서 살펴보고 사례를 통하여 플랫폼경제에 종사하는 프리랜서들의 고용 여건을 살펴본다.

(1) 플랫폼경제의 성격과 형태

플랫폼경제는 〈그림 3〉과 같이 나타낼 수 있다. 플랫폼은 기본적으로 수요자와 공급자를 연결하는 공간이며 이를 통하여 개인 수요

〈그림 3〉 온라인 플랫폼을 이용한 거래들

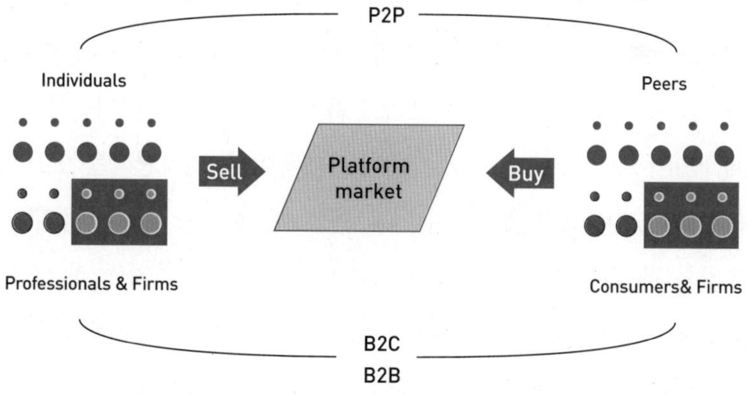

자와 공급자 거래를 할 수도 있고 기업과 개인 또는 기업과 기업도 거래를 할 수 있다.

플랫폼경제의 발전은 괄목할만하여 예컨대 미국의 경우 성인의 72퍼센트가 11개의 플랫폼 서비스 중 적어도 한 개 이상 사용한 경험이 있으며 유럽의 경우 17퍼센트가 적어도 한 번 이상 사용한 경험이 있다고 한다(OECD, 2016). 그리고 미국에서는 플랫폼을 이용하여 소득을 얻는 개인의 숫자가 2012년~2015년 사이 10배가 증가하여 성인 인구의 1퍼센트가 되었다(JPM, 2016; Intuit, 2015).

(2) 사례: Upwork 및 Freelancer

플랫폼경제는 오프라인일 뿐 아니라 온라인을 통한 일의 중개기능을 한다. 이른바 디지털 워크(digital work)의 플랫폼의 케이스로는 업워크(Upwork)와 프리랜서(Freelancer)를 들 수 있다. 두 플랫폼 모두 전문인력 프리랜서와 수요자를 연결해주는 플랫폼이다.

업워크는 캘리포니아에 기반을 두고 있고 등록된 프리랜서는 약 1,200만 명이며 등록된 고객은 약 500만 명이다. 일 년에 평균 300만 개의 일거리가 게시되며 그 보수가치는 약 10억 달러가 되는 전 세계에서 가장 규모가 큰 프리랜서 플랫폼이다. 프리랜서는 오스트레일리아 기반의 플랫폼이며 미국, 인도, 필리핀 등 세계 각국의 수요자와 공급자들이 등록돼 있다. 2009년 이래 지금까지 누적 2,000만이 넘는 수요자와 공급자가 연결됐고 누적매출은 30억 달러로 발표됐다. 2015년에는 약 170만 개의 일거리가 게시되었다.

〈그림 4〉 Upwork 및 Freelancer에 등록된 규모

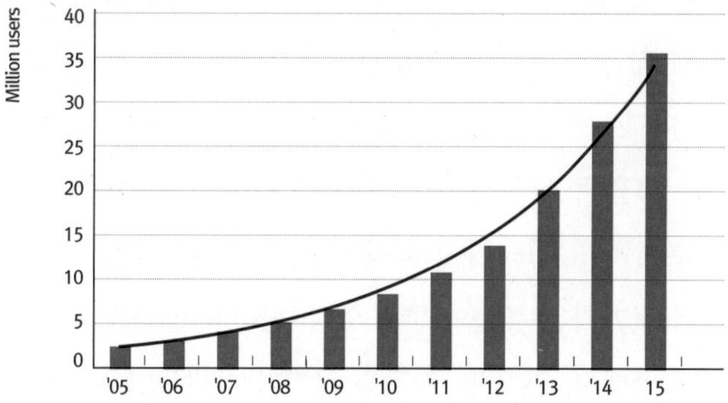

Note: Includes extrapolated figures based on most recent annual growth rates.
Source: OECD estimates based on data from Upwork (2015a) and Freelancer (2016).

두 플랫폼에 게시되는 일거리는 여러 직업군에 걸쳐 낮은 기술수준부터 높은 기술수준까지 다양한데 보수 가액이 큰 기준으로 볼 때 가장 중요한 직종은 기술, 행정지원, 번역, 디자인, 아키텍처, 그리고 멀티미디어 분야이다. 그리고 업워크에서 가장 빨리 성장하는 직업은 모바일분야, 판매, 마케팅 및 행정지원으로 나타나고 있으나 재무서비스, 법무서비스도 빠르게 증가하는 것으로 나타나고 있다. 각각의 직업분야에서 거래규모가 얼마나 되는지는 자료가 없으나 2015년 기준 평균적인 프로젝트 가격은 프리랜서가 156달러, 업워크가 145달러 정도인 것으로 보고되고 있다(OECD, 2016).

디지털 워크는 국경을 초월한다. 아그라왈(Agrawal, 2015)은 2012

년 업워크 자료를 바탕으로 수요자와 공급자의 국적을 분석한 결과 고소득 국가의 수요자들 숫자가 저소득 국가의 수요자 숫자보다 10배나 많음을 발견했다. 또 공급자의 경우 저소득 국가의 공급자 숫자는 고소득 국가의 공급자 숫자보다 4.5배가 많음을 발견하였다. 〈표 1〉은 주요 수요자 국가와 주요 공급자 국가를 보여주고 있는데 주요 수요자 국가에는 미국, 영국, 프랑스, 독일, 네덜란드 등 고소득 국가가 주류를 이루고 있다. 반면에 공급자 국가에는 필리핀, 방글라데시, 인도 등 저소득 국가가 다수 포함돼 있다. 따라서 수가가 싼 해외로의 오프쇼링(offshoring)이 일어나고 있음을 알

〈표 1〉 상위 10개 수요자 국가 및 공급자 국가 Upwork, 2014

수요자 국가	공급자 국가
US	US
UK	Philippines
France	Russia
Germany	Bangladesh
Israel	UK
Netherlands	Romania
Singapore	India
Switzerland	Ukraine
Australia	Pakistan
Canada	Canada

수 있다. 그러나 공급자 국가에는 미국이나 캐나다와 같은 고소득 국가도 포함되어 국내 거래도 활발함을 아울러 보여주므로 오프쇼링만을 주된 이유로 볼 수는 없다.

나. 정규직 고용관계의 쇠퇴와 자유계약의 증가

디지털경제는 앞서 본 바와 같이 프리랜서를 증가시킴은 물론 플랫폼시장이 아닌 다른 부문에서도 전통적인 고용관계가 성립되기 어렵도록 만든다. 또 디지털경제는 엄청난 정보가 곳곳으로 연결되도록 한다. 이러한 작업을 원활하게 소화하려면 조직이 얇아져야 하고 개방되어야 하므로 고용관계도 얇고 개방된 네트워크 조직에 맞게 바뀔 수밖에 없다. 따라서 개인의 자유에 따라 독립적으로 일하는 자유계약관계가 늘어날 것이다.

새로운 일자리의 모습은 아래와 같이 요약될 수 있다.

① 마이크로태스크(microtask)와 온라인 워크(online work)가 늘어난다.

② 이는 일자리가 단기간 또는 프로젝트 형으로 바뀌는 것을 의미한다. 계약은 없거나 짧으며 일은 단속적으로 진행된다.

③ 근로자는 사용자를 만날 필요가 없이 상호 합의된 독립적인 업무만 한다.

④ 근로자는 한 번에 여러 개의 직업을 가질 수 있다.

⑤ 근로시간과 장소의 제약은 없거나 과거에 비해 현저히 줄어

든다. 일하는 날과 휴일의 구분이 모호해진다. 근로자는 근로 시간의 유연성을 가지며 기준근로시간에 관한 법제도가 무의미해진다.

⑥ 고용주와 피고용관계의 경계가 느슨해진다. 근로자는 스스로 일의 결과에 대해 책임지며 당장 쓸 수 있는 기술력을 갖출 것을 요구받는다.

⑦ 집단보다는 개인에 초점을 맞추게 된다(고용관계의 개별화).

⑧ 일은 네트워크를 통해 여럿이 같이 하는 형태를 갖는다. 개인은 그중의 한 모듈(module) 또는 업무를 맡아서 한다. 업무에 대한 보상은 있으나 최저임금은 없다.

⑨ 근로자 간에도 글로벌 컴피티션(global competition)이 일어난다.

⑩ 정형화된 업무는 자동화 또는 프로그램화되고 사람이 하는 일은 정형화되기 어려운, 그리고 예외적인 기반의 일들을 한다. 예컨대 고기 잡는 일은 어군탐지 네트워크로 하되 어부는 귀항하면서 어느 시장의 생선가격이 가장 좋은지를 알아보는 일을 한다(European Commission, 2016).

⑪ 도전적이고 문제해결 능력이 있는 근로자가 환영받는다.

⑫ 이런 근로자는 스스로 결정하고 통제할 수 있는 근무환경에서 일하려고 한다.

결국 디지털경제에는 20세기 기준으로 보면 비표준(non standard)

근로형태가 많아지고 표준적인 고용형태는 점점 줄어들 것으로 예상된다(OECD, 2016).

여기에서 비표준근로형태(non standard forms of work)에 대한 정의가 필요한데 OECD(2016)는 이를 '전일제 상용직(full-time dependent employment with a contract of indefinite duration)이 아닌 근로형태'라고 정의하고 있다. 그리고 여기에는 크게 3가지가 포함되는데 첫째, 자영업자(self-employed (own-account)), 둘째 임시직 전일제 피고용자(temporary full-time employees), 마지막으로 상용과 임시를 막론하고 모든 시간제 피고용자(part-time employees (including permanent and temporary contracts))가 들어간다. 따라서 우리나라의 이른바 '비정규직'과는 정의가 다르다.

OECD국가들의 비표준근로형태는 계속 늘어나고 있다. 뒤집어 말하면 정규직의 비중은 계속 줄어들고 있다. 29개 OECD국가의 전체 고용 중 비표준근로의 비중은 평균 33퍼센트이며 임시직, 시간제 및 자영업의 비중은 서로 거의 비슷하다. (그림 5 참조)

플랫폼경제의 일원일 것으로 짐작되는 자영업 또는 자기고용자의 비중은 10.5퍼센트이다. 그리고 2007년~2013년 기간 중 비표준근로는 0.8퍼센트 증가한 반면, 같은 기간 중 표준근로(정규직)는 2.8퍼센트 감소한 것으로 나타났다. 그러나 현행 통계는 복수의 직업을 갖는 상용직을 표준근로로 집계하므로 디지털경제의 근로자를 과소 집계할 가능성이 있다.

〈그림 6〉은 국가별로 표준근로와 비표준근로의 변화를 보여주

〈그림5〉 비표준근로의 전체 근로자에서 차지하는 비중

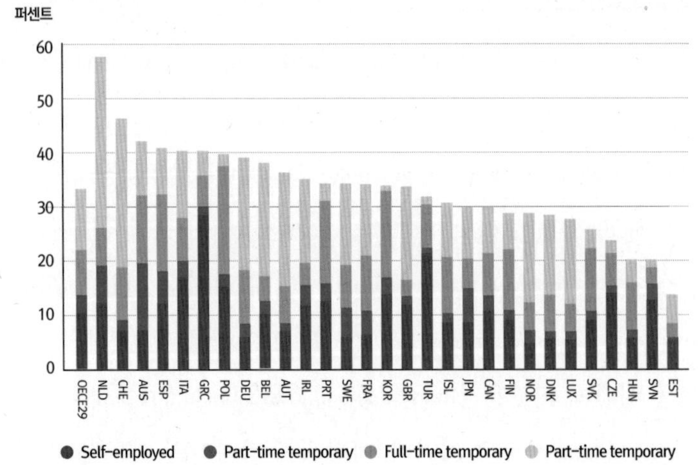

〈그림 6〉 유형별 고용 증가 2007-2013

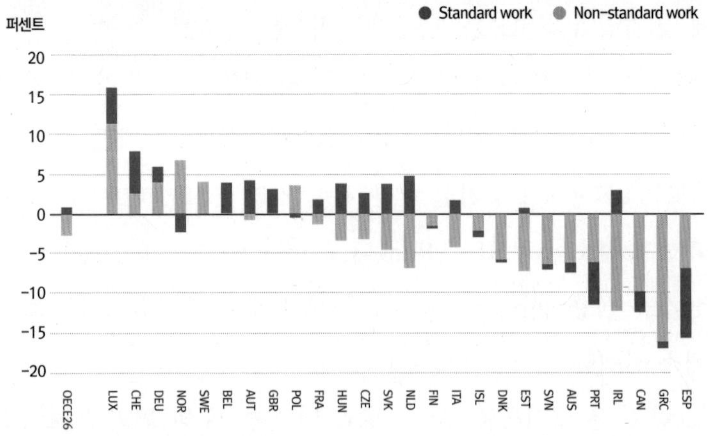

는데 비표준근로는 증가한 국가가 많고 표준근로는 감소한 국가가 많음을 알 수 있다. 특히 비표준근로의 증가보다는 표준근로 즉 정규직의 감소가 더욱 확실한 추세로 드러나고 있다. 한편 미국의 경우 카츠-크루커(Katz and Krueger, 2016)의 조사가 가장 최근인데 파트타이머를 제외한 임시직 및 프리랜서의 비중은 2005년 10.1퍼센트에서 2015년에는 15.8퍼센트로 증가한 것으로 나타나서 역시 빠르게 증가하고 있음을 알 수 있다.

미래의 노동은 자유와 기회

미래의 노동은 보다 많은 사람들에게 자유와 기회를 줄 것이다. 일하는 시간과 공간의 제약이 없어지고 경직적인 고용관계의 제약도 없어질 것이기 때문이다. 플랫폼시장에서 일하는 근로자들을 조사하면 이들이 선호하는 주요 이유로 유연성(flexibility)을 꼽고 있다(Hall and Krueger, 2015). 특히 가족을 돌보아야 하는 주부들에게 유리한 환경을 제공한다. 인터넷을 통한 노동을 할 수 있는 기회를 갖는 사람은 자기네 나라에서 근로가 허용되지 않는 여성들, 신체적 장애를 가진 사람들 및 좁은 지역시장에서는 자신이 가진 기술의 수요자가 없는 기술자들이다. 또 프랑스의 우버(Uber) 기사들의 사례에서 보듯이 기술이 없어 취업이 어려운 실업자들도 우버와 같은 시장에는 진입장벽 없이 들어올 수 있다. 또한 고급 기술을 가진 기술자들은 풀타임 직업을 가질 수도 있지만 디지털경제가 주는 유연성과 독립성의 매력 때문에 이쪽에서 일하기를 선호할 수도 있다(OECD, 2016).

미래의 노동은 기계가 인간을 대체하는 것이 아니라 일의 일정 부분을 기계가 맡고 인간은 이를 활용하여 일을 하므로 보다 창의적이고 유연한 일이 될 것이다. 일자리란 여러 개의 업무(task)가 혼합되어 있는데 그중 정형화되어 있고 반복적인 일(routine job)은 인공지능 또는 로봇에 의해 수행될 것이다. 일의 대부분이 정형화된 업무들로 이루어진 경우 그 일자리는 없어질 것(기계에 의해 대체될 것)이다. 그러나 이렇게 완전히 대체되는 일자리의 숫자는 많지 않으며, 있더라도 대체되고 남은 많은 일자리들은 기계화와 보완관계에 있다. 그리고 이런 일들은 로봇이나 기타 기계화를 활용하므로 오히려 생산성이 증가한다(Autor, 2015). 따라서 인간은 기계적인 반복형 노동에서 벗어나 창의성과 감수성을 발휘할 수 있는 자유롭고 유연한 노동을 하게 될 것이다.

한편 기업과 고용주의 입장에서 디지털경제는 좋은 요소시장이다. 대기업도 마찬가지이지만 특히 중소기업에서는 필요한 기술을 가진 인재를 구하는데 막대한 거래비용이 드는데 플랫폼경제를 이용하면 필요한 때 필요한 만큼의 전문적 인적자원을 활용할 수 있다. 한 조사에 따르면 중소기업이 플랫폼시장을 선호하는 이유는 필요한 재능을 쉽게 구할 수 있기 때문이며(58퍼센트), 전통적인 채용에 비해서 비용이 절감되기 때문(52퍼센트)이라고 한다(Nubelo,

2014). 중소기업뿐 아니라 대규모 조직도 온라인 노동시장을 이용하는데 미 항공우주국(NASA)의 경우 우주탐사에 쓰이는 하이테크 부품의 디자인을 위하여 프리랜서들을 계속해서 사용하는 것으로 나타났다(OECD, 2016).

미래의 일은 인공지능, 로봇 등 기술에 의해 수행되는 업무(task) 및 이와 보완관계를 이루는 업무로 구성되므로 일반적으로 생산성이 더 높아지고 임금도 높아질 것이다. 또한 미래의 노동은 개인의 선택에 따라 자유롭고 독립적이므로 수입은 서비스의 내용과 방식에 따라 달라질 것으로 보인다. 앞에서 본 바와 같이 근로서비스는 노동집약적일 수도 자본집약적일 수도 있고, 인지력을 요할 수도 수작업을 요할 수도 있다. 인지력을 요구하는 일은 단순 수작업을 요하는 일보다는 보수가 높을 것으로 예상되며 따라서 디지털노동이 육체노동보다 더 보수가 높을 것으로 예상된다. 벨기에의 경우 플랫폼시장을 통해 이루어지는 근로자의 임금은 전통적인 노동시장에서의 해당 직업임금보다 높은 경향이 있다고 한다. (De Groen et al, 2016)

디지털경제의 노동은 일하는 사람에게 유연성을 주는 장점도 있지만 유연성이 경우에 따라서는 고통이 될 수도 있다. 예컨대 시간대가 다른 고객을 위해 일하는 경우 자야할 시간에 일어나서 고객과 소통해야 할지도 모른다. 이를 회피하면 고객으로부터 낮은 만족도 점수를 받을 것이기 때문이다. 또 자국 내 시장의 수요가 충분하지 않으면 글로벌시장에서 경쟁해야 하는데 근로자간 글로벌 경쟁은 고소득 국가 근로자에게는 불리하게 작용할 수 있다. 프리랜서의 경우 보통 여러 고용주 또는 서비스고객과 거래를 하게 되는데 여러 고객을 위해서 불연속적인 서비스를 연결시키는 것이 큰 도전이다. 즉 근로시간을 조정하는 문제, 특정한 일 수행의 경제성을 따지는 문제, 일을 통해서 자신의 전문성과 평판을 쌓는 문제, 전문적인 네트워크를 형성하는 문제 등을 스스로 해결해야 한다.

요약하자면 근로자들의 독립성과 자유는 늘어나지만 자기 스스로 실력을 갖추어야 하는 것이 요구된다. 따라서 시장에서 인정받는 기술과 지식을 갖추기 위해서 끊임없이 새로운 교육과 훈련을 받아야 하는 과제를 안게 될 것이다.

•• 제8장 ••

가난한 사람을 어떻게, 얼마큼 도와줄 것인가[1]

박기성
성신여자대학교 경제학과 교수

서론

가난한 사람을 '어떻게(how)', '얼마큼(how much)' 도와줄 것인가? '어떻게'는 우선 가난한 사람을 정확히 식별해서 가난한 사람을 직접 도와주는 것이다(Friedman 1962, p.191). 특정 직종, 산업, 연령대, 노동조합 전반이나 일정 수준 이하의 임금 계층을 타깃으로 해서는 안 된다. 예를 들어 65세 이상에게 지불되는 기초연금, 최저임금제, 노동조합 및 비정규직 보호법제, 청년고용 할당제, 가격보조, 관

1 이 장은 박기성 · 변양규(2017)의 일부를 수정한 박기성(2017)을 수정한 것이다.

세나 각종 무역장벽 등이다. 이 집단에 속하는 모두가 가난한 사람은 아니므로 잘못된 타깃이다. '어떻게'의 두 번째는 가능한 한 시장을 통해 작동하여 시장기능을 왜곡시키거나 방해하지 않는 것이다(Friedman 1962, p.191). 최저임금제, 노동조합 및 비정규직 보호법제, 청년고용 할당제, 가격보조, 관세나 무역장벽 등이 이 두 번째에 어긋나는 예들이다. 우리는 이 장에서 가난한 사람을 정확히 식별하고 시장기능을 왜곡시키지 않으면서 도와주는 제도가 안심소득제(safety income system)임을 논증한다. 그리고 '얼마큼'에 대해서도 적절한 답을 한다.

2016년 6월 사회보장위원회는 '제1차 사회보장기본계획 2016년도 시행계획'을 확정했는데, 총 187개 세부과제로 구성돼 있다. 또 '2016년도 시·도 지역사회보장계획 연차별 시행계획'도 의결했는데, 806개의 세부사업으로 구성돼 있다(보건복지부 보도자료 2016. 6. 5.). 그리고 '2017년도 예산안 편성 및 기금운용계획안 작성 세부지침(기획재정부 2016. 4.)'에 의하면 사회보장사업 목록에 286개 사업이 올라와 있다. 그러나 이 모든 목록들에 예를 들어 실업급여지급 사업은 포함되어 있지 않다. '2016 나라살림 예산개요(기획재정부)'에 의하면 2016년 보건·복지·노동 분야의 중앙정부 예산은 123.4조 원으로 2016년 중앙정부 지출예산(386.4조 원)의 31.9퍼센트에 달한다. 이 예산에는 최저임금제를 시행해서 저임금 근로자들의 임금이 상승하는 것은 포함될 수 없고, 지방자치단체에서 시행하는 복지제도도 포함되지 않는다.[2] 이처럼 한국의 복지제도는 너무 많고 복잡해서 모두 열거하고 그 규모와 내용을 파악하는 것이 쉽지 않다.

한국에서 저소득 가구를 지원하는 대표적인 복지제도는 기초생활보장제도와 근로·자녀장려금이다. 우리는 각각에 대해 개관한 후 종합적인 평가를 한다. 이 대표적인 복지제도들 대신에 음소득세(negative income tax) 개념에 근거한 안심소득제가 노동공급을 늘리고 소득을 증대하는 것으로 보인다.[3] 최저임금을 가파르게 인상하는 것보다 안심소득제가 저소득 가구를 지원하는데 훨씬 더 효과적이며 국민경제에 대한 부담도 상대적으로 낮다는 점도 지적한다.

기초생활보장제도

기초생활보장제도는 생활이 어려운 저소득 가구에 대한 지원이다. 이 지원에는 생계, 주거, 교육, 자활, 의료, 해산, 장제 등 7개 급여가 있다. 2016년의 각 급여는 다음과 같다.

생계급여는 가구의 소득인정액이 4인 가구 기준 월중위소득 439

2 '2016년도 시 · 도 지역사회보장계획 연차별 시행계획'에 따르면 지방자치단체 고유의 2016년 사회보장사업 예산은 7조 1,218억 원이다(보건복지부 보도자료 2016. 6. 5.).

3 이 장에서는 밀턴 프리드먼(Milton Friedman)의 음소득세(negative income tax)의 개념에 근거한 제도를 제안하며 이를 안심소득(safety income) 또는 안심소득제(safety income system)라고 부르기로 한다.

만 1,434원의 29퍼센트인 127만 3,516원에 미달하는 가구에게 127만 3,516원에서 소득인정액을 차감한 금액을 매월 지급하는 것이다(보건복지부 2016a).

주거급여는 소득인정액이 4인 가구 기준 월중위소득 439만 1,434원의 43퍼센트인 188만 8,317원 이하인 가구에게 매월 최대 30만 7,000원(서울)을 지급하는 것이다(국토교통부 2016).

교육급여는 4인 가구 기준 월중위소득 439만 1,434원의 50퍼센트인 219만 5,717원 이하인 가구의 초·중·고등학교 자녀에게 지급한다. 고등학생의 경우 입학금 및 수업료 전액과 1인당 연 13만 1,300원의 교과서대금(부교재비 포함) 그리고 5만 3,300원의 학용품비를 지급한다.[4]

의료급여는 소득인정액이 4인 가구 기준 월중위소득 439만 1,434원의 40퍼센트인 175만 6,574원 이하인 가구의 모든 구성원에게 지급된다(보건복지부 2016b). 1종 수급권자는 이들 중 근로무능력 가구, 희귀난치성질환 등록자, 중증질환(암환자, 중증화상환자만 해당) 등록자, 시설수급자이다. 그 외에 행려환자, 이재민, 의상자 및 의사자의 유족, 입양아동(18세 미만), 국가유공자, 중요무형문화재의 보유자, 북한이탈주민, 5·18 민주화 운동 관련자, 노숙인도 1종 수급권자이다. 2종 수급권자는 기초생활보장대상자(기준 중위소득 40퍼센트 이하) 중 1종 수급대상이 아닌 가구이다. 수급권자가 의료기관

4 출처: http://www.bokjiro.go.kr/welInfo/retrieveGvmtWelInfo.do?welInfSno=281, 교육부, (2015)

<표 1> 수급권자가 의료기관 등을 이용한 경우 본인이 부담해야 하는 금액

구분		1차(의원)	2차 (병원, 종합병원)	3차 (지정병원)	약국	PET 등
1종	입원	없음	없음	없음	-	없음
	외래	1,000원	1,500원	2,000원	500원	5퍼센트
2종	입원	10퍼센트	10퍼센트	10퍼센트	-	10퍼센트
	외래	1,000원	15퍼센트	15퍼센트	500원	15퍼센트

출처: 보건복지부(2016b).

등을 이용한 경우 본인이 부담해야 하는 금액은 <표 1>과 같다.

자활급여는 근로능력이 있는 생계나 의료급여 수급(권)자와 주거급여나 교육급여 수급(권)자 그리고 근로능력이 있고 소득인정액이 기준 중위소득의 50퍼센트 이하인 비수급권자(차상위자)가 자활사업에서 근로하고 그 대가로 받는 것이다(보건복지부 2016c). 자활급여는 소득으로 인정돼 자활급여를 받은 만큼 생계급여가 줄어든다.

해산급여는 생계, 의료, 또는 주거급여 수급자가 출산(출산예정 포함)한 경우 출생영아 1인당 60만 원(쌍둥이 120만 원)을 지급하는 것이다. 장제급여는 생계, 의료, 또는 주거급여 수급자가 사망한 경우 가구당 75만 원을 지급하는 것이다.

소득인정액이 없는 4인 가구에 지급되는 월 지원액은 생계급여 127만 3,516원과 주거급여(서울) 30만 7,000원을 합해 158만 516

원이다. 연 지원액은 158만 516원 × 12 = 1,896만 6,192원이다. 이 가구의 고등학생 자녀가 1년 동안 받는 교육급여는 수업료 145만 800원 + 교과서대금 13만 1,300원 + 학용품비 5만 3,300원 = 163만 5,400원이다. 만약 이 가구에 두 명의 고등학생 자녀가 있다면 교육급여 327만 800원이 추가되어 생계, 주거, 교육급여의 합은 연 2,223만 6,992원이 된다.

2016년 생계급여 예산은 3조 2,728억 원이고 지원대상은 135만 명, 81만 가구(2015년과 동일)로 예상된다. 주거급여 예산은 1조 289억 원이고 지원대상은 80만 가구로 예상된다. 교육급여 예산은 1,451억 원이다. 의료급여 예산은 4조 7,224억 원이다. 지원대상은 기초생활수급자 147만 명과 타법수급자 10만 명을 합해 157만 명으로 예상된다(기획재정부 2016). 이 예산을 지원대상자수로 나누면 1인당 연 300만 원 정도를 의료급여로 지원하는 것이다. 위의 생계, 주거, 교육급여의 합 2,223만 6,992원에 이 의료급여액을 더하면 3,423만 6,992원이다. 즉 소득인정액이 없고 두 자녀가 고등학생인 서울 거주 4인 가구에 지급되는 생계, 주거, 교육, 의료급여의 합은 연 3,400만 원 정도이다. 자활사업 예산은 자활급여 3,273억 원을 포함하여 3,802억 원이다(보건복지부 2016년 예산). 지원대상은 5만 명(2015년과 동일)으로 예상된다. 보건복지부 사회복지정책실이 기초생활보장제도 업무를 전담한다.

지금까지 서술한 7개 급여 외에 자산형성지원(2016년 예산 678억 원)과 긴급복지지원(2016년 예산 1,013억 원)을 포함한 2016년 기초생활보장 부문의 예산은 10조 1,311억 원이다. 기초생활보장제도의 7개 급여 중 1개 급여라도 수급 받는 기초생활보장수급자는 약 210만 명으로 예상된다(기획재정부 2016).

소득인정액은 다음과 같이 산정된다(보건복지부 2016a).

> 소득인정액 = 소득평가액 [실제소득 – 가구특성별 지출비용 – 근로소득공제]+재산의 소득환산액 [(재산 – 기본재산액 – 부채)×소득환산율]
>
> ※ 소득평가액 및 재산의 소득환산액이 (-)인 경우는 0원으로 처리

아래에서 살펴볼 근로장려금 및 자녀장려금은 소득인정액에서 제외되므로 기초생활보장제도의 각종 급여에 추가해서 지급 받는다. 다른 소득들은 소득인정액에 포함되므로 기초생활보장제도의 각종 급여와 상쇄된다.

기초생활보장제도를 시행하기 위해서는 담당자가 근로능력 판정, 소득 조사, 재산 조사 등 각종 조사(means test)를 하고, 수급권자 및 부양의무자를 판정해야 하고, 불법 및 부당한 수급자를 지속적으로 적발(수급자 관리)해내야 하는 등 엄청난 행정비용을 수반한다. 참고문헌에 열거된 각 급여 사업안내 책자들은 400페이지~500페이지씩이나 된다. 수급권자는 실제적인 소득과 무관하게 소득인정액이 낮을수록 유리하므로 소득인정액을 낮추려는 강한 유인(incentive)이 작용한다. 이 유인에 저항하는 것은 담당자의 업무능

력과 직무적 양심이다. 담당자가 사명감이 투철하고 업무능력을 갖추고 있더라도 210만 명을 대상으로 예산이 새는 구멍(loopholes)을 철저히 막는다는 것은 불가능에 가깝다. 더욱 문제가 되는 것은 당국에 알려지는 연봉 3,400만 원 이하(4인 가구)의 일자리는 일할 유인이 없다는 것이다. 이 근로 역유인효과(work disincentive)는 근로장려금을 분석한 후 종합적으로 논의한다.

근로장려금 및 자녀장려금

국세청은 소득이 낮은 근로자 및 자영업자 가구에 대하여 근로소득 또는 사업소득에 따라 산정된 근로 및 장려금을 연 1회 지급하고 있다. 근로장려금(earned income tax credit: EITC)의 최대 지원액은 가구당 210만 원이며 자녀장려금(child tax credit)의 최대 지원액은 부양자녀 1인당 50만 원이다.

근로장려금은 가구, 총소득, 주택, 재산 요건을 충족해야 수령할 수 있다. 가구 요건은 배우자가 있거나 만 18세 미만 부양자녀가 있거나 신청자가 만 50세 이상인 것이다. 총소득은 사업소득, 근로소득, 기타소득, 이자·배당·연금소득을 합한 것이다. 이 총소득이 단독가구는 1,300만 원 미만, 홑벌이가구는 2,100만 원 미만, 맞벌이가구는 2,500만 원 미만이어야 한다. 주택은 무주택이거나 1채만 소유하고 있어야 한다. 재산은 합계액이 1억 4,000만 원 미만이

[그림 1] 근로장려금(맞벌이가구)

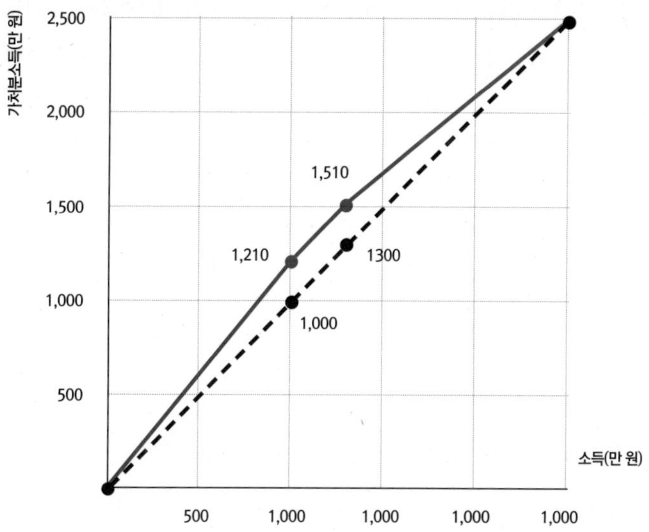

어야 한다. 근로소득 또는 사업소득에 따른 구체적인 근로장려금은 맞벌이가구의 경우 [그림 1]과 같다. 근로나 사업소득 1,000만 원 미만에는 그 소득의 21퍼센트, 1,000만 원~1,300만 원 사이에는 210만 원, 1,300만 원~2,500만 원 사이에는 점점 작아져서 2,500만 원이 되면 없어진다. 근로장려금은 기초생활보장제도의 각종 급여 수급자도 수령 가능하다(국세청홈택스 홈페이지).

자녀장려금도 부양자녀, 총소득, 주택, 재산 요건을 충족해야 수령할 수 있다. 만 18세 미만 부양자녀가 있어야 한다. 부부합산 총소득이 4,000만 원 미만이어야 한다. 주택은 무주택이거나 1채만 소유하고 있어야 한다. 재산은 합계액이 1억 4,000만 원 미만이어야 한다. 자녀장려금은 기초생활보장제도의 생계급여 수급자는 수령할 수 없지만,[5] 생계급여 미수급자이면서 교육급여 수급자는 수령할 수 있다.

구체적인 자녀장려금은 맞벌이가구의 경우 총소득이 600만 원 이상 2,550만 원 미만이면[6] 부양자녀의 수 × 50만 원이고, 2,550만 원 이상 4,000만 원 미만이면

부양자녀수 × [50만 원-(총소득-2,500만 원) × 1,500분의 20]

이다(국세청홈택스 홈페이지).

2015년에 근로장려금(2014년)을 수령한 가구는 123만 2,546가구이고 자녀장려금을 수령한 가구는 104만 6,684가구이다. 이 중 근로 및 자녀장려금을 모두 수령한 가구는 55만 5,310가구이므로 총 172만 3,920가구가 근로나 자녀장려금을 수령하였다. 근로장려금으로 1조 467억 원, 자녀장려금으로 5,553억 원, 총 1조 6,634억 원이 지급되었다(국세청 2015). 2016년에 근로장려금 199만 7,000가구, 자녀장려금 112만 가구, 둘 다는 56만 9,000가구, 총 254만 8,000가구에 신청 안내되었다(국세청 보도자료 2016. 6. 5.). 여기에 소요되는 (세입)예산은 근로장려금 1조 1,287억 원, 자녀장려금 6,957억 원,

5 2016년 3월 중 국민기초생활보장급여 중 생계급여를 받은 자는 자녀장려금을 신청할 수 없다(국세청 2016).

6 홑벌이가구의 경우에는 총소득이 600만 원 미만이어도 부양자녀의 수 × 50만 원을 받는다(조세특례제한법 시행령 별표11의2).

총 1조 8,244억 원이다(국세청 담당자 통화). 국세청 소득지원국의 소득지원과 및 소득관리과 2개 과가 근로 및 자녀장려금을 전담한다.

기초생활보장제도와 근로장려금의 종합적 평가

소득인정액이 월 127만 3,516원 미만인 4인 가구는 생계급여로 월 127만 3,516원, 연 1,528만 2,192원을 보장받는다. 월 127만 3,516원 미만의 근로나 사업소득이 생기면 그만큼 생계급여가 줄어든다. 기초생활보장제도의 각종 급여를 받더라도 근로장려금을 받을 수 있으며 근로장려금이 소득인정액에서 제외되므로 이 가구의 가처분소득(disposable income)은 생계급여와 근로장려금의 합이 된다. 여기에 주거급여 연 368만 4,000원(서울 거주)을 더하면 [1,896만 6,192원 + 근로장려금]이 된다.

기초생활보장제도의 생계급여 수급자가 매월 100만 원씩을 벌 수 있는 직장에서 일을 할까? 이 일을 하면 연 1,200만 원의 소득인정액이 생기므로 그만큼 생계급여가 줄어들고, 근로장려금으로 210만 원을 받는다. 이 일을 함으로써 늘어나는 소득은 연 210만 원에 불과하므로 이 일을 하지 않는다.[7] 이 기초생활보장 수급자는 노동공급을 전혀 하지 않는다.

7 Moffitt(2003)의 분석에 따라 그래프로 나타낼 수 있다.

현재 시행되고 있는 기초생활보장제도와 근로장려금을 종합적으로 고려하면 일을 하지 않거나 하더라도 약간만 하거나 당국에 알려지지 않는 음성적인 소득을 받는 일을 한다.

안심소득제의 설계

위에서 지적한 현행제도의 노동공급 역유인 효과를 방지하기 위해 다음과 같은 안심소득제를 제안한다. 기초생활보장제도의 7개 급여 중, 생계 · 주거 · 자활급여 및 국세청의 근로 · 자녀장려금을 폐지하고 대신에 안심소득제를 신설한다. 4인 가구 기준으로 연소득 5,000만 원 미만까지 안심소득제를 통해 현금을 지원한다. 연소득 5,000만 원 이상 가구에 대해서는 현재의 소득세 제도를 그대로 유지하고, 그 이하 가구는 안심소득제를 통해 정부의 보조금을 받는다. 2016년 4인 가구 기준 월중위소득은 439만 1,434원이고 연중위소득은 5,269만 7,208원이므로 연소득 5,000만 원 면세점은 우리나라 4인 가구 연중위소득 수준이다. 안심소득세율은 40퍼센트로 한다. 구체적으로 임금률 w, 근로시간 t 라고 하면 안심소득은

$0.4 \times$ (5,000만 원 $- wt$)이다.

그러므로 가처분소득은

$wt + 0.4 \times$ (5,000만 원 $- wt$) = 2,000만 원 $+ 0.6wt$

[그림 2] 안심소득제

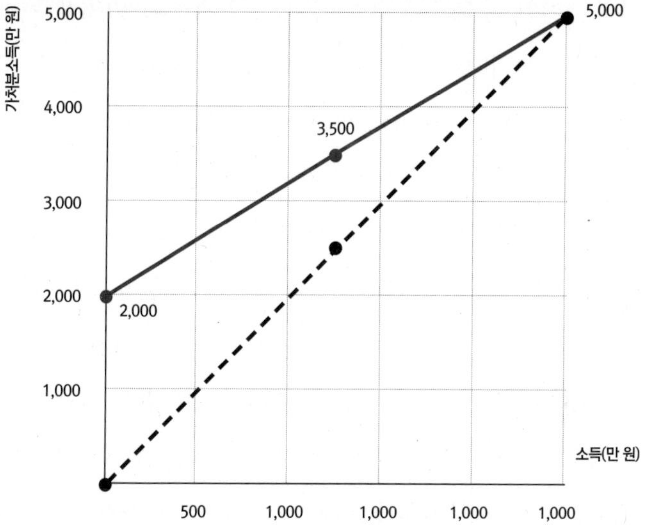

이다([그림 2] 참조). 안심소득제의 특징은 절편(2,000만 원)과 임금선 기울기의 절대값(0.6w)이 상당히 높다는 것이다. 기초생활보장제도의 생계 및 주거급여는 절편(1,896만 6,192원)만 있는 것이고, 근로장려금에 의하면 임금선 기울기의 절대값이 0.21w에 지나지 않는다. 안심소득제는 이 둘을 결합하면서 임금선 기울기의 절대값을 상당히 높이는 것이다. 이 안심소득제에 의해 국가는 모든 (4인) 가구에 적어도 연 2,000만 원을 보장한다.[8] 소득이 전혀 없는 가구는 국

8 국가가 적어도 1인당 연 500만 원을 보장한다.

가가 보조금으로 연 2,000만 원을 지원하며 근로나 사업소득이 있으면 생계급여와 상쇄되는 것이 아니고 그 소득의 60퍼센트만큼씩 가처분소득이 증가한다. 그러므로 근로장려금보다 3배 정도 더 강하게 근로할 유인(stronger incentive)을 제공한다.

우리는 제4절에서 현행 기초생활보장제도의 생계급여 수급자가 매월 100만 원씩을 벌 수 있는 직장에서 일을 하지 않는다는 것을 알았다. 안심소득제가 시행되면 일을 할까? 이 일을 하면 연 1,200만 원의 근로소득이 생기고 안심소득제로 국가로부터 0.4×(5,000만 원-1,200만 원)=1,520만 원의 지원을 추가적으로 받아 가처분소득은 연 2,720만 원이 된다. 그러므로 이 일을 한다. 기초생활보장제도와 근로장려금이 시행되는 현재보다 노동공급이 증가하고 소득이 증가한다. 현행 생계, 주거, 자활급여와 근로·자녀장려금 대신에 안심소득제가 시행되면 더 강한 근로 유인이 제공되어 노동공급 및 노동소득이 증가한다.

2016년 최저임금은 시간당 6,030원이다. 여기에 209(시간)를 곱하면(유급휴일 포함) 월급여는 126만 270원이고 연봉으로는 1,512만 3,240원이다. 위의 안심소득제가 시행되면 추가적으로 1,395만 704원이 지급되어 그의 가처분소득은 연 2,907만 3,944원(월 242만 2,829원)이 된다. 이것은 최저임금을 시간당 1만 원으로 인상할 경우의 연봉 2,508만 원(월 209만 원)보다 훨씬 높다. 최저임금의 가파른 인상은 심대한 고용감소를 야기하고 자원배분의 비효율을 증대하여 경제성장률을 하락시킨다(박기성 2016). 위의 안심소득제를 도입하면 최저임금을 가파르게 인상하지 않아도 저소득 가구를 효과적으로 지원할 수 있다. 더욱이 최저임금의 고용감소 및 경제성장률 하락 효과 대신에 노동공급 증가 효과를 기대할 수 있다. 그러므로 위의 안심소득제를 도입하면서 최저임금은 물가상승률 수준만큼만 인상하는 것이 바람직하다. 최저임금은 저소득 가구에 대한 지원을 기업에게 떠넘기는 것인데 비해 안심소득제는 세금제도를 통해 국가가 담당하는 것으로 현대 국가 기능 중의 하나로 요구된다.

안심소득제의 기대효과

프리드먼(Milton Friedman)은 『자본주의와 자유(*Capitalism and Freedom*, 1962)』의 12장 「가난의 완화(The Alleviation of Poverty)」에서 음소득세를 주장하였다. 음소득세는 국가가 저소득 가구들에게 일률적으로 복지를 베풀면 근로 의욕이 있는 자도 일을 하지 않고 복지에 의존하는 폐단을 완화하기 위해 근로 유인(work incentive)을 제공하면서 저소득 가구를 지원하는 제도이다. 프리드먼은 모든 복지제도를 폐지하고 대신에 음소득세로 단일화할 것을 제안하였다.

한국의 기초생활보장제도와 근로장려금을 종합적으로 고려하면 근로 유인보다 근로 역유인(work disincentive)을 제공하여 노동공급 효과는 없거나 미미하다. 생계, 주거, 자활 급여 및 근로·자녀장려금을 폐지하고 그 대신에 위의 안심소득제를 신설하면 강한 근로

유인을 제공하게 되어 노동공급 및 가처분소득이 증가하고 국민경제에 도움을 준다. 그러므로 안심소득제야말로 저소득 가구를 지원하는 국가정책의 근간이 되어야 한다.

2016년 중앙정부의 보건·복지·노동 사업 예산은 123조 4,000억 원이다. 소득이 생계비에 미달하는 국민이 1,000만 명이라면 1인당 1,234만 원씩, 4인 가구라면 4,936만 원씩 지원할 수 있는 예산이다. 모든 보건·복지·노동 사업을 통합하고 현금으로 지원한다면 4인 가족 250만 가구 하나당 4,936만 원을 지급할 수 있다. 보건·복지·노동 사업이 통합되어 이렇게 현금 지급으로 단순화되었다면 부상으로 수입이 끊겨 동반자살을 한 서울 송파구 세 모녀 사건(동아일보 2014. 3. 5.)과 같은 사건은 방지되었을 것이다. 안심소득제로 저소득 가구에 대한 지원 등 모든 복지제도가 단일화된다면 위의 1,000만 명 중에 상당수가 일을 할 것이기 때문에 동일한 예산으로 더 많은 수의 가구에 더 많은 액수를 지원할 수 있을 것이다.

저자는 프리드먼의 제안을 우리 실정에 맞게 수정하여 위의 안심소득제를 제안하였다. 프리드먼은 모든 복지제도를 폐지하고 음소득세 도입을 주장하였지만, 기초생활보장제도의 7개 급여 중 생계, 주거, 자활급여와 국세청의 근로·자녀장려금을 폐지하고 국가가 모든 (4인) 가구당 2,000만 원(국민 1인당 500만 원)을 보장해 주고 가구의 근로 또는 사업소득의 60퍼센트씩 가처분소득이 증가하는 안심소득제를 제안하였다. 이렇게 되면 저소득 가구의 노동공급이 증가하고 가처분소득이 증대하는 효과를 기대할 수 있다.

이에 못지않게 중요한 안심소득제의 이점은 행정비용의 절약과 예산 누수의 최소화이다. 생계, 주거, 자활급여와 관련하여 수급권자 및 부양의무자를 판정하기 위한 각종 조사와 수급자 관리, 자활사업 관리 등 여러 행정비용을 절약할 수 있으며 복지 혜택(welfare benefits) 전달 과정에서 생기는 횡령, 착복, 각종 비리 등 누수를 근본적으로 차단할 수 있다. 안심소득제는 기존의 소득세를 부과·징수하는 국세청 자료 및 행정조직을 이용하기 때문에 추가적인 행정비용이 거의 발생하지 않으며 세금 징수 과정에 수반되는 정도의 누수만이 발생할 것이다. 관련 행정조직도 보건복지부 사회복지정책실의 대부분이 국세청의 소득지원국(소득지원과 및 소득관리과)으로 통폐합되는 등 줄어들 것이다.

최저임금을 1만 원으로 가파르게 인상하여 고용 감소 및 경제성장률 하락을 초래함으로써 국민경제에 재앙적 피해를 끼치는 것 대신에 물가상승률 정도로만 인상하고 위와 같이 안심소득제를 신설하면 노동공급이 증가하여 고용이 늘고 가처분소득이 증대되어 소비가 늘어서 국민경제에 선순환적 기여를 할 것이다.

최근 스위스에서 국민투표에 부쳐진 기본소득(basic income)과 안심소득제는 어떻게 다른가? 기본소득은 본인의 소득에 상관없이 국가가 누구에게나 일정액을 지급하는 것이다. 2016년 한국의 인구는 5,080만 명이고[9] 이를 4로 나누면 1,270만 가구(4인 가구 기준)

9 출처: http://kosis.kr/nsportalStats/nsportalStats_0102Body.jsp?menuId=1&NUM=1

이다. 모든 가구에 기본소득 2,000만 원을 지급하려면 254조 원의 예산이 필요하다. 이 지원 때문에 일하지 않거나 적게 하는 노동공급 감소 효과가 있다. 그리고 모든 가구(국민)에게 일정 금액을 지원하므로 소득 5분위 배율이나 지니계수 등 소득격차 지표를 낮추는 효과가 없다.

안심소득제는 국가가 소득이 전혀 없는 가구에게는 일정액을 지급하고 근로나 사업 소득이 조금이라도 있는 가구에게는 그 소득에 반비례해서 추가적인 지원을 하는 것이다. 연 소득 5,000만 원 미만 가구가 500만 가구(4인 가구 기준, 2,000만 명)가 있다면 안심소득제로 가구 당 평균 1,000만 원이 지급되므로 50조 원의 예산이 필요할 것이다.[10] 안심소득제와 중복되는 다른 복지제도(예: 생계, 주거, 자활급여, 근로·자녀장려금, 차상위 계층 지원 등)가 폐지되면서 그 급여 및 수반되었던 행정비용이 절약되고 각종 누수가 차단될 것이다. 더욱이 안심소득제는 강한 근로 유인을 제공하여 지원 받는 가구의 노동공급을 증가시켜 국민경제에 기여할 뿐 아니라 노동소득을 증대시켜 국가의 지원액을 감소시킬 것이다. 현행제도에서는 월 100만 원을 버는 직장의 일을 하지 않고 생계 및 주거급여로 연 1,896만 6,192원을 받는 것이 더 유리하지만 안심소득제에서는 이 일을

10 1,000만 원은 소득이 없는 가구에 2,000만 원부터 소득이 5,000만 원인 가구에 0원까지를 단순 평균한 것이다. 가구소득 분포를 알면 정확한 소요 예산을 구할 수 있다. 최근에 박기성·변양규(2016)는 2015년 가계동향조사 원자료를 사용하여 안심소득제의 소요 예산이 37조 3,026억 원이고, 안심소득제가 시행되면 전체 가구 가처분소득 기준 지니계수를 0.036 낮추는 것으로 추정하였다.

〈표 2〉 보건 · 복지 · 노동분야 2016년 중앙정부 사업 예산

(단위: 억원)

	2016년 중앙정부예산	안심소득제로 대체 가능 여부	
기초생활보장 (생계, 주거, 자활급여)	101,311 (46,819)	(○)	(46,819)
취약계층지원	24,989		
공적연금	427,062		
보육 · 가족 · 여성	57,654		
노인 · 청소년(기초연금)	94,210 (78,692)	(○)	(78,692)
노동	172,950	○	172,950
보훈	48,181		
주택	194,367	○	194,367
사회복지일반	7,917		
보건의료	23,278		
건강보험	77,860		
식품의약안전	4,201		
합계 (보건 · 복지분야 재정투자 계획)	1,233,981		
근로 · 자녀장려금	18,244	○	18,244
대체가능 예산 합계			511,072

자료: 기획재정부(2016).

하고 연 1,520만 원의 지원을 받게 되어, 국가의 지원액이 376만 6,192원만큼 줄어든다.

그러므로 현행 복지 예산으로 우리가 제시한 안심소득제의 소요 예산을 충당할 수 있을 것이다. 구체적으로 〈표 2〉의 보건·복지·노동분야 2016년 중앙정부 사업 예산 중 기초생활보장(생계, 주거, 자활급여) 4조 6,819억 원, 기초연금 7조 8,692억 원, 노동 17조 2,950억 원, 주택 19조 4,367억 원, 그리고 근로·자녀장려금 1조 8,244억 원을 합한 51조 1,072억 원의 거의 전부는 우리가 제안한 안심소득제로 대체되므로 절약될 수 있다.

[그림 1]에서 알 수 있듯이 무소득 가구는 근로장려금(EITC)을 전혀 받을 수 없고, 저소득 가구가 받을 수 있는 근로장려금은 최대 210만 원에 지나지 않는다. 반면에 안심소득제에서는 [그림 2]의 예에서와 같이 무소득 가구가 2,000만 원을 받고, 국가가 모든 가구의 가처분 소득이 2,000만 원 이상이 되도록 보장하며, 소득 5,000만 원 미만 가구는 국가로부터 지원을 받아 가처분소득(disposable income)이 벌어들인 소득(earned income)보다 높게 된다. 소득이 없거나 낮은 가구에게 근로장려금은 실제적으로 도움이 되지 않지만, 안심소득제는 현금을 확실하게 지급해 주어 가처분소득을 2,000만 원 이상으로 보장해 준다. 그러므로 소득이 없거나 낮은 가구에게 안심소득제가 근로장려금보다 훨씬 유리하다.

제1부 자유노동의 개념과 역사

제1장 역사 속에서 노동의 의미와 로크의 노동-소유권

김경일, 『노동』, (한국개념사총서9), 소화, (2014)

김인영, 「국가 실패와 제도 실패」, 『제도와 경제』, (제8권 제2호), (2014)

김종철, 「로크의 재산(property)과 인격(person): 로크의 재산 개념에 어떤 존재론적 함의가 있는가?」, 『한국정치학회보』, (50집 4호), (2016)

Acemoglu, Daron·James A. Robinson(대런 에스모글루·제임스 A. 로빈슨), 최완규 옮김, 『국가는 왜 실패하는가』, 시공사, (2012)

Held, David(데이비드 헬드), 박찬표 옮김, 『민주주의의 모델들』, 후마니타스, (2010)

민경국·정진영·김한원 외, 『자유주의: 시장과 정치』, 부키, (2006)

Locke, John(존 로크), 강정인·문지영 옮김, 『통치론: 시민정부의 참된 기원, 범위 및 그 목적에 관한 시론』, 까치, (1996)

Appelbaum, Herbert, *The Concept of Work: Ancient, Medieval, and Modern*, State University of New York Press, (1992)

Applebaum, Herbert, "The Concept of Work in Western Thought." In Frederick C. Gamst, ed. *Meaning of Work: Considerations for Twenty-*

First Century, State University of New York Press, (1995)

Holy Bible, *New International Version*, (1978)

Lutz, Tom, *Doing Nothing*, Farrar, Struas, and Giroux, (2006)

Nozick, Robert. *Anarchy, State and Utopia*, Basic Books, (1974)

Plamenatz, John, *Man and Society*, (Vol.1), Longman, (1963)

Wood, Neal, *John Locke and Agrarian Capitalism*, University of California Press, (1984)

제2장 근대의 출현과 노동 개념의 변화

Acemoglu, Daron·James A. Robinson, *Why Nations Fail*, (2012)[에스모글루와 로빈슨, 최완규 옮김, 『국가는 왜 실패하는가』, 시공사, (2012)]

Applebaum, Herbert, *The Concept of Work: Ancient, Medieval, and Modern*, State University of New York Press, (1992)

Arendt, Hannah, *Humancondition*, (1958)[한나 아렌트, 이진우·태정호 옮김, 『인간의 조건』, 한길사, (1996)]

Bell, Daniel, *The Coming of Post-Industrial Society*, (1973)[대니얼 벨, 김원동·박형선 옮김, 『탈산업화의 도래』, 아카넷, (2006)]

Brenner, Robert, et. al. (로버트 브래너 외), 이영석·임지현·장수환 옮김, 『신자본주의 이행논쟁』, 한겨레, (1990).

Clapham, J. H., *An Economic History of Modern Britain: The Early Railway Age, 1820-1850*, (제 1권), Cambridge, (1925)

Dobb, Maurice, Paul Sweezy, et. al. 김대환 옮김, 『자본주의 이행논쟁』, 동녘, (1984)

Engels, Friedrich, *The Condition of the Working Class in England*, (1845)[프리드리히 엥겔스, 이재만 옮김, 『영국노동계급의 상황』, 라티오, (2014)]

Füllsack, Manfred, *Arbeit*, (2009)[만프레드 퓔사크, 윤도현 옮김, 『노동』, 이론과실천, (2014)]

Gauzwarrd, Bob, *Capitalism and Progress*, (1985)[하웃즈바르트, 정세열·김병연 옮김, 『자본주의와 진보사상』, IVP]

Heilbroner, Robert L.(하일브로너), *The Making of Economic Society*, (9th ed.), Prentice-Hall, (1993)

Lutz, Tom, *Doing Nothing: A History of Loafers, Loungers, Slackers and Bums in America*, Farrar, Straus and Giroux, (2006)

Marx, Karl, *Das Kapital*, (1867)[카를 마르크스, 김수행 옮김, 『자본론』, 비봉출판사, (1989)]

Marx, Karl, and Friedrich Engels, *The German Ideology*, (1975)[마르크스와 엥겔스, 김대웅 옮김, 『독일 이데올로기 I 』, 두레, (1989)]

North, Douglass C. (더글러스 노스), *Structure and Change in Economic History*, W. W. Norton & Co., (1981)

Rifkin, Jeremy, *The End of Work: The Decline of the Global Labor Force and the Dawn of the Post-Market Era*, (2004)[제레미 리프킨, 이영호 옮김, 『노동의 종말』, 민음사, (2005)]

Thompson, Edward Palmer, *The Making of the English Working Class*, (1980)[에드워드 파머 톰슨, 나종일 외 5인 옮김, 『영국 노동계급의 형성(상, 하)』, 창비, (2000)]

Toynbee, A.(아놀드 토인비), *Lectures on the Industrial Revolution of the 18th Century in England, London,* (1884)

Vašek, Thomas, *Work-Life-Bullshit: Warum die Trennung von Arbeit und Leben in die Irre führt*, (2013)[토마스 바셰크, 이재영 옮김, 『노동에 대한 새로운 철학』, 열림원, (2014)]

김경일, 『노동』, 소화, (2014)

김승욱, 「역사 속의 불평등」, 안재욱, 『격차, 그 지극한 자연스러움』, 백년동안, (2015)

김승욱, 『제도의 힘: 신제도주의 경제사 시각에서 본 국가의 흥망』, FKI 미디어, (2015)

김승욱, 「제도와 국가흥망-제도가설을 중심으로」, 『제도와 경제』, p.3, p.10, pp.11~52, (2016)

김승욱·유해신, 「노동관의 제 유형과 성경적 노동관」, 『신앙과 학문』, (제7권 1호), (2002), pp.9~37.

김종현, 『근대경제사』, 경문사, (1984)

권병탁, 『일반경제사』, 박영사, (1982)

남성일 외 9인, 『한국의 노동, 어떻게 할 것인가』, 서강대학교 출판부, (2007)

조영길, 『노사관계 개선의 바른길, I, II』, 비봉출판사, (2011)

제3장 자유주의 노동관

강수돌, 「노동과 경영」, 『철학과 현실』, (1997)

강수돌, 『노동을 보는 눈』, 개마고원, (2012)

관중, 김필수·고대혁·장승구·신창호 옮김, 『관자』, 소나무, (2016)

Füllsack, Manfred(만프레드 퓔사크), 윤도현 옮김, 『노동』, 이론과 실천, (2014)

사회과학원 경제연구소, 『경제사전 I』, 사회과학 출판사, (1970)

신중섭, 「'헬'조선 구하기」, 『자유마당』, (2015년 10월호)

오리오 기아리니·파트릭 리트케, 김무열 옮김, 『노동의 미래: 로마클럽보고서』, 동녘, (1997)

Vašek, Thomas(토마스 바셰크), 이재영 옮김, 『노동에 대한 새로운 철학』, 열림원, (2014)

한정주, 「중상주의 경제학파의 개척자 유수원」, 『Economy Chosun』, (2007년 5월호)

헨리 데이비드 소로, 강승영 옮김, 『월든』, 은행나무, (2011)

Macpherson, C.B., *The Political Theory of Possessive Individualism: Hobbes to Locke*, Oxford University Press, (1962)[C.B. 맥퍼슨, 황경식·강유원 옮김, 『홉스와 로크의 사회철학: 소유적 개인주의의 정치이론』, 박영사, (1990)]

제2부 한국 자유노동의 현실

제4장 시장 중심의 노동

Cantillon, Richard (1755). *Essai sur la nature du commerce en general*. (Chantal Saucier trans. *An Essay on Economic Theory*. Mises Institute, 2010)

Hayek, Friedrich A. von., *The Road to Serfdom. Routledge,* (1944, 1994, 2006) [(프리드리히 하이에크, 김이석 옮김, 『노예의 길-사회주의 계획경제의 진실』, 자유경제원 나남, (2006)]

Holcombe, Randall G., *15 Great Austrian Economists. LvMI,* c(1999)

Keynes, John Maynard, *The General Theory of Emplyment, Interest and Money,* Macmillian and Co., (1936)[존 메이너스 케인스, 이주영 옮김, 『고용 이자 화폐의 일반이론』, 필맥, (2010)]

Marx, Karl; Engels, Friedrich (1848), *Manifesto of the Communist Party* 『공산당 선언문』, (1848)

Marx, Karl, *Das Kapital*, (Vol.1), (1867)[카를 마르크스, 김수행 옮김, 『자본론-정치 경제학 비판 제1권, 상, 하 자본의 생산과정』, 비봉출판사, (1989, 1991, 2001)]

Marx, Karl, *Das Kapital*, (Vol.2), (1885)[카를 마르크스, 김수행 옮김, 『자본론-정치 경제학 비판 제2권, 자본의 유통과정』, 비봉출판사, (1989, 2004)]

Marx, Karl, *Das Kapital,* (Vol.3), (1894)[카를 마르크스, 김수행 옮김, 『자본론-정치 경제학 비판 제3권, 상, 하 자본주의적 생산의 총과정』, 비봉출판사,

(1990, 2004)]

Mises, Ludwig von, *Socialism*, (1922, 1950, 2015)[루드비히 폰 미제스, 박종운 옮김, 『사회주의』, 지식을 만드는 지식, (2016)]

Mises, Ludwig von, *Human Action*, 4e. Fox & Wilkes, (1940, 1949, 1996) [루드비히 폰 미제스, 민경국·박종운 옮김, 『인간행동 1, 2, 3』, 지식을 만드는 지식, (2011)]

Say, Jean Baptiste, *Traité d'économie Politique*, 4e., (1803, 1821, 1880, 1965)[PRINSEP, C. R. trans, *A Treatise on Political Economy or The production, distribution, and consumption of wealth*, Augustus M. , Kelley, (1971)]

Smith, Adam, (CANNAN, Edwin ed. (1904)), *An Inquiry into the Nature and Causes of the Wealth of Nations*, (1776), [아담 스미스, 최임환 옮김 (1970), 이재은 보완 (2011), 『국부론 1, 2』, 올재클래식스]

제5장 인생에 의미를 부여해 주는 노동

김이석, 『번영은 자유주의로부터』, 나남, (2013)

남성일, 『한국의 노동 어떻게 할 것인가』, 서강대학교출판부, (2007)

복거일, 『자유주의의 틀 깨기』, 백년동안, (2016)

안재욱, 『격차, 그 지극한 자연스러움』, 백년동안, (2015)

이재규, 『무엇이 당신을 만드는가』, 위즈덤하우스, (2010)

최승노, 『복지의 재발견』, 프리이코노미스쿨, (2014)

최승노, 『시장경제란 무엇인가』, 프리이코노미스쿨, (2014)

테렌스 킬리, 조영일 옮김, 『과학연구의 경제법칙』, 자유기업원, (2003)

김인영, 「노동개혁을 위해 국회 환노위도 바뀌어야 한다」, 『노사정위 대타협 이후, 노동시장 개혁 이제 어떻게 실행할 것인가』, 바른사회시민회의, (2015. 9. 1.)

김형배, 『노동법』(24판), 박영사, (2015)

김희성, 「쟁의행위기간 중 대체근로제한에 관한 연구」, 『노동법학제(제34호)』, 한국노동법학회, (2010. 6.)

「해고법제의 개선방향」, 『규제연구』(제24권 제1호), 한국경제연구원, (2015. 6.)

남성일, 「노동개혁, 핵심은 빠졌다」, 『노동개혁, 핵심은 빠졌다』, 자유경제원, (2015. 9. 16.)

박기성, 「노동개혁 무엇을 어떻게 할 것인가」, 『노사정위 대타협 이후, 노동시장 개혁 이제 어떻게 실행할 것인가』, 바른사회시민회의, (2015. 9. 17.)

「대체근로: 1퍼센트 포인트 경제성장률 상승」, 자유경제원, (2016. 3. 9.)

「파업 중 대체근로 인정과 직장점거파업 금지」, 『노동쟁의행위의 문제점 진단과 개선방안』, 바른사회시민회의, (2015. 10. 14.)

변양규·우광호, 「근로시간 단축의 비용 추정」, 한국경제연구원, (2015. 9.)

이상희, 「파업시 대체근로금지 규정의 법리적 검토」, 자유경제원, (2015. 6. 18.)

임종률, 『노동법』(13판), 박영사, (2015.)

조영길, 『노사관계 개선의 바른 길(I)』, 비봉출판사, (2012)

한국노동연구원, 「경영상 이유에 의한 해고 관련 국제적 흐름」, 『고용노동부 연구용역보고서』, (2013. 7.)

제3부 자유노동의 미래

제7장 디지털경제와 노동의 미래

Acemoglu, Daron·Autor, David, "Skills, Tasks and Technologies: Implications for Employment and Earnings", *NBER Working paper*, (2010)

Agrawal, A., Horton, J., Lacetera, N. and E. Lyons, "Digitization and the Contract Labour Market - a Research Agenda", Chapter in: Goldfarb, A., Greenstein, S., and C. Tucker, [Edit.] (2015), *Economic Analysis of the Digital Economy*, pp. 219~250, (2015)

Autor, David, "Why Are There Still So Many Jobs? The History and Future of Workplace Automation", *Journal of Economic Perspectives*, (Volume 29, Number 3), (2015)

Bessen, James, "How Computer Automation affects Occupations: Technology, Jobs and Skills", *Law & Economics Working Paper No. 15-49*, Boston University School of Law, (2015)

Brynjolfsson, Erik·McAfee, Andrew, *The Second Machine Age: Work, Progress, and Prosperity in a Time of Brilliant Technologies*, W.W. Norton & Company.,[에릭 브린욜프슨·앤드루 맥아피, 이한음 옮김, 『제2의 기계시대』, 청림출판, (2014)]

Coase, R. H. *The Nature of the Firm*, Economica, New Series, (Vol. 4, No.

16), (Nov., 1937), (1937), pp. 386~405.

De Groen, W.P. et al., "The Digital Market for Local Services: A one-night stand for workers? An example from the on-demand economy", European Union, doi:10.2788/536883, (2016)

European Commission, "The Future of Work: Skills and Resilience for a World of Change", *EPSC Strategic Notes*, (Issue 13), (2016)

Frey, Carl Benedikt·Osborne, Michael A., "The Future of Employment: How Susceptible are Jobs to Computerization?", Oxford Martin School, (2013)

Hall, J.·Krueger, A., "An Analysis of the Labor Market for Uber' Driver-Partners in the United States", *Working Papers, Princeton University, Industrial Relations Section*, (No 587), (2015)

Harris, S. D.·Krueger, A., "A Proposal for Modernizing Labor Laws for Twenty-First-Century Work: The "Independent Worker", *Discussion Paper, The Hamilton Project*, (2015)

Intuit, "Intuit Forecast", businesswire, www.businesswire.com/news/home/20150813005317/en/, accessed on 3 November 2015, (2015)

JPM (JPMorgan Chase&Co. Institue), "Paychecks, Paydays, and the Online Platform Economy", (2016)

www.jpmorganchase.com/corporate/institute/document/jpmc-institute-volatility-2-report.pdf.

Katz, Lawrence F.·Krueger, Alan B., "The Rise and Nature of Alternative Work Arrangements in the United States, 1995-2015", mimeo, (2016)

Kaplan, Jerry, *Humans Need Not Apply: A Guide to Wealth and Work in the Age of Artificial Intelligence,* Yale University Press, (2015)

Malone, Thomas W., *The future of Work, how the new Order of Business Will Shape Your Organization, Your Management Style, and Your Life*, Harvard University Press, (2004)[토머스 말론, 함규진 옮김, 『토머스 말론의 노동의 미래』, 넥서스, (2005)]

Martin, Ford, *Rise of the Robots: Technology and the Threat of a Jobless Future,* (1st edition), Basic Books, (2015)

Milgrom and Roberts, *Economics, Organization And Management,* Prentice-Hall, (1992)

Nubelo, "Primer informe regional sobre la industria del trabajo 3.0", Nubelo website, http://landing.nubelo.com/informe-trabajo-trespuntocero-f/, accessed on 3 November 2015, (2014)

OECD, "New Forms of Work in the Digital Economy", *OECD DIGITAL ECONOMY PAPERS,* (No. 260), (2016)

Osterman, Paul·Kochan, Thomas A. Richard Locke, Piore, Michael J., Working in Reuters, "Uber seen reaching $10.8 billion in bookings in 2015: fundraising presentation", Reuters, www.reuters.com/article/2015/08/21/us-uber-tech-fundraising-idUSKCN0QQ0G320150821, accessed on 3 November 2015.

Rifkin, Jeremy, *The End of Work: The Decline of the Global Labor Force and the Dawn of the Post-Market Era*, Putnam Publishing Group, ISBN 0-87477-779-8, (1995)

Sundararajan, Arun, *The Sharing Economy, The End of Employment and the Rise of Crowd-Based Capitalism*, The MIT Press, (2016)

Townsend, Anthony M.·DeMarie, Samuel M.·Hendrickson, Anthony R., "Information Tehnology, Unions, and the New Organization: Challenges and Opportunities for Union Survival," in James T. Bennett and Bruce E. Kaufman eds. *The Future of Private Sector Unionism in The United States*, (chapter 5), M.E. Sharpe, (2002)

World Bank Group, "The Effects of Technology on Employment and Implications for Public Employment Services", *Report prepared for the G20 Employment Working Group Meeting, Istanbul, Turkey*, (2015)

제8장 가난한 사람을 어떻게, 얼마큼 도와줄 것인가

교육부, 『2015년 국민기초생활보장사업 교육급여 운영방안 안내』, (2015)

국세청, 『2015 국세통계연보. ebook』, (2015)

국세청, 「일하는 저소득 가구의 희망사다리! 2016년 근로 · 자녀장려금 254만 가구에 신청 안내」, 보도자료, (2016. 5. 4.)

국토교통부, 『2016년 주거급여 사업안내』, (2016)

기획재정부, 『2016년 나라살림 예산개요』, (2016)

박기성, 「가파른 최저임금인상의 고용 및 경제성장 효과」, 『규제연구』, (25권 2호), (2016. 12.), pp.3~17.

박기성, 「안심소득제」, 복거일 외, 『기본소득 논란의 두 얼굴』, pp.111~145, 한국경제신문, (2017)

박기성·변양규, 「한국형 안심소득제 효과와 소요예산 추정」, Mimeo, 한국경제연구원, (2016)

박기성·변양규, 「안심소득제의 효과」, 『노동경제논집』, (40권 3호), (2017. 9.), pp.57~77.

보건복지부, 『2016년 국민기초생활보장사업안내』, (2016)

보건복지부, 『2016 의료급여사업안내』, (2016)

보건복지부, 『2016년 자활사업 안내 (I)』, (2016)

Friedman, Milton, *Capitalism and Freedom*, The University of Chicago Press, (1962)

Moffitt, Robert A., "The Negative Income Tax and the Evolution of U.S. Welfare Policy.", *Journal of Economic Perspectives 17(3)*, (Summer 2003), pp.119~140.

자유주의 노동론

펴낸날 초판 1쇄 2017년 11월 3일
초판 3쇄 2020년 10월 15일

역은이 남성일·신중섭
펴낸이 김광숙
펴낸곳 백년동안
출판등록 2014년 3월 25일 제406-2014-000031호

주소 경기도 파주시 광인사길 30
전화 031-941-8988
팩스 070-8884-8988
이메일 on100years@gmail.com

ISBN 979-11-86061-57-2 03320

※ 값은 뒤표지에 있습니다.
※ 잘못 만들어진 책은 구입하신 서점에서 바꾸어 드립니다.

이 도서의 국립중앙도서관 출판시도서목록(CIP)은 서지정보유통지원시스템 홈페이지(http://seoji.nl.go.kr)와 국가자료공동목록시스템(http://www.nl.go.kr/kolisnet)에서 이용하실 수 있습니다.(CIP제어번호: CIP2017027404)